Chris Griscom

Die Heilung der Gefühle

– Angst ist eine Lüge –

Chris Griscom

Die Heilung der Gefühle
– Angst ist eine Lüge –

In Zusammenarbeit mit
Wulfing von Rohr

Goldmann Verlag

Welterstveröffentlichung des Buches
»The Healing of Emotion«

Der Goldmann Verlag
ist ein Unternehmen der Verlagsgruppe Bertelsmann

1. Auflage

Printed in Germany · Mohndruck Gütersloh · ISBN 3-442-30516-0

Inhalt

Ich widme dieses Buch
meiner Familie:
Leonard, Cara, Betty, Alex, Cathy,
Karen, David, Britt, Megan, Teo,
Bapu, Dakota und Richard

Chris Griscom

Zum Verständnis dieses Buches

Angst begleitet uns unser ganzes Leben – sie ist letzte Ursache von Problemen, Nöten, Krankheiten, Kriegen...

Aber Angst ist eine Lüge des »Emotionalkörpers«, dieser geheimnisvollen Instanz in uns, die alle Gefühle, Empfindungen, Reaktionen, Beziehungen und unser ganzes Lebensgefühl bestimmt.

Der Emotionalkörper präsentiert uns Angst als vermeintlich unüberwindliche Einschränkung unseres Glücks. Er spiegelt uns vor, daß unsere Gefühle auf dunkle, niedrige Schwingungen begrenzt seien. Deshalb erfahren wir mehr Haß als Liebe im Leben, mehr Leid als Freude, mehr Niedergeschlagenheit als Hochstimmung, mehr Gegnerschaft als Freundschaft. Das ist aber nicht unabänderlich, denn: Bewußtsein kann Gefühle heilen, einfach, unmittelbar, dauerhaft.

Unser Buch präsentiert keine kompakten Theorien oder Schnellrezepte. Es beschreibt in einer für viele Leser vielleicht noch ungewohnten Weise die Ausgangslage der Menschen, die sich dazu »entschieden« haben, jetzt und hier in diesen Körpern zu leben. Es beschreibt in immer wieder neuen Ansätzen das Wesen und die Wirkungsweise des Emotionalkörpers und behandelt sowohl die realen Lebensbedingungen und Probleme, als auch bereits in uns angelegte Chancen zur Veränderung.

Bewußtseinswandel ergibt sich zumeist nicht als linearer, rationaler, logisch nachvollziehbarer Ablauf, sondern vielmehr als eine »spiralförmige« Entwicklung. Eher assoziativ als analog gelangen wir in neue Bewußtseinsdimensionen. In »kreisenden« Bewegungen kommen wir wieder an frühere Ausgangspunkte und Problemursachen zurück, allerdings auf einer immer höheren Ebene. So ist dieses Buch auch als eine »holographische« Erfahrung angelegt, die den Leser dazu einlädt, ganzheitlich, mit Verstand, Herz *und* Seele zu lesen. Ineinandergreifende Themen, zurückführende und voranweisende Zusammenhänge werden nicht inhaltlich auseinandergerissen und fein säuberlich in starre Kästchen sortiert. Statt dessen werden Fäden aufgenommen und neu miteinander verwoben, auch dann, wenn sie bereits in anderen inhaltlichen Bezügen erwähnt wurden.

Ihr Bewußtsein ist der einzige Schlüssel für Ihre Lebensgestaltung. Sie sind bereits Meister/in Ihres Lebens; Sie tragen bereits alle Kräfte in sich, Angst zu überwinden und die Gefühle zu heilen. Ziel dieses Buches ist, daß Sie Ihre eigene Meisterschaft noch bewußter erkennen und erleben.

1.
Das Trennungstrauma – Wie Angst und Zorn entstehen

Abschiede

Unser Leben scheint voll von Trennungen, von Abspaltungen, von Loslösungen. Wir nehmen Abschied von jemandem. Wir beenden eine Beziehung. Wir trennen uns wieder nach der sexuellen Vereinigung. Wir lassen uns scheiden. Die Kinder gehen aus dem Haus. Das Kleinkind hört auf, an der Mutterbrust zu saugen. Im Geburtsvorgang trennen wir uns – oder werden getrennt – von der schützenden Hülle der Mutter. Und noch weiter zurückgedacht: Irgendwann einmal, irgendwie einmal hat sich unser Geist, unser göttlicher Funke, unsere Seele, von Gott getrennt. Und mit jeder Trennung erleben wir – bewußt oder unbewußt – Trennungsschmerz.

Jede Trennung vertieft in uns die Sehnsucht, die verlorene Einheit zurückzugewinnen. Jede neuerliche Trennung läßt uns immer wieder andere Aspekte unseres vermeintlichen Lebensdilemmas erfahren: abgespalten zu sein, abgesondert zu sein, herausgelöst zu sein aus einem umfassenden Lebenszusammenhang, vereinzelt zu sein in einem begrenzten Bewußtsein. Und wenn wir noch so oft diese Trennungen auch selbst angestrebt haben mögen, vielleicht um unsere Individuation voranzutreiben, so löst die Scheidung des Bewußtseins doch immer wieder verstärkte Impulse aus, die verlorene Einheit zurückzugewinnen.

Diese zyklischen Prozesse der Trennung aus einer »alten« Einheit und dem Streben nach einer größeren »neuen« Einheit werden typischerweise durch zwei Grundgefühle, durch zwei archetypische Emotionen charakterisiert: durch Angst und Zorn. Angst und Zorn – zwei unterschiedliche Ausdrucksformen einer einzigen fundamentalen Reaktion des sogenannten Emotionalkörpers. Sie sind die beiden grundlegenden Gefühle, in denen sich das Trennungstrauma ausdrückt – gleich, ob es sich um eine der großen ursprünglichen Trennungen handelt, wie die Abspaltung von Gott, oder die Geburt, oder ob es auch nur um alltägliche Trennungen geht. In diesem Buch wollen wir uns mit den wesentlichen Aspekten von Angst beschäftigen, und wir wollen untersuchen, wie Angst zu überwinden ist.

Wir kommen aus dem Formlosen – die Seele entscheidet sich zu inkarnieren. Also schaffen wir die Zellen, den Körper, und bewegen uns auf eine »Yang«-Weise in die Manifestation. Vermittels der Yang-Energie gehen wir nach außen, in die Schöpfung, und dann finden wir uns plötzlich im Körper vor und in einer neuen Umgebung. Die Tür hinter uns schließt sich allmählich, die Verbindung zur Quelle der Schöpfung, zu unserem göttlichen Selbst wird nebelhaft, das göttliche Selbst zieht sich zurück in das Formlose, und damit beginnt in uns die Angst.

Wir wissen, daß wir in die Form gehen wollen. Unsere Seele hat die Entscheidung getroffen. Wir vollziehen mit unserer eigenen schöpferischen Kraft einen bewußten Akt, den der Inkarnation. Aber sobald dieser Akt vollzogen ist und die Trennung stattgefunden hat – der Körper selbst *ist* die Trennung –, beginnen Zweifel, Zorn, Angst, weil das unmittelbare Erkennen und Wissen schwächer wird. Die Erinnerung an die bewußte Entscheidung zu inkarnieren verebbt, und der Körper fühlt sich zum ersten Mal in der Situation, sich nach außen orientieren zu müssen. Damit beginnt er, Furcht und Zweifel und Angst zu erfahren, aber auch Wut über die erfolgte Trennung.

Wenn wir uns das »Hologramm«, die Ganzheitlichkeit unserer Erfahrungen ansehen, werden wir feststellen, daß zum Beispiel die Geburt oder irgendein anderer tiefgreifender Trennungsprozeß eine Energie in Bewegung setzt. Diese energetische Bewegung wird uns im Verlauf unseres weiteren Erlebens wie in einem Kreis zurück zum Ausgangspunkt führen. Die vollzogene Trennung oder Absonderung oder Scheidung kann unsere Erinnerung daran, was wirklich ist, nicht ganz überdecken. Die – neben neuen Möglichkeiten und Herausforderungen – Begrenzungen und Behinderungen, die wir in der »neuen Identität« als Vereinzelte erfahren, schaffen die emotionalen Reaktionen von Angst und Zorn.

Angst ist die »weibliche«, die »Yin«-Weise, unseren Trennungsschmerz zu erleben, während Zorn die »männliche«, die Yang-Weise ist, unseren Fall, aus einer größeren Einheit heraus, auszudrücken.

Wir sind Menschen mit einem vielschichtigen Bewußtsein, wir sind »multidimensionale« Wesen – wir sind letztlich ja sogar Bewußt-Sein! In uns versteckt liegt ein großteils ungehobener Schatz an Wissen, Liebe, Glück, Kräften, Leben! Wenn wir nun aus dieser quasi magischen Allmacht und Allwissenheit in die Begrenzung eines Körpers gelangen, wenn wir durch die Inkarnation hier auf der Erde eine »menschliche« Perspektive einnehmen, wenn wir uns durch die Geburt in den hier üblichen Dimensionen von Raum und Zeit verkörpern, so lassen wir den Großteil unseres holographischen, multidimensionalen Bewußtseins hinter uns. Wir lösen uns als begrenztes Einzelwesen, als Individuum heraus, wir trennen uns vom direkten unmittelbaren Erleben als alles durchdringendes Sein.

Nach der Geburt sind wir als Kleinkinder häufig noch offen für sogenannte psychische oder übersinnliche Erfahrungen. Mit der Zeit vergessen wir aber mehr und mehr, wie wir uns mit Feen, Elfen, Engeln und anderen Bewußtseinsformen unterhalten können. Die Erwachsenenwelt mit ihrem analogen, linearen Denken beherrscht uns immer umfassender. Angst und Zorn werden zu immer bewußter erlebten Begleitern. Wir haben Angst, nicht mit dem Leben fertig zu werden. Wir haben Angst vor Schlangen, Spinnen und Ratten oder vor dem Fliegen. Wir haben Angst vor den Eltern oder Geschwistern oder Kameraden. Wir haben Angst vor Strafe oder Gewaltandrohung. Wir haben Angst, nicht genug zu essen zu haben. Wir haben Angst, in den dunklen Keller zu gehen oder uns im Wald zu verirren. Wir haben Angst, daß uns der eine oder andere Mensch nicht liebt, daß er uns verstößt. Die Ängste sind ungezählt; und bekanntlich nicht auf das Tagesbewußtsein beschränkt: Oft genug spiegeln unsere Träume noch intensivere Ängste wider, als wir sie im Alltag erleben.

Und genauso, wie, zumindest in den ersten Monaten und Jahren, vielleicht auch Jahrzehnten, des Erlebens von Angst, uns die Ursache nicht bewußt wird, so finden wir uns und andere auch häufig scheinbar grundlos zornig. Wir kennen den Jähzorn von Kleinkindern, Jugendlichen, aber auch Erwachsenen, ihren Eigenwillen mit aller Macht durchzusetzen. Wir wissen, daß wir vor Wut heulen können. Wir kennen den Ärger darüber, daß »das Leben« oder »die Umwelt«, vielleicht auch »die anderen«, uns nicht so begegnen, uns nicht das erfüllen, wie es unseren Wünschen entspricht.

Man könnte sagen, daß Angst entsteht, weil wir uns unfähig fühlen, auf das Leben einzugehen, das Leben aufzunehmen. Zorn hingegen entsteht, wenn wir das Gefühl haben, nicht all das ausdrükken und ausleben zu können, wer und was wir wirklich sind.

Mit der Trennung aus dem gleichzeitig einheitlichen und ganzheitlichen göttlichen Bewußtsein, spätestens für uns voll nachvollziehbar mit der Lösung durch die Geburt, wirken Angst und Zorn als mächtige Impulse, uns immer wieder voranzutreiben, unser ursprüngliches holographisches Sein zurückzuerlangen. (Und wenn man sich klarmacht, daß wir uns selbst diese Art und Weise zu lernen ausgesucht haben, kann man nicht umhin, über die darin enthaltene »Ironie des Schicksals« zu schmunzeln. Dieses Schmunzeln mag für viele Menschen eine der ersten, praktischen Hilfen sein, das eigene Schicksal, die Ängste und Nöte, die Sorgen und Ärgernisse nicht mehr ganz so ernst zu nehmen – und sich statt dessen auf ein »höheres« Bewußtsein zu besinnen.) Wir haben all unsere göttliche Energie in eine bestimmte Form hineingepreßt, wir haben sie darin regelrecht gefangengenommen, und nun scheinen wir uns aus dieser selbst gewählten Form nicht mehr befreien zu können. Besonders in der Begegnung zwischen Kindern und Erwachsenen kommt es dann immer wieder zu Mißverständnissen, die ganz konkrete Ängste oder Ärgernisse prägen können. Ich kann mich erinnern, daß ich im Alter von drei Jahren mit meinem Großvater einmal Karten spielte. Ich beharrte darauf, daß eins und eins drei sind. Er widersprach dem, und das machte mich so zornig, daß ich regelrecht außer mir geriet, und dafür am Ende noch bestraft wurde. Da ist etwas in uns, das genau weiß, daß eins und eins drei sind. Dem steht die Außenwelt gegenüber, die partout nicht einsehen will, daß es sich so verhält. (Wenn man sich ein bißchen mit der Bedeutung von Zahlensymbolen beschäftigt hat, weiß man ganz genau, daß natürlich Lebenssituationen entstehen können, in denen eins und eins drei ist. Wenn ein Partner dem anderen begegnet, so sind es eben nicht nur zwei Menschen, sondern etwas Neues, etwas Drittes, entsteht. Zwei Dinge addiert ergeben nicht nur die Summe, wie inzwischen allgemein bekannt ist, sondern ein Drittes.)

Der Emotionalkörper

Angst und Zorn sind Energieformen. Wir erleben diese Energieformen am intensivsten auf der Ebene des sogenannten Emotionalkörpers. Die Leser unseres ersten Buches, »Zeit ist eine Illusion«, ebenso wie die Teilnehmer an meinen Seminaren oder die Besucher des Light-Institutes in Galisteo, werden das Konzept des Emotionalkörpers kennen. Dennoch möchte ich hier kurz erläutern, was es mit dem Emotionalkörper auf sich hat.

Da ist zunächst einmal der physische Körper, auf den wir uns leicht konzentrieren können. Dann gibt es den Mentalkörper, von dem wir im Rahmen unseres begrenzten Verstandes und infolge des nur begrenzt genutzten Gemüts und Gehirns nur ein kleines »Scheibchen« wahrnehmen. Den nicht genutzten Teil des Mentalkörpers nenne ich das höhere Gemüt oder den höheren Verstand. Es geht dabei um eine holographische Fähigkeit, Informationen und Daten aus vielerlei Dimensionen gleichzeitig zu erkennen und aufzunehmen – und es ist das Geburtsrecht jedes Menschen, sich die solchermaßen potentiell angelegte Fähigkeit auch wirklich zunutze zu machen. Diese Fähigkeit scheint mir Teil dessen zu sein, was Jung das »kollektive Unbewußte« nannte. Diese höheren Funktionen des Gehirns sollten wir nicht zögern anzuzapfen.

Dann gibt es den spirituellen Körper, der den höchst ätherischen Aspekt unseres Wesens darstellt. Er ist die Essenz unseres göttlichen Selbst, die Quelle unseres Seins, der Entwurf unseres Lebensplans, der uns aus dem formlosen Zustand rein geistiger Energie in die Form der Materie, in das Reich unserer physischen Körper drängt.

Und schließlich gibt es den faszinierendsten aller Körper, den Emotionalkörper. Im Laufe der Zeiten sind unsere physischen Körper stärker geworden, wir leben länger, wir sind gesünder als je zuvor in der Geschichte der Menschheit. Unsere Mentalkörper entwickeln sich weiter, wir schreiten voran in der Erforschung von Innen- und Außenwelten, unser intellektuelles Wissen erweitert sich, was so weit geht, daß wir uns zum Schaden unserer Ganzheitlichkeit fast ganz in unseren Mentalkörpern isoliert haben: Mit anderen Worten: wir nehmen eher von der Ebene des Verstandes her als vom Herzen oder aus anderen Oktaven her wahr. Und selbst unsere spirituellen Körper erwachen. Wir dürsten danach, mehr von dem zu erkennen, was formlos ist, was sich nicht manifestiert hat, was nicht greifbar erscheint, und dessen Existenz wir dennoch irgendwie ahnen. Der Emotionalkörper indes ist jener Körper, der in dieser großartigen Evolution des Menschen, des »Zweibeiners«, wie ihn die Indianer nennen, entscheidend zurückgeblieben ist. Und dieser Emotionalkörper ist dabei ein höchst kompliziertes und erstaunliches Wesen, das uns sozusagen innewohnt und als eine Brücke zu den anderen Körpern dient.

Unser Mentalkörper beherrscht den physischen Körper. Durch Forschungsarbeiten in den letzten 20 Jahren haben wir entdeckt, daß Gemüt und Verstand den physischen Körper kontrollieren können. Manche Menschen können willentlich ihren Herzschlag verlangsamen, andere können die biochemischen Abläufe im Körper beeinflussen – so fing die Untersuchung der Biofeedback-Phänomene an. Es gibt inzwischen eine Vielzahl bestätigter Daten, die nachweisen, daß sowohl physiologische und unbewußte Funktionen des Körpers wie sogar sehr physische Funktionen auf diese Weise beeinflußt und beherrscht werden können. Wir haben damit übrigens auch einen Hinweis auf Möglichkeiten, wie wir Krankheiten wie Krebs mit solchen Biofeedback-Techniken positiv beeinflussen könnten.

Allerdings: Gemüt und Verstand kontrollieren nicht den Emotionalkörper! Der Emotionalkörper hingegen kontrolliert unsere Existenz auf allen Bewußtseinsebenen auf diesem Planeten, und er ist in der bewußten Entwicklung zurückgeblieben. So kann man zum Beispiel dem eigenen Emotionalkörper den Auftrag geben: »Ich will mich nicht mehr ärgern«, und dennoch wird man das Wesen des Ärgers in sich erfahren. Natürlich können wir mit eingeübten Verhaltensweisen den Ärger kaschieren, so daß er nicht nach außen sichtbar wird, so daß wir nicht unter seiner Fuchtel leben – aber immer, wenn wir ihn auf diese Weise zurückdrängen, wird er irgendwann, irgendwo auf andere Weise hervorbrechen. Das kann dann zum Beispiel in Form einer Krankheit sein.

Die Entwicklung des Emotionalkörpers ist deshalb so weit zurückgeblieben, weil er ein Aspekt unserer selbst ist, der nicht dem Bereich von Zeit und Raum angehört. Wenn wir unseren physischen Körper verlieren, bleibt unser Emotionalkörper dennoch intakt und sucht sich lediglich eine Verbindung zum genetischen Code, zum DNS eines nächsten Körpers, den wir dann bewohnen und durch den dann der Emotionalkörper weiter wirken kann. Und der »alte« Emotionalkörper bringt in den »neuen« physischen Körper all jene Wahrnehmungen, Erfahrungen, Reaktionsweisen und Anschauungen der Wirklichkeit ein, die er in anderen Körpern, in anderen Zeiten gewonnen hat. Damit ist er nicht der eindimensionalen Illusion einer Lebenszeit und eines Lebensraums unterworfen.

Von unserer Quelle getrennt zu sein – sich von »Gott« getrennt zu haben, sich aus dem Mutterschoß zu lösen, sich von einem vormals geliebten Partner zu scheiden usf., bedeutet immer, wenn wir auf der Ebene des Emotionalkörpers noch nicht bewußt und klar und frei sind, daß sich Energieformen von Angst und Zorn in uns verfestigen, daß sie unseren Emotionalkörper prägen. Alle diese Gedanken werden für viele Leser natürlich nicht neu sein – sie lassen lediglich eigene Erfahrungen und Einsichten anklingen. Verfestigte, gestaute Energien führen immer wieder zu Fehlreaktionen, zu psychischen und physischen Verklemmungen, zum Gefühl der persönlichen Unzulänglichkeit, des Unglücks.

Zorn, Ärger, Wut sind eine explosive Energie, eine Yang-Energie, die sich nach außen wendet. Zorn ist ein Verteidigungsmechanismus, er ist eine Überlebenstechnik. Zorn wird gleichzeitig als eine lebendige Energie gespürt – quasi als ob man sagte: Ich ärgere mich, also lebe ich. Wenn die Energie des Zorns heraufschießt, fühlt sich der Mensch gezwungen, sie auszudrücken, weil er sonst zu sterben meint. Zorn kann aber auch sehr nützlich sein, weil er uns bewegt. Wir können die Triebkraft des Zorns als Impuls benutzen, auf unserem spirituellen Weg voranzuschreiten. Wir können die Energie des Ärgers auch im emotionalen Bereich und sogar in körperlicher Weise als treibende Kraft verwenden. Angst oder Furcht ist jene Yin-Energie, die sich sehr oft als Abwehr, als Ablehnung und Widerstand gegen jemanden oder etwas manifestiert. Angst ist eine Energieform, welche die Lebenskraft geradezu ertränkt, und insoweit ist Angst sehr viel gefährlicher als Zorn. Während Zorn den Organismus in Bewegung hält, dem Organismus – wenn auch möglicherweise zerstörerische – Lebenskräfte zuführt, »verschluckt« und verzehrt Angst den Organismus.

Zorn und Angst als Entwicklungsimpulse

Wenn wir uns intensiv damit beschäftigen und uns genau beobachten, werden wir feststellen, daß Zorn Angst zunächst überdeckt. Nach einer mit Schmerz verbundenen Trennung entsteht zunächst Angst, und als Überlebenstechnik in Reaktion auf die tief gespürte Angst Zorn. Wir haben Angst, allein weiterzuleben, nachdem vielleicht die Eltern gestorben sind oder uns der Partner verlassen hat. Wir sind zornig über diejenigen, die uns scheinbar im Stich gelassen haben. Wenn wir bewußt miterleben, wie Ärger sich anstaut, dann explodiert und schließlich – nachdem sich die Rauchwolken verzogen haben – den Blick freigibt auf seine Ursache, werden wir immer ein angsterfülltes Wesen, ein zitterndes Kind, ein verschrecktes und begrenztes Bewußtsein vorfinden, das in irgendeiner Erinnerung des Emotionalkörpers verhaftet ist. Überleben zu wollen, zu kämpfen, mit den vermeintlich widrigen Lebensumständen fertig zu werden, ist Ausdruck einer sehr positiven Energie, die auf ein Ziel ausgerichtet ist. Der tiefe Ärger über die feindlichen Umstände und Kräfte wirkt wie ein potenter Treibstoff, eben diese Lebensverhältnisse zu ändern. Insoweit ist also Zorn bereits eine konstruktiv gewandelte Angst. Solange wir allerdings rein »rezeptiv« und passiv in der Angst verharren wie das sprichwörtliche Kaninchen vor der Schlange, zerstören wir, oft auf fast unmerkliche schleichende Weise, unsere eigene Lebenskraft.

Mit jeder Trennung, mit jeder Vereinzelung oder Herauslösung aus einem größeren Ganzen begrenzen wir unser Bewußtsein. Wir »vergessen« unsere göttliche Herkunft, wir »vergessen« unsere umfassende Freiheit, unsere Überlebensfähigkeit, gleich unter welchen Umständen. Wir »vergessen«, daß wir uns freiwillig in immer wieder neue Lernsituationen hinein begeben – um ein einziges Ziel zu erreichen: den Kreis wieder zu schließen, an den Ausgangspunkt unserer Reise durch Universen, Bewußtseinsdimensionen und Lebensformen zurückzukehren! Wir »vergessen« unsere Vollkommenheit, unser allumfassendes geistiges All-Sein. Ein großartiger »kosmischer Witz«, tatsächlich unser eigener Streich: Wir lösen einen Teil unseres Bewußtseins aus der Ganzheit, zwängen den geistigen Funken in ein dreidimensionales Gewand, schlittern hinein in die selbstgeschaffene Illusion der Zeit, verneinen unseren großartigen göttlichen Ursprung und alle dazugehörigen Kräfte der Manifestation – und schaffen uns dann die wohl mächtigsten Kräfte, die selbst gewählte, selbst geschmiedete Kapsel wieder aufzubrechen, nämlich Angst und Zorn.

Und nun erleben wir natürlich auch immer wieder, daß in uns oder anderen Menschen der Ansporn spürbar wird, neue Ganzheiten zu schaffen, mit anderen Menschen zusammenzukommen und zu verschmelzen. Die freiwillige Trennung und besondere Inkarnation eines Teils unseres Bewußtseins im physischen Körper dient unserem Wachstum, dient der Bewußtwerdung der Gotteskraft in Lebensformen, in der Manifestation. Wir lösen uns, wir nehmen Abschied von einer Dimension, um eine andere zu erfahren, und erfahren zunächst einmal Einsamkeit, Leere, Unsicherheit, Trauer. Solange wir von diesen Gefühlen bestimmt sind, werden wir nicht in der Lage sein, mit einer anderen Energie so zu verschmelzen, daß eine symbiotische Beziehung entsteht. Der Drang, in anderen Menschen aufzugehen, führt in solchen Situationen fast immer dazu, daß Energie nur von einem Partner zum anderen fließt, nicht aber wirklich ein gegenseitiger Austausch auf einer ähnlichen oder identischen Energieebene stattfindet. Solange wir glauben, eines anderen Menschen (oder auch einer anderen Sache, einer »guten Sache«, einer Organisation, einer Mission, einer Aufgabe) zu bedürfen, um selbst ganz zu werden und ganz zu sein, werden wir uns unweigerlich in immer wieder neue Geisterstädte von

Gefühlen, Gedanken und Projektionen verirren. Wir setzen dann auf außen, wir setzen darauf, daß andere als eigene Kräfte, Fähigkeiten und Autoritäten uns helfen werden zu überleben, zu wachsen, erfüllt zu werden. Damit geben wir uns selbst aus der Hand – und stehen schließlich mit leeren Händen da.

Wenn wir uns auf der anderen Seite bewußt darauf einlassen, daß wir allein sind; wenn wir zulassen, gewahr zu werden, daß wir allein im weiten Universum existieren und für unsere Existenzform eigene Verantwortung tragen; wenn wir uns schließlich darauf einlassen, die Leere, die scheinbare Dunkelheit, den Schmerz, die Angst und den Zorn zu erleben – dann kommt der Augenblick, in dem wir in uns die numinose, nichtmanifestierte Quelle des Bewußt-Seins entdecken, aus der wir immer schöpfen können, die uns auf mystische Weise mit dem Wasser des Lebens erfüllt, die uns mit Liebe zu uns selbst und zu allen Bewußtseinsformen, zu allen Energien erfüllt, die uns Liebe ausstrahlen läßt, die es uns leichtmacht, Lebenskraft durch uns und unser Leben hindurchfließen zu lassen. Vielleicht hilft manchem das Bild vom Gummiband. Wir schaffen uns Situationen, in denen wir wie ein Gummiband gestrafft werden. Und erst wenn dieses Gummiband so stark gespannt ist, daß es zu zerreißen droht, haben sich genügend Energien aufgebaut, um es über die auseinanderstrebenden Kräfte wieder zum Mittelpunkt zurückzuziehen.

Das Verlangen nach Einheit

Wir ahnen, was uns an der eigenen Vollkommenheit noch mangelt. Wir wissen – und in unserer Zeit wissen dies mehr und mehr Menschen tatsächlich auch ganz bewußt – um die physischen, emotionalen, mentalen und spirituellen Elemente, die wir noch in uns aufnehmen müssen, die wir noch erleben und verwirklichen müssen, damit das Mosaik unseres Lebenshologramms in seiner vollen Größe und Schönheit erstrahlen kann. Im Verlauf unseres Lebenspfades nehmen wir immer wieder neue Elemente auf, sie wirbeln sozusagen zunächst einmal in uns herum, um dann schließlich in einen Zusammenhang und eine Harmonie zu geraten. Wenn ein erstes Gleichgewicht der in uns angesammelten Impulse, Fähigkeiten und Qualitäten vollzogen wurde, haben wir die Schwelle zur Vereinigung, zur Wiedergewinnung einer neuen Ganzheit überschritten. Eine vollständige Verschmelzung unserer selbst mit anderen Bewußtseinsformen, mit Partnern oder Gruppen, mit jedweden Lebensformen, ist allerdings erst dann möglich, wenn wir so von Lebenskraft erfüllt sind, daß diese aus uns ausströmt. Der Osten umschreibt das so: »Der willenlose Willen. Das absichtslose Tun. Das Sein im Nicht-Sein.«

Solange in uns noch ein Mangel besteht, solange in unserer »Energiespirale« noch eine Lücke besteht – seien wir emotional noch nicht vollkommen, oder seien wir von unseren physischen Energien her noch schwach, oder sei es, daß unser Gemüt noch draußen herumwandert – können wir nicht wahrhaft verschmelzen. Denn in dem Moment, in dem wir die Einheit mit einem anderen Wesen suchten und uns mit ihm verbänden, würden wir über diese »Unwucht« unserer Energiespirale die entsprechenden Energien entweder auf den anderen Menschen projizieren oder dessen entsprechende Energien in uns einsaugen, so daß die Unwucht nicht etwa, wie man meinen könnte, ausgeglichen, sondern vielmehr verstärkt wird. Es wird sich nämlich ein Widerstand, ein Widerstreben beim anderen Menschen entwickeln, daß seine Energien in dieser Weise abgesogen werden, oder daß er ständig unseren unausgeglichenen Energien ausgesetzt ist. Man könnte diese Energie-»Reibung« auch mit dem altbekannten Wort »Karma« bezeichnen, und solange wir im Körper sind, haben wir natürlich auch noch Karma. Eine große Hilfe dabei, mit anderen Menschen eine neue Einheit zu verwirklichen, selbst dann, wenn wir noch nicht »ganz« und vollkommen sind, besteht in folgendem: Wir mögen uns zunächst eingestehen, vor uns selbst, daß wir (noch) unvollkommen sind. Wir mögen im Austausch mit anderen die Masken der vermeintlichen Vollkommenheit einmal beiseite legen. Wir mögen uns darauf einlassen, daß wir den Schutzschild des Überlebenszorns und die Uremotion der Lebensangst beiseite lassen. Wir mögen uns intuitiv, mit unserer »weiblichen« Kraft, hineinspüren in ein gegenseitiges osmotisches Verhältnis, im Rahmen dessen es nichts zu befürchten und auch nichts zu erkämpfen gibt.

Selbsterkenntnis, die Erkenntnis, daß wir freie geistige Geschöpfe sind, ist die beste Voraussetzung für eine fruchtbare Partnerschaft, die zumindest ein teilweises Verschmelzen erlaubt. Solange wir allerdings in uns Widerstände aufbauen und gegen Widerstände im anderen anzurennen versuchen, können wir uns nicht vereinen. Diese Widerstände führen uns oft dazu, den Faden des Karmas aufzunehmen und früher oder später zur leidvollen Erkenntnis zu gelangen, in welcher Weise wir uns in anderen, »früheren« Lebenszeiten und -dimensionen vom Partner getrennt haben, mit welchen Aufgaben wir hier wieder zusammengeführt worden sind, und wie wir diese Aufgaben erfüllen können. (Auch an dieser Stelle darf der Hinweis nicht fehlen, daß nach meiner Erfahrung die Klärung des Emotionalkörpers von Prägungen, Vorurteilen, instinktiven Gefühlsreaktionen etc. die Voraussetzung dafür darstellt, zu diesen Einsichten nicht nur intellektuell zu gelangen, sondern sie sozusagen in jeder Faser unseres Seins zu spüren, aus dieser Erkenntnis heraus also sowohl körperlich wie geistig wie seelisch zu leben.) Diese Art der vollkommenen Verschmelzung haben wir auf diesem Planeten bislang noch nicht erleben können. In weltweitem Maßstab wächst aber sprunghaft die Erkenntnis, daß wir zunächst zu unserer eigenen Ganzheitlichkeit zurückfinden müssen, um dann den natürlichen Schritt zur neuen Einheit zu vollziehen.

Die Angst vor dem anderen

Und was wir auf der individuellen Ebene des Lebens beobachten können, gilt auch für kollektive Ebenen. Man denke nur einmal an die vielfältigen Kriege, die noch immer das politische Geschehen auf unserer Erde bestimmen. Die Menschen sind so in den falschen Identifikationen ihres Egos gefangen, sie leiden derart unter einer spirituellen Abtrennung von der gemeinsamen Quelle, daß sie sich sogar im Namen der Religion gegenseitig umbringen. Die Verwirrung und die innere Leere haben ein Ausmaß angenommen, daß die meisten Wesen nicht erkennen und wissen, wer sie in der Welt sind, wie sie hier überleben können, warum sie hier existieren. Der Mangel an Verständnis über die Natur des menschlichen Lebens ist so groß, daß wir uns äußere Identifikationsschablonen suchen, wie Rasse, Konfession, politische Parteien, sozialen Status, Sprachen und dergleichen mehr. Wir sind so von Angst aufgrund der inneren Leere erfüllt, daß wir unsere wie manisch übergestülpten Identifikationsschablonen voller Zorn gegen vermeintliche Angriffe durchzusetzen versuchen. Wir sind dann die Auserwählten... Christen, Katholiken, Protestanten, Juden, Muslime, Sunniten, Schiiten, Humanisten, Atheisten, Agnostiker..., die Träger der jeweils anderen Identifikationsschablonen »natürlich« als minderwertig, als irrig, als abzulehnen und zu unterdrücken ansehen. Wir steigern uns hinein in Selbstgerechtigkeit und Vorurteile, wir trennen uns immer weiter von unserem gemeinsamen Ursprung, wir fallen immer stärker heraus aus einem ganzheitlichen Bewußtsein – bis uns schließlich vielleicht eine sogenannte Weltkatastrophe wieder zur Besinnung bringt. Wir fühlen und denken und sagen und handeln so: »Da du anders bist als ich, bist du von mir getrennt (oder: bin ich von dir getrennt). Da wir voneinander getrennt sind, bist du für mich gefährlich.«

Auf der gesellschaftlichen Ebene sind solche Angstreaktionen inzwischen weithin entlarvt, sie werden von jedem nachdenklichen Menschen als absurd erkannt (was natürlich nicht heißt, daß die solchen Vorstellungen zugrundeliegenden Ängste nicht weiterhin überwiegend das praktische Handeln bestimmen). Die Behauptung etwa, daß Schwarze weniger wert seien als Weiße, ist eine solche, wenn leider auch immer noch verbreitete, Absurdität – die dieser Behauptung zugrundeliegende Angst vor dem Anderssein des anderen ist in der Tat eine (gesellschaftliche) Lüge. Daß andere Ängste, etwa die Angst vom Partner verlassen zu werden, die nackte Angst ums physische Überleben, die Todesangst und vieles mehr, auch eine Lüge sind, mag uns nicht auf Anhieb so einleuchten wie das eben erwähnte Beispiel. Wir wollen uns aber in den weiteren Kapiteln auch damit beschäftigen, um herauszufinden, auf welche Weise jede Angst schließlich immer wieder als eine Lüge erkannt werden kann.

Der scheinbar unmotivierte, ungreifbare, abstrakte Zorn darüber, in eine begrenzte Gestalt hineingeboren zu sein, nimmt immer wieder wechselnde Formen an, um den (zumeist unbewußten) Trennungsschmerz zu überwinden. Und da scheint es dann allemal naheliegender und einfacher zu sein, zu versuchen, die Umwelt in die eigenen Projektionen zu pressen als sich für die Vielgestaltigkeit von Leben zu öffnen. Die eruptive, explosive Ausdrucksweise des Gefühls unseres (letztlich ohnmächtigen) Zorns verdeckt dabei seine eigene Ursache: Angst. Nur dann, wenn wir erfühlen, erfahren und manifestieren, daß wir unbegrenztes, ewiges Bewußtsein sind, können wir die Angst auflösen. Praktische Hilfen zu dieser Art der Selbsterkenntnis und -verwirklichung sind ja allgemein bekannt; Meditation gehört dazu, sogenannte Rückführungen, vor allem natürlich die bewußte Verbindung und Führung durch das Höhere Selbst. In einem Extrakapitel sind einige Übungen angeführt. Aber es kann nicht häufig genug betont werden, daß es nicht um Techniken und Methoden geht, sondern um die wache, sensible und intuitive Ausrichtung unseres holographischen Bewußtseins. (Teilnehmer an meinen Seminaren haben ja erlebt, daß sich grundlegende Bewußtseinsveränderungen sogar allein durch die eigene Einstellung darauf ergeben können, daß man sich dem eigenen Höheren Selbst zu öffnen versucht, daß man sich für die Aufnahme von Energien und Botschaften aus anderen Ebenen offenhält.)

Gerade die sogenannten Weltanschauungs- oder Religionskriege sind ein berüchtigtes Beispiel dafür, wie wir in der Polarität unserer dreidimensionalen Körper gefangen bleiben, wie wir die absurdesten weiteren Abspaltungs- und Trennungsmanöver von anderen lebendigen Wesen vollziehen, wie wir uns auf die niedrigste Oktave von Fühlen, Denken und Handeln begeben. Diese niedrigste Oktave ist für jeden Emotionalkörper leicht begreiflich: Du bist anders als ich. Du bist gefährlich für mich. Ich habe Grund, vor dir Angst zu haben. Ich überwinde meine Angst, indem ich die Kräfte des Zorns mobilisiere. Ich werde dich angreifen, damit ich nicht Angst vor dem Tode haben muß.

Gott und die Yinkraft

Wenn wir wirklich mit der uns und allen Lebensformen innewohnenden Gotteskraft in bewußter Verbindung stünden, würde es all dies natürlich nicht geben. Man kann ein wachsendes Unbehagen unter jenen Seelen feststellen, die jetzt auf diesen Planeten zurückgekommen sind und die in Verbindung mit ihrem Höheren Selbst stehen. Diese Seelen erkennen, daß es darauf ankommt, wie wir Gott identifizieren. Welche Vorstellung von Gott hegen wir? Wie empfinden wir die göttliche Kraft? Und wie ist der Zusammenhang zwischen »Gott« und jener schöpferischen Kraft, die uns »entworfen« hat und die uns erlaubt, hier zu sein. Wann immer Religion Krieg bedeutet, handelt es sich bei der angeblichen Gotteskraft um eine männliche, eine Yang-Energie, und um Gott als ein zweibeiniges männliches Wesen, das uns bestraft, wenn wir uns seinen vermeintlichen Anordnungen nicht fügen. Diese Sicht ist natürlich eine sehr beschränkte Schau der Welt und der schöpferischen Natur des Universums. Aber es ist eine Schau, die viele Jahrhunderte hindurch so gelehrt und weitergetragen wurde. Es ist Zeit, daß wir uns jenem anderen Aspekt der göttlichen Kraft zuwenden, die sich als Yin-Energie ausdrückt. Die größte Revolution, welche sich in der Welt unserer Tage ereignet, besteht in der weithin verbreiteten intensiven Suche der weiblichen Gotteskraft, die bislang in ihrer eigenen Formlosigkeit verborgen war.

Solange man Gott als eine dominante männliche Gestalt ansieht, die von oben oder außen her nach eigenem Willen schafft, so lange wird es automatisch Zorn in uns darüber geben, daß wir aus dem sicheren Hort der paradiesischen Einheit in Gott entweder vertrieben oder herausgefallen sind. So lange werden wir es als »unfair« empfinden, hier in diesem menschlichen Körper auf diesem Planeten eine irdische Existenz zu führen. »Ich, dein Gott, bin ein zorniger Gott...« ist ja einer der markanten Sätze, die diese Weltsicht beschreiben. Und diese schöpferische Yang-Kraft wird immer wieder Zorn auslösen – Zorn oder Wut ist eine Yang-Energie. Energie – der zwar subtile, aber wesentliche Inhalt, eigentlich vielmehr die Essenz jeder Form muß verstanden werden, bevor wir Angst und Zorn wirklich werden überwinden können. Die männliche Yang-

Energie bricht hervor, sie ist oft gewalttätig, sie stimuliert aktive Zentren unseres Wesens, sie erregt uns und ... sie erlaubt der weiblichen Yin-Energie nicht, einen Ausgleich zu schaffen. Solange das Yang-Konzept einer männlichen Gotteskraft vorherrscht, so lange werden sich Menschen als entfremdete und fremdbestimmte Wesen empfinden. So lange wird auch Krieg – physisch oder psychisch – als ein Mittel zur Überwindung der Trennung angesehen werden; so lange wird man versuchen, andersdenkende Wesen zum scheinbaren Glück der einen großen Identifikationsschablone zu prügeln.

Re-ligion bedeutet bekanntlich Rück-verbindung. Im Kern der Religion (es gibt ja in Wirklichkeit nicht verschiedene Religionen, sondern nur verschiedene Konfessionen und eine Re-ligion) geht es immer darum, die Abspaltung des Einzelbewußtseins vom Einheitsbewußtsein aufzuheben. Um die ursprüngliche Trennung wieder aufzuheben, müssen wir unsere Vorstellungen und Anschauungen über Gott, Gottgestalten und göttliche Kräfte wesentlich erweitern. Wenn wir zum Beispiel im Verhältnis zu unserem Vater diesen lediglich als den Mann sehen, der Gehorsam von uns verlangt, der uns beherrscht, dem wir uns ergeben müssen, dann werden wir weder ihn noch uns als ganze Menschen erkennen. Selbst, als der Samenfaden und das Ei im Prozeß der biologischen Vereinigung verschmolzen, wirkte in der ersten Zelle genauso eine weibliche Energie. Selbst auf der physiologischen Ebene werden wir also in einem so begrenzt erlebten Vater, in einem solchen Mann, irgendwo auf inneren Ebenen Zärtlichkeit finden, unterstützende Liebe, telepathische Intuition, spirituelle Weisheit.

Statt uns nun dieser männlichen Gotteskraft entweder blind zu ergeben oder ihr zornig zu widerstreben, mögen wir auf sie zugehen. Wir sollten uns ihr nähern, in sie hineinspüren, wir sollten diesen mächtigen männlichen Gott in seinem tiefsten Innern zu erfahren suchen, wir sollten uns in einen innigen Energieaustausch begeben. Und dann werden wir in ihm dieselbe weibliche Yin-Energie finden, die auch vor und bei der Empfängnis und über die Geburt hinaus immer wirksam ist. Wir werden eine Gotteskraft entdekken, deren Wesen die begrenzten Vorstellungen sprengt. Wir werden die Wirkungen dieser ganzheitlichen schöpferischen Kraft auch im Bereich der Formlosigkeit erspüren. In der Formlosigkeit der Yin-Energie ist die schöpferische Weisheit enthalten, nicht linear, sondern synchronistisch zu schöpfen. Nicht das eine folgt exakt aufs andere, nicht die rationale Gesetzmäßigkeit von aufeinanderfolgenden Ursachen und Wirkungen bestimmen das Geschehen, sondern schöpferische Prozesse laufen gleichzeitig und ineinander verwoben ab. Das Weibliche trägt die Zukunft in sich – in der weiblichen Kraft kommt es zur Manifestation der Form aus der Formlosigkeit, die sanfte Energie des Weiblichen läßt die Elemente in ein natürliches, harmonisches Leben zusammenfinden und wachsen.

Auf der anderen Seite ist eine nur von der Yin-Energie bestimmte Lebensanschauung auch einseitig. Die meisten Menschen befinden sich in ihrem Leben wie in einer nie enden wollenden Achterbahn: Entweder werden sie von der Vorstellung, vom konkreten männlichen Gott dort draußen getrennt zu sein, bestimmt und reagieren mit Zorn – oder sie sehen sich von einer abstrakten Gottesvorstellung (bzw. Gottesleugnung) beherrscht, deren Merkmale vollständige Auflösung der Form und Leere sind, worauf sie Angst entwickeln, die ihre Lebenskraft aufzusaugen droht. Und so, wie es sich empfiehlt, auf die männliche Gotteskraft zuzugehen, in sie hineinzudringen, so ist es auch sinnvoll, sich einmal auf die vage, subtile Yin-Energie einzulassen – gerade auch dann, wenn die Angst besonders an uns zerrt. Wir werden in der reichen Dunkelheit der ungeformten, ungreifbaren weiblichen Kraft intime Nähe erspüren, ohne sogleich zu erkennen, worum es sich dabei handelt. Und die Tatsache, daß wir diese Kraft nicht exakt identifizieren können, daß wir sie keiner konkreten Form zuzuordnen vermögen, gebiert Angst. Wir ahnen, daß unser Ego aufgelöst würde, wenn wir uns auf diese Kraft unvorbereitet weiter einlassen. Insofern ist übrigens Angst in gewisser Weise auch eine Überlebensmotorik.

Kontakt mit dem Höheren Selbst und Meditation

Der Zweck unseres Lebens, der Sinn unserer Inkarnation im menschlichen Körper, besteht darin, zur Quelle zurückzureisen. Nach einem Zeitalter der Vorherrschaft der Yang-Energie besteht der erste Schritt darin, uns für die Multidimensionalität unseres Seins wieder zu öffnen, uns auf die Formlosigkeit der Yin-Energie einzulassen. Wie kann das praktisch aussehen? In einem Leben, das mit Arbeit, Familie, Aufgaben und Wünschen und Hoffnungen angefüllt ist? Erneut geht es vor allem darum, daß wir uns selbst gestatten, uns zu öffnen! Es handelt sich nicht um spezifische Methoden oder gar Tricks, wie dies zu bewerkstelligen sei, sondern lediglich um die bewußte Ausrichtung unseres Lebens auf alle Ebenen – im Fühlen, Denken, Handeln. Wir müssen – und können – das Vertrauen darin wiedergewinnen, daß wir Teil der Gotteskraft sind, daß wir auch durch uns göttliche Kräfte und Einsichten strömen lassen können. Diese Arbeit steht ja bekanntlich im Mittelpunkt unserer Bemühungen im Light-Institute, und in der »Nizhoni School for global Consciousness« (Nizhoni-Schule für globales Bewußtsein) werden wir uns darum ja auch im Feld von Schule, Erziehung und Ausbildung junger Menschen besonders kümmern. Aber am Anfang steht immer der Kontakt mit dem Höheren Selbst.

Wir müssen uns selbst die Erlaubnis geben, wir müssen diesen Schritt vollziehen und sagen: Ja, ich will diesen Kontakt herstellen, ich riskiere es, mich dem Höheren Selbst zu öffnen, mich der göttlichen Kraft in mir hinzugeben. (Dazu gehört natürlich auch der »Mut«, uns überhaupt erst einmal – probehalber – zuzugestehen, daß es so etwas wie eine Gotteskraft gibt und daß diese auch in uns wirken könnte.) Es ist wirklich alles eine Frage des eigenen Bewußtseins, des eigenen Denkens. Und es ist eine Erfahrung von vielen Tausenden, vielleicht Hunderttausenden von Menschen, daß sie von Licht durchströmt werden, daß sie aus dem Inneren Antworten erhalten, als Echo auf ihr Suchen und Fragen nach dem Höheren Selbst. Bei diesem Unterfangen, uns auf kosmische Kräfte einzustellen, kann das Gemüt hilfreich sein. Wahrscheinlich ist dies die einzige Gelegenheit, bei der uns unser Gemüt helfen kann. Wir mögen unser Gemüt sich darauf einstellen lassen, die

Verbindung mit der Formlosigkeit aufzunehmen. Nach und nach steigen aus der Formlosigkeit Formen hervor, die unser Bewußtsein in sich aufnehmen kann, um sein holographisches Wesen zu erfassen und zu verwirklichen. Es ist ein bißchen wie ein geschlossener Kreis. Selbst das begrenzte Ego kann als Instrument benutzt werden, sich selbst zu überwinden und sich für die unbegrenzte göttliche Energie zu öffnen. Leben, Tod und Geburt vollziehen sich in immer wieder gleichen oder ähnlichen zyklischen Prozessen.

Manchmal führt übrigens eine Spaltung vom spirituellen Selbst zu ganz handfestem Zorn. Als ich mit Meditation begann, ich hatte damals vier Kinder, versuchte ich dafür zu sorgen, daß die Kinder immer mit irgend etwas beauftragt oder beschäftigt waren, damit ich die Tür hinter mir zumachen konnte. Wenn ich dann in tiefe Meditation versank, passierte es ab und an, daß die Kinder den Energiefluß, der in mich strömte, irgendwie wahrnahmen. Dann wurden sie so zu mir gezogen, wie die Kinder hinter dem Rattenfänger von Hameln herliefen. Und obwohl ich ihnen gesagt hatte, daß sie unter keinerlei Umständen mich in der Meditation stören dürften, kamen sie doch immer wieder herein. Ich stellte fest, daß ich häufig sehr erregt reagierte und sie geradewegs anschrie. Je tiefer ich in diesem Gefühl der profunden, interessanten, liebevollen, göttlichen, lichterfüllten Energie versunken war, desto heftiger reagierte ich darauf, gestört zu werden. Und ich stellte auch fest, daß ich häufig nach derartigen Meditationen sehr launisch war. Ich wollte mich von dieser Energie nicht trennen, ich wollte nicht zurück in diese dreidimensionale Welt kommen.

Heute blicke ich humorvoll darauf zurück, daß ich manchmal aus tiefen Alpha-Zuständen heraufkam, in Richtung Tür irgend etwas brüllte und manchmal, wenn ich aufstand, sogar mein Gleichgewicht verlor. Ich mußte sogar für eine Zeitlang aufhören zu meditieren. Es ist eine ziemlich verbreitete Erfahrung, daß man sehr stark durch andere Schwingungen irritiert wird, wenn man sich einer inneren höheren Energie öffnet. Ich erwähne meine Erfahrung hier nur deshalb, weil sie keine Einzelerfahrung darstellt. Das heißt natürlich nicht, daß ich rate, nicht zu meditieren! Es gibt aber Menschen, auf die Meditation eine ähnliche Wirkung hat wie Alkohol auf Menschen, die sich davon abhängig machen. Manchen dient Meditation so dazu, aus dem Alltagsleben zu entfliehen – insbesondere trifft das für Menschen zu, die ohnehin einen inneren Widerstand dagegen hegen, in diesem menschlichen Körper in dieser Welt zu leben. Solche Menschen verleugnen sich selbst, sie sind getrennt von ihrem inneren Wesen, sie wollen gar nicht ganz im Hier und Jetzt sein. Dieser geistige Fluchtmechanismus ist auch in großem Umfang für den Drogenmißbrauch verantwortlich. Wenn wir innere oder höhere oder multidimensionale Erfahrungen machen, die sich positiv von unserem Alltag abheben, dann wird unsere irdische Wirklichkeit oft unerträglich. Die Herausforderung unserer Zeit besteht darin, daß wir unser göttliches Selbst *hineinnehmen* in unser Alltagsleben, daß wir also nicht nur ab und an Verbindung dazu aufnehmen, sondern daß wir diese göttliche Kraft in der Welt manifestieren. Die Zeiten, in denen sich Menschen, die ihr göttliches Selbst verwirklichen wollten, in entlegene Höhlen zurückzogen, sind endgültig vorbei.

Um die Nebenwirkungen von Meditation, die ansonsten zu befürworten ist, zu vermeiden, empfiehlt es sich, nach erfahrener Hilfe Ausschau zu halten. Es geht ja bei diesen Vorgängen auch darum, innere Verhaftungen zu klären und Innen- und Außenleben in Einklang miteinander zu bringen. Darin liegt ein Teil der Aufgabe des Light-Institutes: die Energie des Emotionalkörpers so freizusetzen, daß einerseits alte Prägungen und Gefühlsschlacken herausgelöst werden können, andererseits aber die schöpferische Kraft des Höheren Selbst im Alltag praktisch erlebt wird. Bevor wir die geistige Wirklichkeit und die geistigen Welten als einen bewußten Teil in unsere tägliche Welt hineinnehmen können, müssen wir zunächst einmal unsere Lebensthemen erkennen und die daraus resultierenden Probleme und Blockaden auflösen. Eine der wichtigsten Herausforderungen liegt in der Auseinandersetzung mit unseren Eltern.

2.
Eltern und Kinder

Eltern als Spiegel unseres Bewußtseins

Das Konzept der Trennung, Selbstfindung und Überlebenschance durch Abspaltung ist auch in unserer Familienstruktur zu finden. Manche Eltern stoßen ihre Kinder geradezu voran durch die verschiedenen Entwicklungsstadien, damit die Kinder so schnell wie möglich »unabhängig« sind und die Eltern selbst wieder »frei«. Dies läßt sich vor allen Dingen dort beobachten, wo in den heutigen Gesellschaftsformen praktisch die ganze Zeit gearbeitet wird. Ich möchte eine kleine Übung vorschlagen, die hilft, sich auf der Seelenebene auszusöhnen und dennoch sich äußerlich alle Freiheit zu lassen. Gleich, ob Eltern, Kinder oder Partner mit uns zusammen sind, unter einem Dach, oder ob sie viele tausend Kilometer entfernt leben, können wir mit ihnen auf der Seelenebene Kontakt aufnehmen. Dazu senden wir unser Bewußtsein einfach zu dieser Person, stellen uns auf ihre Energie ein und projizieren unsere eigene Energie auf sie. Und dann, wenn wir eine gewisse Verbindung aufgenommen haben, fragen wir diesen Menschen innerlich, in uns, welche Farbe er von uns gerne haben möchte. Über das Nabelzentrum, den Solarplexus, senden wir ihm diese Farbe. Damit wird eine Energieverbindung geschaffen, die spiritueller Natur ist. Farbe ist Licht, Licht ist geistigen Ursprungs. Wenn wir diese sehr einfach anmutende Übung wirklich etliche Male praktizieren, stellen wir fest, daß wir beginnen zu erfassen, wie sich der andere Mensch fühlt oder wie wir ihm helfen können. Wir können regelrecht telepathisch Gedanken aufgreifen, wir können eine sehr spürbare Verbindung aufbauen. Solche Übungen sollten eigentlich in allen Schulen gelehrt werden. (Siehe auch weitere Übungsvorschläge später.)

Diese Erfahrungen sind auch deshalb so wichtig, weil wir uns dann zu helfen wissen, wenn wir in irgendwelchen mentalen Blokkaden oder emotionalen Verhärtungen zu ersticken drohen. Wenn unsere äußere Kommunikation stillsteht, dann schafft eine solche Übung neue Ansätze der Gemeinsamkeit. Wir können jede Meinungsverschiedenheit vollständig heilen und auf eine höhere spirituelle Oktave gehen, nicht auf andere psychologische oder emotionale Ebenen, wenn wir bereit sind, uns auf die Energie des anderen einzustellen. Beginnen wir einfach, dies zu praktizieren, und beobachten wir die Wirkungen. Trennung, Angst, Wut kann im Nu geheilt werden! Dies muß kein langwieriger Vorgang sein, sondern ist vielmehr ein bewußtseinsmäßiger Quantensprung. Es liegt an uns, ob wir uns darauf einlassen oder nicht. Vielleicht stellen wir vermittels einer einfachen Übung auch fest, daß eine Meinungsverschiedenheit in Wirklichkeit gar nicht existiert, daß wir in Wirklichkeit gar keine Angst vor dem anderen haben. Bei allen Ansätzen, sowohl bei praktischen Übungen wie in den Sitzungen oder auch bei Bewußtseinsprojektionen, geht es immer wieder nur darum, eine andere emotionale Realität wirklich zu spüren und sich einzuprägen – nicht, sich nur irgend etwas auszudenken.

Die Eltern stellen uns die wesentlichen Brennpunkte zur Verfügung, durch die wir den Sinn unseres Lebens erkennen – und auch, wer wir wirklich sind. Indem wir uns der höheren Kräfte unseres Bewußtseins bedienen, können wir den Brennpunkt der Erkenntnis, den unsere Eltern für uns bedeuten, benutzen, um das Hologramm unseres Bewußtseins umfassender zu erfahren. Wir werden dabei feststellen, daß unser Höheres Selbst oder unser göttliches Selbst tatsächlich den Lebensplan, die Blaupause für jede einzelne Lebenszeit und jede Lebensphase selbst geschaffen hat, und wir uns die Eltern bewußt als Katalysatoren und Filter ausgesucht haben, die unser Wachstum fördern. Wir sind auf der Ebene des irdischen Lebens, im menschlichen Körper, geradezu danach süchtig geworden, durch Begrenzung und Beschränkung, durch Einengung und Trennungsverlust zu lernen. Wir schaffen uns so unleidliche und unerträgliche Situationen, die wir kaum zu überleben glauben. Dieser Leidensdruck katapultiert uns schließlich wie durch einen Trichter oder Tunnel nach vorn, so daß wir nach dem Erleben der engsten Stelle eine neue Ausweitung und Fülle erfahren. Das ist eine sehr langsame, langwierige Lernmethode. Wenn wir lernen würden, unsere höheren geistigen Fähigkeiten in einer Weise zu entwickeln, daß wir die geistige Information auf der Ebene der einzelnen Zellen erfassen könnten, auf der Ebene der genetischen Information, könnten wir uns zum Zeitpunkt der Empfängnis zurückversetzen, um die freie Entscheidung in der Auswahl der Eltern, die wir damals mit ihnen zusammen getroffen haben, zu erkennen. (Dies geschieht in bestimmter Weise u. a. in der Arbeit im Light-Institute.) Es ist notwendig, daß wir auf verschiedenerlei Weise einen Zugang zu einem neuen Verständnis der »vertraglichen Vereinbarungen« zwischen uns und unseren Eltern suchen. Erst dann, wenn wir verstehen, welche Entwicklungsziele wir gemeinsam im Auge hatten, als wir uns miteinander verbanden, können wir die Umstände, die Schwierigkeiten und die Lösungsmöglichkeiten der Eltern-Kind-Thematik erfassen. Wir sollten nie vergessen, daß der Zweck unseres physischen Lebens in diesem Körpergefährt ja darin besteht, unserer Seele eine Entwicklungschance zu geben.

Ich erinnere mich auf sehr spezielle Weise an den Augenblick, in dem mein eigenes Bewußtsein auf meine Eltern herabsah und ich bemerkte, daß meine »Empfängnis« bevorstand. Ich »sah«, wie sich die Energiefelder meiner Eltern miteinander verbanden und hatte das Gefühl, als ob ich über den Rand einer Klippe schritt und in einen Strudel von Energien geriet. Ich blickte auf meine Eltern herab, sah die sich miteinander verbindenden Körper und Auren und »bestätigte« in diesem Augenblick bewußt meine Zustimmung, meinen »Vertrag«, mich mit ihnen zu verbinden, »ihr« Kind zu werden.

Viele Menschen glauben nicht daran, daß man sich seine Eltern bewußt aussucht; sie gehen vielmehr davon aus, daß die Kinder »zufällig« zu irgendwelchen Eltern geraten. Aber ich muß sagen, daß nicht nur meine Erfahrung eine bewußt geschlossene Vereinbarung zwischen Eltern und Kindern bestätigt, sondern auch die eigenen Erlebnisse und Erfahrungen von vielen Hundert, ja Tausenden von Menschen, die in die Sitzungen mit meinen Kollegen und Kolleginnen und mir gekommen sind. Häufig genug kommt man in einer anderen Dimension, in einem vergangenen Leben miteinander überein, (wieder) in einer engen familiären Beziehung aneinander zu lernen. Dabei kommt es bekanntlich häufig genug vor, daß Menschen, die bislang Liebespartner waren, nun einmal eine Beziehung als Vater oder Mutter und Kind eingehen.

In anderen Fällen entschließen sich Seelen erst zum Zeitpunkt der Empfängnis für diese oder jene Eltern. Nach meiner Erkenntnis kann der Zeitpunkt der endgültigen Entscheidung – also der bewußten Verbindung der Seele mit einer körperlichen Form – sogar erst kurz vor der Geburt liegen. Ich möchte dazu ermutigen, daß viele Menschen sich einmal – auch wenn sie nicht nach Galisteo kommen können – zumindest vom Gefühl her und gedanklich hineinbegeben in diese erste Phase ihres irdischen Lebens. Es lohnt sich, sich bewußt mit dem Anfang der eigenen Eltern-Kind-Beziehung auseinanderzusetzen. Dabei kommen automatisch Fragen auf wie: Was mag ich in meinen Eltern in ihrer Jugendzeit oder in ihrem Leben als junge Erwachsene gesehen haben? Wie sehe ich meine Eltern heute? Was mag der ursprüngliche Anlaß gewesen sein, daß ich mich entschlossen habe, mit ihnen zusammenzusein? Was habe ich von ihnen in der Vergangenheit gelernt? Welche Lektionen habe ich vielleicht bewußt oder unbewußt beiseite geschoben? Was vermag ich auch noch heute durch sie zu lernen? Habe ich vielleicht sehr viel früher schon erfaßt, daß im Austausch ihrer Energiefelder ein Zug zur gegenseitigen Zerstörung liegt? Habe ich zum Beispiel ihre Trennung und Scheidung vorhergesehen und mich bewußt dazu entschlossen, daran zu lernen?

In unserer Arbeit hier in Neu-Mexiko (und ich hoffe, daß wir in naher Zukunft auch ein Light-Institute in Mitteleuropa, vielleicht in der Schweiz, werden eröffnen können) beschäftigen wir uns mit diesen Themen vor allem in der Fortgeschrittenen-Arbeit, wenn es darum geht, die Eltern zu »klären«. Manchmal kommt dies zwar auch in den Anfangssitzungen auf, aber seltener. So wie ich es heute ausdrücken würde, sah ich, als ich auf meine Eltern herabblickte, eine rote und eine blaue Energie, die allerdings nicht synchron zueinander schwangen. Es fühlte sich so an, als ob zwei Zahnräder nicht genau ineinanderpaßten – und das bedeutete, daß sie ihr Leben nicht die ganze Zeit miteinander verbringen würden. Für mich bedeutete das, daß mein Wachstum von dieser Trennung der Yang-Kraft, die durch meinen Vater repräsentiert wurde, und der Yin-Kraft, die meine Mutter darstellte, beeinflußt werden würde. Es gibt also durchaus visuelle Eindrücke und Bilder, die uns ein tieferes Verständnis der Entfaltung einer Lebenszeit, eines Szenarios, erlauben, sogar bevor ein Kind geboren wird. Und das noch ungeborene Kind ist sich darüber auf bestimmten Bewußtseinsebenen auch durchaus im klaren.

Obwohl es meinen Eltern nicht bewußt gewesen sein mag, verhielt es sich tatsächlich so, daß sie mich baten, hereinzukommen. Sie öffneten ihre Energien für mich, und ich erfaßte, daß sie sich zwar nicht in exakter Übereinstimmung miteinander befanden, wir aber dennoch aneinander unser Seelenwachstum vollziehen könnten.

Es mag uns widerstreben, uns unsere Eltern zum Zeitpunkt unserer Empfängnis vorzustellen. Wir mögen es innerlich ablehnen, uns darüber bewußt klarzuwerden, daß unsere Eltern auch eine sexuelle Identität haben oder hatten. (Möglicherweise sind wir, wenn wir dies so empfinden, einer Form der Angst oder der Wut auf der Spur!) Wir wollen in diesem Buch wesentliche Ursachen für Angst aufzeigen, wir wollen mit dazu beitragen zu entdecken, daß Angst eine Lüge ist. Und wir wollen auch konkrete Ansätze vermitteln, wie wir die Gefühle heilen können. Dazu gehört auch, die Mysterien unserer tiefsten inneren Gefühle zu erforschen, sie dem Licht unseres Bewußtseins auszusetzen, so daß wir uns von Verstrickungen, wie suchtmäßigen Verhaltensmustern und eigenen Begrenzungen, lösen können. So mag zum Beispiel der Widerwille, uns unsere Eltern beim Liebesspiel vorzustellen, damit zusammenhängen, daß wir unbewußte Prägungen des Emotionalkörpers erfahren haben, etwa in folgender Weise: das »Kind« in uns »weiß«, daß einer der beiden Eltern in einem früheren Leben einmal der eigene Liebespartner gewesen ist.

Die irdische Gruppenreise

Wir befinden uns ja bekanntlich hier auf einer Art irdischer Gruppenreise: Unsere intimsten Partner und nächsten Familienangehörigen und Freunde gehören zu ein und derselben Seelengruppe. Unsere Eltern, Geschwister, Kinder, Geliebten, etc. sind Mitglieder dieser Reisegesellschaft, die sich seit Zeitaltern gegenseitig dabei helfen, den Weg zurück zur ursprünglichen Gotteskraft zu finden und zu gehen. Nach meiner Erfahrung kann man in rund 90% der Fälle feststellen, daß Vater oder Mutter in einem früheren Leben der Liebespartner des Menschen gewesen sind, der jetzt ihr Kind ist. Freud lag also gar nicht so falsch, als er sagte, daß bei 5jährigen der Ödipus-Komplex in Erscheinung treten kann. Wenn wir uns offen mit diesen Bewußtseinsrealitäten auseinandersetzen, werden wir zumeist zu ungelösten Konflikten geführt, die entweder etwas mit Machtansprüchen oder mit Herzenslehren zu tun haben. Diese ungelösten Konflikte – eingelagert in unserem Emotionalkörper – sind dann in diesem jetzigen Leben Ursachen für eine verwirrende Eifersucht, für verwirrende Abscheu davor, die Eltern auch als sexuell wirkende und lebende Wesen zu erleben.

Wir können uns selbst nicht befreien, ohne unser Unbewußtes auszuleuchten, ohne die Quelle unserer emotionalen Reaktionen und Vorurteile und Positionen zu erkennen. Wir müssen uns mit unseren Eltern und unseren Reaktionen auf die Anlagen und Verhaltensweisen unserer Eltern auseinandersetzen, einschließlich ihrer sexuellen Energien, bevor wir uns zu neuen Bewußtseinsebenen aufschwingen können.

Unsere Einstellung zu unseren Eltern bildet eine der Ursachen und Grundlagen für alle weiteren Entscheidungen, die wir in unserem Leben treffen. Es gibt manche psychologischen Bücher, ohne hier Namen nennen zu wollen, die zum Beispiel behaupten, daß die Trennung von der Mutter oder von den Eltern im frühen Kindesalter oder auch in der Jugendzeit zu unauslöschlichen Traumata führt, die dann bis zum Ende unseres Lebens wirken und uns nicht wiedergutzumachende Schäden zufügen. Andere wiederum meinen, daß diese oder jene Lieblosigkeit der Mutter im besonderen oder der Eltern im allgemeinen für unsere späteren vermeintlichen oder tatsächlichen psychischen Defekte verantwortlich seien. Damit befinden wir uns wieder mitten in der altvertrauten Opfer-Täter-Gemeinschaft, in einem der am tiefsten eingeprägten Syndrome des Emotionalkörpers also. In Wirklichkeit sind dies alles Rationalisierungen eigener ungelöster Konflikte, die man nun auf andere Menschen projiziert. Wir mögen uns daran erinnern: wir haben uns unsere Eltern selbst ausgesucht – in vollem Wissen darum, welche Lernaufgaben wir uns selbst mit ihnen und durch sie stellen! Gemäß der Anlage unseres Lebensplanes gibt es keine Energie, die jemals irgendwie verschwendet würde. Und es gibt – bezogen auf die Blaupause der Seelenentwicklung – auch keinerlei Ereignis in unserem Leben, das von »außen« kommt. Die sorgfältige, sinnvolle Auswahl unserer Eltern samt ihrer genetischen Codes, die Auswahl von Geschwistern, Spielkameraden, Lehrern, Liebes- und Ehepartnern, später eigenen Kindern, Kollegen, Untergebenen und Vorgesetzten, also aller »äußeren« Umstände und jeder der vielen Menschen, denen wir begegnen und mit denen wir zu tun haben, erbringt eine besondere Funktion, um das Hologramm unseres Bewußtseins zu entfalten.

In dieser Welt, auf dieser Erde haben wir nun einmal bislang fast immer Negativität als Treibsatz oder Brennstoff für geistiges Wachstum gewählt. Eine schlimme Kindheit und die damit verbundenen Leiden und Nöte führen – oft innerhalb von wenigen Jahren – deutlich erkennbar zu einem starken Drang der unabhängigen, freien Entwicklung, zu einer neuen Bewußtheit. Es ist wichtig zu verstehen, daß wir oft eine tragische Erfahrung aussuchen, um unser Herz dadurch zu öffnen. Man kann immer wieder feststellen, daß Kinder von Eltern, die Alkoholiker sind oder die sie psychisch oder physisch ausbeuten, sie sogar mißbrauchen, dennoch nicht ihre Eltern verlassen. Das Kind erfaßt intuitiv, daß es sich mit dieser Erfahrung auseinandersetzt. Wir sollten deshalb nicht versuchen, durch Rationalisierungen von den wirklichen Themen abzulenken, sondern vielmehr bei uns und unseren Eltern darauf hinwirken, daß wir einerseits unsere Verhaltens- und Reaktionsweise bewußt erkennen, und andererseits in uns selber erforschen, warum wir diese Menschen und ihre Lebensform angezogen haben. Wir müssen uns mit den Energien beschäftigen, die zwischen uns wirken. Wenn wir die Ursachen und die Wirkungsweise dieser

Energien einmal bewußt verstanden haben, wird es uns leichterfallen – auch ohne nach Neu Mexiko zu fahren – sowohl die Prägungen in unserem Emotionalkörper auszulöschen wie auch die blinde, unbewußte Fortsetzung dieses Austauschs von negativen Energien zu vermeiden. (Einige praktische Übungen dazu finden Sie in einem besonderen Kapitel.)

Mutterthemen – Vaterthemen

Es gibt nach unseren Erfahrungen im Light-Institute spezifische Themen, welche die Mutter, und solche, welche den Vater betreffen. Wir sind allerdings an der Schwelle zu einer neuen Stufe in der Evolution angelangt, die eine Veränderung der klassischen Rollenbilder von Mutter und Vater mit sich bringt. Demnach wird der Vater mehr in die Funktion der emotionalen Unterstützung der Familie hineinwachsen, während die Mutter mehr zu einem Vorbild für die schöpferische Manifestation in der Außenwelt wird. Traditionell sind die mit der Mutter verbundenen Themen gewesen: Die Welt schuldet mir etwas, denn ich habe das Meinige nicht bekommen, ich habe nie das bekommen, was mir zusteht, weil meine Mutter mich nicht liebte, weil meine Mutter mich nicht umsorgte etc. etc. Unsere Reaktionen auf diese Art der Emotionalkörperprägung sind unterschiedlich. Manche von uns haben sich entschlossen, den Märtyrer zu spielen; andere erfreuen sich am bittersüßen Gefühl, immer wieder zurückgewiesen und abgelehnt zu werden. In jedem Fall ist dies mit einem Impuls im Solarplexus verbunden, der in uns altvertraute Energien auslöst und der zum Ausleben von Unterthemen führt, wie Ablehnung anderer Menschen, Selbstverleugnung und Minderwertigkeitsgefühle – andererseits aber auch unerklärliche Wut, Selbstgerechtigkeit, Vorurteile und Aufsässigkeit.

Man kann vielleicht einmal kurz verallgemeinern und sagen, daß »Mutterthemen« etwas mit Angst zu tun haben, während es sich bei der »Vaterproblematik« vor allem um eine innere oder äußere Form des Zorns handelt. Allerdings: Mit der Zeit entwickeln wir mehr Angst vor dem Zorn, den wir mit der Yang-Kraft verbinden – wir fühlen uns als Opfer dieses Zorns, wir befinden uns in Polarität zu dieser Schwingung der Wut und des Ärgers und reagieren mit Angst. Und dann versäumen oder unterlassen wir es oft, unsere Reaktion des Ärgers unserem Vater gegenüber zu zeigen, weil er nicht da ist oder er uns keine Aufmerksamkeit schenkt oder gestorben ist. Wir leben unsere eigene Reaktion nicht aus. Da die Mutter sehr oft in einer Weise emotional empfänglich und aufgeschlossen ist, daß sie wie ein Spiegel wirkt, reflektiert sie häufig die Yin-Angst. Diese stellt sich zum Beispiel in der Angst dar, auszudrükken und auszusprechen, was die Mutter empfindet, sie fürchtet sich, dem Vater zu widersprechen. Die Mutter entscheidet nicht mehr für sich selbst – und wir stellen uns auf diese Schwingung ein. So gestatten wir uns, der Mutter gegenüber unsere Wut zum Ausdruck zu bringen. Und da unser Ärger sich sehr viel deutlicher gegenüber der Mutter manifestiert, und diese wiederum einen Spiegel für die verbitterte Yang-Kraft des Vaters darstellt, meinen nun viele Psychologen: es hängt alles an der Mutter, die Mutter ist schuld, die Mutterthemen sind lebensentscheidend.

Aber das stimmt einfach nicht. Sobald wir aus kosmischer Sicht verstehen, was die Empfängnis bedeutet, gibt es keinerlei Vorherrschaft des Männlichen oder des Weiblichen. Das Ursprüngliche selbst hat sowohl männliche wie weibliche Komponenten, die sich im Embryo ja erst zu einem männlichen oder einem weiblichen Körper formen. Der Mann ist im Sinne der karmischen Bestimmung und der genetischen Anlagen der Frau gleich. Und sowohl Mann wie Frau haben gleichwertigen physischen Anteil an der physischen Schöpfung.

Es fällt uns einfach leichter, unsere Wut auf die Mutter zu projizieren und ihr alle mögliche Schuld zuzuschieben, weil wir im Widerstreit der Energien und Interessen uns den vermeintlich schwächeren Pol der Yin-Kraft suchen, um unsere eigene Identität mit all ihren noch zu lösenden Konflikten zu manifestieren. Der Mutter gegenüber fällt es uns leicht, unsere Yang-Kraft auszuleben. Die sichtbare Kraft und der sichtbare Machtanspruch des Mannes, des Vaters, scheint unserem Selbstausdruck in seine Richtung hin von vornherein Schranken zu setzen. Unsere Beziehung zu unserem Vater ist sehr viel schwieriger zu erfassen, sie vollzieht sich auf sehr viel subtileren Ebenen. Die moderne Psychologie, soweit sie nicht sowieso von irgendwelchen (unbewußten) Vorurteilen der Forscher selbst ausgeht, hat die Rolle zwischen Vater und Kind und Kind und Vater eher vernachlässigt. Als Begründung oder Vorwand dafür dient übrigens ab und an der Hinweis, die Mutter sei aufgrund ihrer biologischen Funktion die Person, die in einer 9monatigen Schwangerschaft das Kind in sich wachsen und reifen spürt, und die danach hauptsächlich das Kind auf der physischen und der psychischen Ebene in den ersten Lebensmonaten nährt und umhegt. Dieser Standpunkt übersieht allerdings, daß in einem früheren Leben der jetzige Vater vielleicht die Mutter des jetzigen Kindes war, und die jetzige Mutter vielleicht der spätere männliche Lebenspartner des nun Neugeborenen, etc.

Eine einfache Übung besteht darin, sich vorzustellen, daß die Eltern, Geschwister und Kinder dieses Lebens in früheren oder künftigen Leben eine andere Funktion und Rolle für uns spielten. Oder, um uns nicht noch zusätzliche, verwirrende Szenarien zu schaffen, könnten wir uns auch einmal hineinfühlen in die Qualität unserer jetzigen Familienbeziehungen und ihrer »Energieschwingung«. Empfinden wir unseren Vater wirklich als unseren Vater – oder eher als unseren Bruder oder Großvater? Ist uns unsere Mutter mehr, vielleicht sogar eher eine Freundin oder Schwester? Wir können unser Höheres Selbst einfach bitten, uns deutliche Zeichen oder Impulse zu geben, damit wir die Natur unserer Familienbeziehungen besser, tiefer und umfassender begreifen. Es ist durchaus möglich, daß wir unseren Vater mehr als eine Mutter empfinden oder zum Beispiel einen Sohn eher als einen älteren Bruder betrachten. Ich warne immer davor, ganz allein, ohne kompetente Führung in frühere Leben einzusteigen. Aber auf der anderen Seite kann es durchaus hilfreich sein, in einem Gedankenspiel zu spüren, wie wir uns fühlen, wenn wir unsere bewußte Einschätzung unserer Familienbeziehungen entscheidend erweitern und uns für Energien öffnen, die uns auf neue Bewußtseinsebenen heben. Es geht vor allem darum, das Bewußtsein zu erweitern, neue Inhalte und neue Verknüpfungen im eigenen Bewußtsein zuzulassen, es geht um ein wirklich holographisches Bewußtsein. Es geht nicht um spezielle, klar definierte und womöglich als begrenzend empfundene Methoden und Techniken.

Sexuelle Energie

Wir müssen uns an dieser Stelle noch etwas eingehender mit Sexualität beschäftigen. Unser Verständnis von Sexualität ist bislang recht begrenzt, und wir Menschen auf dieser Erde – als Ganzes gesehen – sind darin noch nicht sehr gereift. Und dennoch ist es gerade die sexuelle Energie, die zwei Elemente in einer solchen Weise anzieht, daß sie zusammen eine neue Ganzheit schaffen. Insofern ist sexuelle Energie dem Geist unmittelbar verbunden. Wir haben Eltern und Sexualität oft unter ein Tabu gestellt. Und dies möglicherweise deshalb, weil wir eine überwältigende Erinnerung an das Geschehen der Empfängnis unbewußt in uns tragen. Wir sind uns üblicherweise nicht mehr dessen bewußt, daß wir uns im Augenblick der Empfängnis in einem Strom sexueller Kraft befanden und daß wir auch in multidimensionalen Erfahrungen, im Erleben in vergangenen Zeiten, mit unseren Eltern in einem Austausch sexueller Energien standen. Wir haben oft Angst, uns mit diesem Thema zu beschäftigen. Wir sind vielleicht darauf festgelegt, Sexualität lediglich als eine genitale Handlung zu empfinden und zu betrachten.

Die sexuelle Energie, die den Körper schafft, die die erste Zelle schafft, überträgt sich in jede andere Zelle. Ein zweijähriges Kleinkind ist genauso von sexueller Energie durchströmt wie ein Erwachsener, allerdings ist es darin nicht nur in den Geschlechtsorganen festgelegt, sondern diese Energie schwingt in jeder Zelle des Körpers, bis hinein in die Fingerspitzen. In dem Maße, wie wir die Tabus um die Sexualität zwischen Eltern und Kind wahrnehmen und verstehen lernen, werden wir die Ursachen für wesentliche Lebenskonflikte lösen können. Eine extreme Form der sexuellen Spannung zwischen Eltern und Kind schlägt sich in den vielen Fällen von Kindesmißbrauch nieder. Wir sollten uns aber darüber klarwerden, daß natürlich auch die einfache, harmlose Berührung der Eltern sowohl bei ihnen wie bei den Kindern verdrängte Traumata auslösen kann. Dann tragen wir unbewußt unser ganzes Leben hindurch eine Prägung, die sich darauf bezieht, daß unser Vater uns angefaßt hat oder unsere Mutter unsere Geschlechtsorgane berührt hat. Diese Prägung ist häufig mit einem Ungleichgewicht unseres Bewußtseins verbunden und mit einer unbestimmten Angst. Es würde viel gelöst werden können, wenn wir uns darauf besinnen, daß *alle* Erfahrungen mit unseren Eltern sexueller Natur sind, da bereits unsere Empfängnis ein Ausdruck sexueller Energie war. Dann würden auch spätere Erfahrungen nicht isoliert, nicht herausgelöst aus diesem Bewußtsein und nur in die »schlimme« Kategorie der genitalen Erlebnisse abgeschoben. Dann könnten sowohl unsere Eltern als auch wir es erlauben, daß wir uns gegenseitig küssen und umarmen, daß wir uns streicheln und liebkosen, daß wir uns gegenseitig in den Arm nehmen, ohne daß diese dunkle Angstwolke über uns schwebte, die uns gefühlsmäßig vermittelt: Paß nur auf, daß du nicht in eine genitale Ebene abrutschst und damit in Gefahr, in Tabus oder ins »Böse«. Auch ohne miteinander sexuellen Verkehr zu pflegen, könnte der Austausch der natürlichen, auch sexuellen Energien zwischen Eltern und Kind in einer Weise erfolgen, die uns nicht als eine Gefahr, sondern eher als eine Bereicherung erscheint.

Wir haben uns bislang noch nicht genügend mit den Gesetzmäßigkeiten von Energie und Energieaustausch beschäftigt. Dazu gehört die Natur und die Wirkungsweise der sexuellen Schwingungen, die bereits lange vor dem ersten Gedanken an unsere Geschlechtsorgane in uns wirkt. Der Akt der Sexualität ist der äußere Vorgang, durch den die Manifestation der formlosen göttlichen Schwingung in dieser irdischen Welt in Gang gesetzt wird. Dieses »Wissen« ist in jeder Zelle unseres Körpers, im »Geist« jeder Zelle vorhanden. Die Prägungen unseres Emotionalkörpers veranlassen uns, aufgrund von Erfahrungen in anderen Dimensionen und vergangenen Leben, diese immanente sexuelle Schwingung nur gehemmt und überhaupt nur unter bestimmten Umständen auszustrahlen. In unserem Unterbewußten ist Sexualität noch häufig mit Angst, Gewalt, Wut, Impotenz, Leistungsdruck, Frigidität usf. verbunden. So sind wir fast alle versucht, diese Energie im ersten und zweiten Chakra, den subtilen Energiezentren, festzuhalten und zu blockieren. Wenn wir nun genau diese ursprüngliche, schöpferische, sexuelle Schwingung überall im Körper frei strömen ließen, wenn wir sie aus uns über jedes Chakra ausstrahlten, dann könnten wir alle zu Heilern und »Wunderwirkern« werden.

Aids und alle anderen Geschlechtskrankheiten sind aus dieser

Sicht Lektionen, die wir uns selbst aufgegeben haben. Vor allem Aids zwingt uns geradezu, uns mit hoffentlich allen Aspekten der Sexualität ernsthaft und tiefgreifend auseinanderzusetzen. Wir werden gezwungen, die Zusammenhänge zwischen Sexualität und Spiritualität zu erfassen. Wir kommen nicht umhin, dem geschlechtlich-genitalen Austausch von sexuellen Energien eine neue, die geistige Dimension hinzuzufügen bzw. eine gemeinsame spirituelle Basis zwischen unseren Partnern und uns zu erforschen und zu durchleben.

Es ist eine geistige Entscheidung, die Entscheidung der Seele, eine andere Seele als Partner oder Partnerin zu wählen. Dies ist nicht vorrangig ein körperliches oder mentales Ereignis, sondern vielmehr das geistige Bemühen, mit Qualitäten und Schwingungen eines anderen Wesens Kontakt aufzunehmen und möglicherweise damit zu verschmelzen.

Diejenigen, die selber Kinder haben, werden sich vielleicht erinnern, daß sie sich ab und an unwohl gefühlt haben, wenn sie beim Waschen oder beim Wechseln der Windeln oder beim Eincremen die Geschlechtsteile ihres Kindes berührt haben. Das möglicherweise verdrängte Schuldgefühl dabei entspringt in den meisten Fällen dem unbewußten Wunsch, das Kind zu berühren. Dies ist aber ein ganz natürlicher Wunsch, weil die Genitalien die physische Entsprechung oder besser den körperlichen Ausdruck der sexuellen Energie darstellen, welche jene quasi magnetische Kraft war, die Samen und Ei angezogen haben, um neues Leben zu schaffen.

Damit kein Mißverständnis entsteht: das über den Inzest gelegte Tabu hat natürlich seinen Sinn. Dabei geht es nicht um »Moral«, sondern um die Erhaltung der Art. Jede Zelle trägt in sich eine genetische Blaupause, in jeder Zelle ist die gesamte Geschichte des jeweiligen Bewußtseins gespeichert. Eine Verschmelzung mit genetischem Erbmaterial, das dem eigenen zu ähnlich ist, würde nicht zu einer Differenzierung der Schöpfungsformen führen, sondern zu einem Rückschritt, zur Verarmung. Dieses innere Wissen aller Zellen klingt wie ein Echo durch unser Bewußtsein, so daß wir ein natürliches Verständnis dessen besitzen.

Geschlechtertrennung

An dieser Stelle sollten wir uns daran erinnern, daß die Schöpfungsmythologien vieler Weltanschauungen und Religionen davon berichten, daß Geschöpfe ohne irdische Eltern geboren werden. Wir können an die schaumgeborene Venus denken, an halb göttliche, halb menschliche Sprößlinge einer Verbindung zwischen Göttern und Menschen oder auch an die Jungfrauengeburt des christlichen Glaubens. Mythologien sind immer ein Zeichen eines höheren Bewußtseins. Sie tragen etwas vom Allwissen in unsere Alltagswelt hinein. Ihre Botschaft lautet häufig: am Anfang war das Wort, am Anfang stand der Wunsch, zu Beginn entwickelte sich die Absicht, Form anzunehmen. Erst danach wurden die jeweils geeigneten Schöpfungstechniken und stofflichen Strukturen gesucht, die es dem formlosen Geist erlaubten, eine physische Form anzunehmen. Und was die Jungfrauengeburt angeht, so kann man (selbst, wenn es nach neueren Forschungen wahrscheinlich doch einen physischen Vater von Jesus Christus gegeben hat) durchaus von der naturwissenschaftlichen Erkenntnis ausgehen, daß jede Zelle grundsätzlich sowohl männliche wie weibliche Merkmale und Erbcodierungen in sich trägt. In manchen Lebensformen verändert sich das Geschlecht bekanntlich während einer Lebensspanne. Im Pflanzenreich kennen wir die eingeschlechtliche Fortpflanzung. Insofern ist der Gedanke der Jungfrauengeburt nicht von vornherein als unmöglich oder unwissenschaftlich abzulehnen.

Wenn wir uns in höhere, besser erweiterte Bewußtseinszustände begeben, wenn wir Kontakt mit unserem Höheren Selbst aufnehmen, werden wir alle früher oder später unmittelbar erleben, daß wir dem Wesen nach androgyn sind. Auf diesem Planeten haben wir uns dazu entschieden, unsere Bewußtseinsentwicklung durch die Auseinandersetzung mit den Polen »weiblich« und »männlich« zu fördern. Die Aufspaltung, die Trennung in »männlich« einerseits und »weiblich« andererseits ist eine weitere Ursache für Angst und Wut. Wir erfahren uns als verschieden, als vom anderen Geschlecht getrennt; wir reagieren darauf entweder mit Verbitterung und Zorn oder mit Angst. Der den Frauen in der Frühphase Freud'scher Psychologie nachgesagte Penisneid ist, wie uns scheint, längst weitgehend überwunden, wenn es ihn denn je tatsächlich gegeben haben sollte. Es scheint, als ob viele Männer wohl eher einen Gefühlsneid entwickeln als Reaktion auf die Selbsterkenntnis, daß Sensibilität, Intuition und Einfühlungsvermögen in vielen Frauen stärker entwickelt ist als in ihnen selbst. Wir sehen ein uns inzwischen bekanntes Entwicklungsmuster: aus der formlosen göttlichen Energie erfolgt eine Abspaltung eines individuellen Bewußtseins. Der Vorgang der Trennung birgt in sich bereits alle Anlagen und Kräfte, sie zu überwinden und in den Ursprung zurückzukehren. Das Leid der Vereinzelung, der Zorn gegen den vermeintlich äußeren Schöpfer, der uns verstoßen zu haben scheint, die Angst vor der Ich-Aufgabe, um in einem höheren Bewußtsein zu verschmelzen, all dies mutet häufig wie ein Spiel an. Wir können tatsächlich die Gefühle nur dann heilen, wenn wir uns unseres Ursprungs wieder bewußt werden und wenn wir uns dazu bereit finden, uns auf einer inneren, geistigen Ebene – also mittels der Yin-Kraft, der Bewußtwerdung unseres holographischen, umfassenden Bewußtseins – auf die göttliche Schwingung in uns einzulassen.

Nachdem wir uns einmal von dem »Meer der Glückseligkeit« getrennt haben, drängen wir von selbst immer wieder an den Rand immer neuer Klippen, um erneut zurückzuspringen, bildlich gesprochen. Bewußtsein schafft Leben, Bewußtsein ist eine göttliche Kraft, sie ist die Gotteskraft. Unser Bewußtsein, unser Höheres Selbst hat sich entschieden, die Aufspaltung der Geschlechter, wie sie auf diesem Planeten jetzt besteht, und das Erleben zunächst in den Eltern, dann in eigenen Partnerschaften und später vielleicht in den Kindern zu vollziehen, um daran zu wachsen und zu erkennen. Wir beobachten heute eine fast weltweite Instabilität von Partnerschaftsbeziehungen. Diese emotionale Unsicherheit geht u. a. darauf zurück, daß das Männliche so sehr nach außen projiziert und geworfen wurde, daß es der Mann nun oft vergeblich in sich sucht, und andererseits das Weibliche so stark zurückgehalten wurde im Inneren, daß wir mit einer äußeren Ausdrucksform dieser Kraft gar nicht zurechtkommen. Eine der Konsequenzen besteht darin, daß wir außen, bei den Eltern oder Partnern oder Liebhabern das suchen, was wir zunächst einmal in uns in ein Gleichgewicht bringen sollten. Wie die Kinder greifen und grapschen wir nach irgend etwas, dessen Sinn und Funktion uns noch gar nicht ganz klar ist. So kommt es immer wieder dazu, daß Liebespartner sich gegenseitig regelrecht aufzehren, daß sie ihre Energien entweder verschleudern oder konsumieren, und wir damit emotional noch weiter aus unserer Mitte fallen.

Aber auch diese Vorgänge sind Teil des großen galaktischen Spiels, auf das wir uns eingelassen haben. Wir benutzen unsere Eltern als Instrumente, uns selbst Widerstände zu schaffen, die wir dann überwinden müssen. Wir erlegen uns selbst eine subjektive Realität auf, in der wir – weil die bewußten Entscheidungen auf der Seelenebene inzwischen im Regelfall vergessen sind, aufgrund der übermächtigen Prägungen des Emotionalkörpers – uns dann vermeintlich »bösen« Eltern gegenüber sehen, die uns verlassen, die uns nicht genügend lieben, etc. (Wir sind uns natürlich auch all der positiven Entwicklungsfaktoren bewußt, die wir uns mit harmonischen, liebevollen, offenen Eltern und Partnern schaffen. Es soll hier aber auf die »negativen« Erfahrungen intensiv eingegangen werden, weil diese, und nicht die »positiven« Impulse, unser Gefühlsleben belasten.)

Geburt als bewußte Entscheidung

Hinter dem ersten Zorn und der ersten Verbitterung über die Trennung von den Eltern steht der ursprüngliche Trennungsakt von der Gotteskraft. Wir blicken sozusagen auf unsere Eltern herab und sagen, daß wir uns in dieses Energiefeld zwischen ihnen hineinbegeben – damit trennen wir uns ja von dem höheren Bewußtsein der Schönheit und Liebe und Gotteskraft, in der uns alle Ziele und Zusammenhänge noch unmittelbar einleuchtend sind. Wir begeben uns in diese trübe Umgebung, in dieses dunkle Feld zwischen diesen beiden Wesen, erleben die Reife des Embryos ganz oder teilweise, auf jeden Fall das Herausgepreßtwerden aus der warmen, weichen, wäßrigen relativen Harmonie in eine Welt, die ein symbiotisches Leben wie zwischen Embryo und Mutter nicht mehr zuläßt. Einer der Angelpunkte ist, ob wir erfassen, daß wir selber eine Entscheidung darüber treffen – wann wir geboren werden und welche Eltern und andere Menschen in späteren Beziehungen wir uns aussuchen. Solange wir nicht voller Freude in die Empfängnis und in die Geburt hineingehen, werden wir auch nicht voller Freude in diese Welt gelangen. Und dann werden wir auch nicht erkennen können, daß sich Beziehungen auch voller Freude erleben lassen. Im Hintergrund schwärt die erste Wut über unsere Trennung vom Ursprung, weil unser Bewußtsein noch nicht die Wonne, die Ekstase der bewußten Entscheidung erfahren hat. Dies ist einer der wesentlichen Ansatzpunkte für unsere Arbeit im Light-Institute: daß wir Menschen helfen zu erfahren, zu erleben, bis in die feinsten Fasern ihres Bewußtseins, ihrer Gefühle und sogar bis in jede einzelne Körperzelle hinein, daß die Tatsache, hier zu leben und so zu leben, wie wir es tun, einer eigenen, bewußten – wenn auch vergessenen oder verdrängten – Entscheidung entspringt.

Zum ersten Mal zu erleben, daß eigene freie Entscheidungen auf der Ebene der Seele dazu geführt haben, sich in dieser Welt als Mensch mit bestimmten Lebenserfahrungen zu manifestieren, wirkt befreiend, belebend, erleuchtend. Unsere Selbsterkenntnis ist ein Schlüssel dazu, die Beziehung zu unseren Eltern zu heilen. Zur Selbsterkenntnis gehört bekanntlich eine Wahrnehmungsweise, die umfassend, die holographisch ist und nichts ausschließt oder verdrängt. Wir können eine solche holographische Auffassung allerdings erst dann gewinnen, wenn wir uns über die Begrenzung von Raum und Zeit erhoben haben bzw. wenn wir in unser Alltagsleben die Energie und Weisheit unseres Höheren, unseres Göttlichen selbst hineingenommen haben. Wenn wir auch nur beginnen, eine Ahnung unserer ursprünglichen freien Entscheidung, uns zu manifestieren und hier zu leben zu entwickeln, dann beginnt das Leben ein Abenteuer zu werden. Dann wird das Leben von Kraft und Freude durchströmt, dann lehnen wir nicht Menschen oder Situationen ab, sondern nehmen sie vielmehr an und »durchdringen«, also transzendieren sie. Es ist möglich, unser Leben als Hologramm nicht nur zu sehen, sondern dieses Hologramm auch zu »tanzen«. Es ist uns möglich, daß wir unsere Energien nicht nur ahnen, sondern sie auch schöpferisch anwenden.

Begrenzung durch die Eltern?

Solange in uns noch eine Stimme davon flüstert, daß wir durch die Eltern begrenzt würden, so lange können wir nicht auf der Ebene von Meistern agieren. Da wir als Kinder so empfänglich für Eindrücke sind, werden wir zumeist von der ultimativen Autorität unserer Eltern geprägt, die uns als Kindern wie die erste und wichtigste Macht dieser Welt erscheint. Wir haben Gott vergessen, wir sehen die Eltern als unseren einzigen Gott an. Der Emotionalkörper, das, was wir über unseren Solarplexus aufnehmen, auch wenn es sich nicht in Worten oder Handlungen unserer Eltern niederschlägt, sieht nur die äußeren Eltern als lebensentscheidende Faktoren für unsere Selbstentfaltung an. Also entwickeln wir einen Widerstand gegen diese Bindung und bemühen uns auf mannigfaltige Weise, die vermeintliche Kettung an die Elternautorität zu durchbrechen. Sei es, daß wir spätere Partner als Antipoden zu unseren Eltern auswählen, sei es, daß wir unbewußt doch vom Rollenbeispiel unserer Eltern geleitet werden – wenn wir unsere Beziehung zu unseren Eltern nicht auf einer geistigen Ebene geklärt haben, werden »Elternthemen« unser ganzes Leben bestimmen. Und fast nie kommen wir auf den Gedanken, daß unsere Eltern nur eine Rolle in unserem Lebensfilm spielen, die sich genau an dem Drehbuch orientiert, das wir selbst geschrieben haben.

Nun reicht es nicht aus, sich nur Gedanken darüber zu machen. Man muß diese Prägungen im Emotionalkörper regelrecht herauswaschen oder herauslösen, um auch auf dieser Ebene aufnahmefähig für die eigene göttliche, allbewußte Kraft zu werden. Die Arbeit des Light-Institutes mit Jugendlichen zielt in diese Richtung. Junge Menschen, die hierherkommen und die Fortgeschrittenen-Arbeit machen, erfahren regelmäßig: wenn sie in ihren Sitzungen erleben, warum und wie sie sich für ihre Eltern in diesem Leben entschieden haben, stellen sie fest, daß sie aus der Zwanghaftigkeit bestimmter Auffassungen und Verhaltensmuster befreit sind. Wenn sie sehen, wie die Eltern in anderen Dimensionen Partner oder sogar selbst Kinder sind, wenn sie erfahren, welche Rollen ihre Eltern in ihrem eigenen Lebensplan spielen, dann fühlen sich nicht nur die Jugendlichen aus dem Spinnennetz scheinbar unauflöslicher Bindungen befreit, sondern auch die Eltern profitieren davon. Wenn *eine* Person auf einer inneren Ebene die Ursachen und Konsequenzen von Beziehungen zu einem bestimmten anderen Menschen durchdringt, so erlöst dies nicht nur die »aktive« Person, sondern auch den *anderen* Menschen. Warum? Jeder Strom der Seelenaufmerksamkeit, der bislang in engen, festgelegten Bahnen verlief – und dadurch nur wenige Aspekte des anderen Menschen erreichte, fließt nun ungehindert als bewußte Energie hinaus und erfaßt quasi holographisch das Gesamtbild des Zusammenwirkens – läßt also Täuschungen, Projektionen und Zwänge hinter sich.

Wenn die Polarität, in der wir uns zumeist befinden, von einem Pol her aufgehoben wird, kann sie auch vom anderen Pol her nicht mehr weiter bestehen. Wir unterliegen ja häufig der Illusion, die eine Menge von Wut in uns ansammeln läßt, daß wir irgend etwas nicht tun können, wenn ein anderer dem nicht zustimmt. Das ist eines unserer wesentlichen Mißverständnisse. In dem Maße, in dem wir unsere Multidimensionalität erforschen, können wir diese und andere Illusionen löschen. Wenn sich ein Mensch aus einer solchen Zwangsbeziehung herauslöst, dann kann sie vom anderen Menschen nicht weiter aufrechterhalten werden. Die jungen Leute also, die hierher nach Galisteo kommen, erfahren allesamt, daß sie nicht mehr auf ihre Eltern projizieren, was sie bei sich selber suchen müssen. Und: sie spüren – oft zum ersten Mal – eine tiefe natürliche Liebe für die Eltern, die bislang vom Ärger über die eigene Ohnmacht unterdrückt wurde. Diese neugefundene Liebe strahlt natürlich auch aus ihnen aus, wenn sie wieder nach Hause kommen. Das – selbst wenn darüber kein Wort verloren wird – verändert auch die Eltern; wenn das Herz eines Menschen geöffnet ist, strahlt dies selbstverständlich auf alle anderen auch aus.

Die Eltern erfahren dann einen vertieften, auch geistig fundierten Kontakt zu ihrem Kind, und sie fühlen in sich eine neue Qualität von Liebe aufsteigen. Wir haben hier auf der Erde oft eine ungeheure Angst vor Liebe und davor, Liebe auszudrücken. Wir fürchten, daß Liebe sexuell werden könnte, wir fürchten, daß sie außer Kontrolle geriete. Wir haben sogar Angst vor Liebe ganz allgemein, weil wir Angst vor unserer eigenen Sexualität haben. Insbesondere gibt es aber Angst zwischen Eltern und Kindern, weil die Eltern Angst vor einer sie überwältigenden Liebe haben, die sie vielleicht dazu bringen könnte, ihre Kinder auch körperlich lieben zu wollen. Dies geht zurück auf die Schuldgefühle, das neugeborene Baby zu berühren. Und diese Schuldgefühle setzen sich fort in den Aufforderungen der Eltern an die Kinder, nicht mit sich selbst oder an sich selbst zu spielen, d. h. nicht ihre eigenen Geschlechtsorgane zu berühren. Der Hintergrund dafür ist, daß sich die Eltern verwirrt, bedroht und verängstigt fühlen, weil sie in sich eine eigene sexuelle Reaktion darauf vermuten. Die Eltern haben häufig ihr sexuelles Bewußtsein auf die Genitalien beschränkt, während dies beim Kleinkind noch nicht der Fall ist. Mit der Geschlechtsreife werden die Kinder langsam ebenso auf der Ebene der Geschlechtsorgane festgehalten. Danach haben die Eltern noch weniger Möglichkeiten, ihre Liebe auch körperlich so auszudrücken, daß sie nicht sexuell wirkt.

Welche not-wendige und hilfreiche Funktion Aids dabei spielt, uns über den Zusammenhang zwischen Liebe und Sexualität klarer zu werden, haben wir bereits kurz gestreift. In der Beziehung zwischen Eltern und Kind wird deutlich, daß zunächst einmal die Eltern selbst mit dieser Problematik von Liebe und Sexualität klarkommen müssen. Die Interaktion mit dem Kind wird von uns häufig genug darauf aufgebaut, daß wir das Kind ermahnen, daß wir dem Kind vermitteln, daß es uns erfreuen und unsere Regeln befolgen muß, weil wir sonst gemeinsam vielleicht etwas erfahren könnten, was uns alle schrecklich ängstigt. In der Zeit der Geschlechtsreife der Jugendlichen erreicht dieses – oft unbewußte – Thema den Stellenwert einer kritischen, mächtigen Herausforderung.

Machtkämpfe

Eine Menge von dem, was wir die »fürchterlichen Zweier« (wenn Kleinkinder um 2 Jahre alt sind) nennen, wenn sie völlig außer Rand und Band geraten, hat mit der sexuellen Energie zu tun. In der Pubertät kommt diese Kraft erneut auf, nun sehr viel bewußter und machtvoller. Gesteuert wird dies bekanntlich über die

Zirbeldrüse, die zu den bestimmenden Faktoren unseres Endokrinsystems gehört und unsere Entwicklung mit steuert. Die Jugendlichen strahlen diese Energie aus, die Eltern, womöglich unbewußt, spüren dies und fühlen sich im körperlichen Ausdruck ihrer Liebe verunsichert, sie errichten mentale Barrieren, um eine Distanz zu ihren Kindern aufzubauen, sie kritisieren sie, und es entwickelt sich aus all diesem verwirrenden Gemisch von Aktionen und Reaktionen üblicherweise ein Machtkampf. Anstatt die in den Jugendlichen neu aufsteigende Energie mit Liebe, Freude und Sensibilität willkommen zu heißen, wird ihr allzuoft mit Ablehnung begegnet. In den Ritualen von Naturvölkern, die sich auf die Geschlechtsreife beziehen, finden wir noch Beispiele, wie solche menschlichen Entwicklungsprozesse mit Respekt begleitet werden können.

Natürlich stellt sich auch die Frage, ob man ebenso in höherem Alter noch von den Prägungen durch die (selbst gewählten!) Eltern beeinflußt wird und ob man sich davon ebenso lösen könnte wie im jugendlichen Alter. Diese Frage stellt sich zumal dann, wenn die eigenen Eltern bereits verstorben sind oder man aus anderen Gründen keine Gelegenheit mehr findet, mit ihnen in direkten persönlichen Kontakt zu treten. Wo die Psychologie endet, beginnt das spirituelle Verstehen. Es wirkt ja tatsächlich wie ein kosmischer Witz, daß eine 50jährige Person sich in Beziehung zu ihren eigenen Eltern immer noch wie ein Kleinkind empfindet – mit all den Begleiterscheinungen der möglichen Furcht vor einer übermächtigen Autorität oder einem allzu blinden Vertrauen in ein vermeintliches Allwissen. Da der Emotionalkörper Zeit und Raum nicht kennt, sondern nur die ihm eingeprägten Gefühlsreaktionen, werden solche Verhaltensmuster laufend weitergetragen. Selbst der Tod von Menschen, mit denen wir in einer Beziehung gestanden haben, löscht die entsprechenden Verhaftungen unseres Emotionalkörpers nicht aus! Der Emotionalkörper trägt in sich die Erfahrungen, Impulse und Bewertungen, die wir in früherem Leben und als Kinder in bezug auf unsere Eltern gespeichert haben. Wenn die Eltern sterben, ist dies häufig sogar nur ein noch größerer Ansporn, ein »gutes Kind« zu sein, um den nun verstorbenen Eltern noch nachträglich zu beweisen, daß man sie »liebt« – d. h. ihre Ratschläge noch nachträglich befolgt. Dies ist übrigens auch eine der

Ursachen, warum Menschen, die unsere Eltern gekannt haben, uns später einmal sagen, daß wir mit der Zeit immer mehr wie unsere Eltern wirken, daß wir ihre Gesten quasi imitieren, daß wir in unseren Reaktionen ihnen immer mehr ähneln. Wenn wir 40 oder 50 sind, haben wir die Rebellion der Zeit als Teenager oder Twen hinter uns, während derer wir vielleicht besonderen Wert darauf gelegt haben, völlig anders als unsere Eltern zu sein.

Es ist eine durchaus ironische Situation, daß wir uns zunächst von der Seelenebene her ganz spezielle Lebenserfahrungen und die Menschen, durch die wir sie erleben, aussuchen und dann dem Vollzug dieser Erfahrungen widerstreben. Es scheint von außen betrachtet geradezu unglaublich, daß unser Bewußtsein derartig eingeschränkt ist, daß wir das Hologramm unseres Lebensplans nicht mehr wahrnehmen. Deshalb ist es so notwendig, sich von den Schlacken und Schleiern des Emotionalkörpers zu befreien, um eine umfassende Übersicht zu gewinnen. Es geht um unsere Unterscheidungskraft, zu differenzieren zwischen uns selbst und jenen Verhaltensweisen und Vorurteilen, die wir uns nur gesucht haben, um uns daran zu entwickeln. Sie verfolgen uns nun aber geradezu, und wir nehmen sie als einen Teil unserer selbst. Ein Kind wird, wie zuvor kurz gestreift, selbst eine zerstörerische Beziehung zu seinen Eltern einer anderen Beziehung vorziehen, die keinerlei karmische Verhaftung mit sich bringt. All diese Dinge lassen sich nicht mental klären, vom Kopf her. Es muß das Zusammenspiel herrschen zwischen der größeren, »göttlichen« Einsicht und dem Einlaß der göttlichen Energien in unseren Emotionalkörper. Manchmal werde ich gefragt, wie es denn möglich sein soll, daß man in einer Lebensspanne, noch dazu in vielleicht nur wenigen Tagen, all das auslöscht, was sich viele Leben lang angesammelt hat – wie man also so rasch wieder »neu« werden kann. Der Emotionalkörper kennt Zeit und Raum nicht, nur seine psychische »Wirklichkeit«. Und so, wie bei der Empfängnis in einem Augenblick etwas Neues geschaffen wird, so kann auch bei unserer Arbeit mit dem Emotionalkörper Entscheidendes in kurzer Zeit geschehen. Die Erfahrungen vieler Hunderter, ja Tausender von Menschen im Light-Institute bestätigen, daß verwickelte Lebensprobleme – wenn sie einmal auf allen Ebenen erfaßt und durchdrungen werden – tatsächlich in kürzester Frist verwandelt werden können. Die Ganzheit jedes Menschen ist ja längst vorhanden, sie muß nicht erst gemacht werden. Es gilt nur, sie zu entdecken! In dem Augenblick, in dem wir entdecken, daß wir bereits ganz und heil und göttlich sind, löst sich vieles ganz »automatisch« von uns.

Prägungen des Emotionalkörpers

Solange wir uns gegen die Eltern wenden oder sie kopieren, sind wir nicht wir selbst. Der glanzvolle Stern unseres eigenen Seins wirkt so lange wie verhangen. Der spirituelle Körper ist willens, den Emotionalkörper als Instrument zum Wachstum und zur Entwicklung zu benutzen. Wenn wir uns aber in die Ebene der irdischen Erfahrungen hineinbegeben haben, schafft der Emotionalkörper jene ihm eigene Verhaftung an Gefühle, Reaktionen, Vorurteile und Verhaltensmuster, die uns unsere selbstgestellte Aufgabe vergessen läßt. Der spirituelle Körper sucht nach der Verwirklichung des kosmischen Gesetzes. Er lehrt uns, welche Faktoren in welcher Weise zusammenwirken, um Neues zu schaffen. (In unserem ersten Buch, »Zeit ist eine Illusion«, habe ich ja ein drastisches Beispiel dafür gebracht, wie sehr sich der spirituelle Körper und der Emotionalkörper auseinanderentwickeln können. Es ging dabei darum, daß es nach einem kosmischen Gesetz nicht möglich ist, jemanden zu töten oder etwas zu zerstören, ohne auf der Seelenebene zuvor die Einwilligung des Gegenübers erhalten zu haben – auch wenn sich die Beteiligten daran nicht zu erinnern vermögen. Der Emotionalkörper nimmt allerdings nur die Energie auf, die mit einem solchen Vorgang zu tun hat und wird davon tief geprägt. Verwirrung, Verzweiflung und Schuld sind übliche Begleiterscheinungen. Am Ende werden wir von den Reaktionen auf das Ereignis, die unserem Emotionalkörper eingeprägt sind, derart zwanghaft beherrscht, daß unser Blick auf den Zweck und den Sinn unserer Lebenserfahrungen verstellt wird.)

Die Entwicklung unseres Emotionalkörpers hinkt weit hinter der Entwicklung unseres Mentalkörpers und auch unseres physischen Körpers zurück. Der Emotionalkörper ist quasi ein Nebenprodukt des Lebens, das entsteht, als Niederschlag der vielen Energien in Erfahrungen und Ereignissen. Dieser Niederschlag des Zusammenwirkens verschiedener Energien nimmt eine Form an, die Form des Emotionalkörpers. Er erscheint als eine von den anderen Körpern getrennte Form, er verfügt über eine sehr subtile »Macht« über uns, eben weil wir das Wirken seiner in ihm gespeicherten Energien häufig genug nicht klar erkennen.

Wir müssen eine endlos erscheinende Serie freier Assoziationen aufrollen, die ihre Quelle im sozusagen computerisierten Aufzeichnungssystem unseres Körpers haben. Jede kleine Begebenheit, jedes Gefühl, jede Erfahrung eines Lebens wird in uns gespeichert und trägt bei zu einem Netzwerk, das dann in seiner ganzen Komplexität als Filter und bestimmender Faktor für alle weiteren Wahrnehmungen und Verhaltensweisen wirkt. Ein Beispiel: Nehmen wir an, daß ein kleiner Junge am Eßtisch sitzt und die Mutter jedes Mal, wenn sie ihm den Teller vorsetzt, ihn liebevoll an der linken Schulter berührt als ihre Art, ihn zum Essen zu ermuntern. Der kleine Junge wird älter, geht aus dem Haus und heiratet. Jedes Mal, wenn er sich zum Essen hinsetzt, wartet er unbewußt auf irgend etwas. Seine Frau kann natürlich nicht wissen, was es mit dem unbestimmten Zögern, dem gewissen unerklärlichen Warten ihres Mannes bei Tisch auf sich hat. Und der Mann reagiert auf die ausbleibende Zärtlichkeit, die er früher mit dem Essen verbunden hat, mit innerem Widerstand. Entweder hat er das Gefühl, daß das Essen nie so recht schmeckt oder daß etwas mit seiner Frau nicht stimmt. Dies ist nur ein kleines Beispiel dafür, wie Erfahrungen mit unseren Eltern sich durch ein ganzes Leben ziehen können. Die Art und Weise, wie wir die Welt anschauen und in ihr leben, wird unbewußt vom Netzwerk aller eingelagerten Prägungen mitbestimmt.

Meine Erfahrung ist, daß sich dies nicht nur auf Prägungen eines Lebens bezieht, sondern daß in unserem Emotionalkörper noch jetzt Echos aus anderen Dimensionen aus früheren Lebenszeiten nachklingen. Die Heilung der Gefühle zwischen Mann und Frau kann in diesem Fall zum Beispiel dadurch erfolgen, daß der Mann und die Frau zunächst einmal über die Tatsache seiner leichten Irritation sprechen und der Mann dann hineinsteigt in eine Erforschung seines Emotionalkörpers. Unsere gemeinsamen Erfahrungen in Galisteo belegen, daß bislang noch in jedem Fall die Ursachen für Probleme gefunden werden konnten. Heilung bedeutet immer eine Überwindung von Trennung, ein Zurückfinden zu einer Einheit.

Der Mann erführe dann, daß er eine Form der liebevollen Zuwendung entbehrt –, die aber nichts mit seiner jetzigen Partnerschaft zu tun hat. Es ist sehr interessant, die Mechanismen zu betrachten, die uns zu unseren Partnern hinziehen. Die Qualität unseres emotionalen Wechselspiels würde sich vollkommen verändern, wenn wir einmal die Szenarien unserer fast ewigen Geschichte und Geschichten mit einem anderen Menschen erkennen. Die unbewußten Assoziationsreigen würden dann unterbrochen, und wir wären frei, uns unmittelbar selbst zu erleben – ohne unbewußte Gefühlsbedürfnisse oder Projektionen. Wir würden dann einen Liebespartner von der höchstmöglichen Oktave einer Gemeinschaft auswählen, von einer spirituellen Ebene her. Das würde die spirituelle Energie in der Partnerschaft entwickeln statt den Austausch langsamerer emotionaler Schwingungen. Liebe bedeutet, fähig zu sein, ein anderes Wesen so wahrzunehmen, wie es wirklich ist, statt unser unvollkommenes Ich auf die äußere Welt zu spiegeln. Um uns von der Meinung zu heilen, daß uns jemand anderes nicht genug Liebe gibt oder daß unsere Beziehung nicht erfüllt ist, müssen wir beginnen, den »Computer« in uns von allen astralen Assoziationen, Symbolen und Mythen zu klären, welche das uns bestimmende Netzwerk auf der Ebene des Emotionalkörpers bilden.

Heilung kann nur von der spirituellen Ebene her kommen, und es geht dabei immer darum, unser persönliches Karma aufzulösen. Persönliches Karma ist auf der Ebene des Emotionalkörpers regelrecht eingelagert – wir müssen also die Führung des Höheren Selbst benutzen, um ihn zu klären.

3.
Partnerschaft

Partner und Karma

Das am häufigsten beobachtete Partnerschaftsproblem besteht heutzutage darin, den Partner als einen Spiegel zu benutzen und alte Erfahrungen und alte Gefühle auf diesem Spiegel auszuleben. Eine allgemeine Erfahrung lautet, daß ein Partner spürt: »Ich möchte mich entwickeln, ich möchte freier sein, ich möchte mein geistiges Selbst erforschen, ich möchte herausfinden, wer ich bin.« Dem setzt der andere Partner häufig genug Widerstand entgegen. Der andere Partner will einfach nicht, daß sich etwas in der Beziehung ändert, daß sich die Art und Weise wandelt, miteinander umzugehen und aufeinander einzugehen. Der verunsicherte Partner denkt oder sagt bei sich: »Ich möchte nicht, daß du dich mit vergangenen Leben beschäftigst, ich möchte nicht, daß du dich veränderst, ich möchte nicht, daß sich unser bewährtes Gefühl der gemeinsamen Sicherheit in unserer Partnerschaft verändert.« Unsere Kontrakte mit Menschen, mit denen wir in engen Beziehungen stehen, haben ja fast immer etwas damit zu tun, sich gegenseitig zu binden, alte Schuld auszugleichen, mißbrauchte Liebe einzufordern usw. In manchen Beziehungen sind nicht etwa Liebe oder Sexualität die stärkste Anziehungskraft, sondern reine, unverwässerte Rachegefühle.

Beide Partner spüren unbewußt, daß es beim jeweils anderen genügend Schuldgefühle gibt, an denen er festgehalten werden kann. Und fast gleichgültig, wie intensiv und umfassend eine alte Schuld längst zurückgezahlt worden sein mag, die Sucht nach Rache ist dennoch nicht ausgelöscht. Dies zu heilen erfordert, die ursprüngliche Quelle unserer Verbindung aufzusuchen. Wir können solche Suchtprägungen psychischen Zwangsverhaltens auslöschen, wenn wir ihre Ursachen erfassen und sie in einer besonderen Weise durchdringen, wie wir sie z. B. hier im Light-Institute entwickelt haben. Es gibt keine Gebieter des Karmas oder Nornen des Schicksals, die mächtiger wären als unser eigenes Höheres Selbst, als unsere eigene, innere spirituelle Kraft! In dem Augenblick werden wir uns frei finden, in dem wir bereit sind, uns selbst und anderen zu vergeben, in dem wir bereit sind, die Verhaftungen des Emotionalkörpers mit dem göttlichen Licht unseres Höheren Selbst zu durchdringen. Es gibt heutzutage so viele Scheidungen, nicht etwa weil sich die Welt in einem besonders negativen Zustand befindet oder wir unfähig sind, Beziehungen aufrechtzuerhalten, oder weil es in der modernen Welt keine soziale oder gesellschaftliche Notwendigkeit mehr gibt, beieinander zu bleiben. Vielmehr ist der Grund für die vielen Scheidungen in einer Lösung und Befreiung von Karma auf einer Massenebene zu sehen, wir sehen uns in der Lage, »Beziehungskarma« auslaufen zu lassen.

Karma: viele Menschen beschäftigen sich mit der Frage, wie Karma aufzulösen sei. Nach der dogmatischen christlichen Vorstellung kann uns nur Jesus Christus vergeben, Maria und die Heiligen können Fürbitte für uns einlegen. Nach der Vorstellung östlicher Religionsphilosophien bedarf es eines kompetenten Meisters oder Sat-Gurus oder Erleuchteten, der uns durch Übernahme unseres Karmas, das er leicht verbrennen kann, davon befreit. Andere Vorstellungen gehen davon aus, daß millionenfache Leben notwendig seien, um das immer wieder neu angehäufte Karma im Zuge einer langwierigen Entwicklung schließlich gänzlich abzutragen. Ich bin frei und mutig genug, um mich diesen Auffassungen nicht anzuschließen, sondern ihnen sogar vehement zu widersprechen. Solange das eigene Bewußtsein nicht entwickelt ist, solange man nicht von Liebe und Mitgefühl erfüllt ist, kann man der karmischen Tretmühle nicht entrinnen. Aber in dem Augenblick, in dem sich das Bewußtsein genügend ausweitet, um Verbindung mit der Quelle der Schuld, mit der Ursache von Karma aufzunehmen und sie zu durchleben, in dem Moment, in dem wir bewußt unser inneres Ungleichgewicht und dessen Ursachen erfassen, können wir Karma sofort auflösen!

Sobald wir erkennen, daß es unsere eigene Entscheidung war, Macht zu mißbrauchen oder gegen göttliche Gesetze zu handeln, sobald wir also das Thema oder die Problematik unseres Karmas erfaßt haben, haben wir wieder die Entscheidungskraft, dies zu verändern. Es ist unmöglich, daß es im Universum Gift gibt, ohne daß ein entsprechendes Gegenmittel ebenso vorhanden wäre. Jesus Christus oder ein Guru oder ein Meister mag einem alles mögliche vergeben – solange man sich nicht selbst vergeben hat, wird man nicht befreit. Wir stecken so voller Zweifel und Mißtrauen und Haß gegenüber unserem eigenen Selbst, daß wir nach der vermeintlichen Autorität außen hungern, die uns sagt, daß sie uns vergebe. Und um diese Art von Vergebung zu erlangen, müssen wir unsere eigene Kraft nach außen tragen, müssen wir sie einer anderen Instanz übergeben. Wir sind die einzigen, die uns selbst vergeben können, die unser eigenes Karma auflösen können. Natürlich ist es eine wunderbare Hilfe, wenn uns ein Guru sagt, daß uns vergeben sei. Dies mag uns helfen, uns selbst im Inneren zu finden. Aber schlußendlich können wir nicht zum Meister werden, solange wir nicht selbst den Stab der Verantwortung ergriffen haben. Diese Eigenverantwortung umfaßt auch die selbst erlebte Erkenntnis der Wahrheit in allen ihren Verästelungen auf allen Ebenen.

Es trifft zu, daß wir in diesem Leben Frieden finden können, wenn uns ein Guru sagt, daß wir durch Meditation oder Gebet oder rechte Lebensweise uns besser fühlen werden und daß wir dadurch die Leiden unserer Schuld mildern können. Dieser Ansatz erinnert ein wenig an den Behaviorismus in der Psychologie: wenn man sich in einer bestimmten Weise verhält (gleichgültig, wie man sich fühlt), wird sich nach und nach auch das Gefühl verbessern. Aber: keiner dieser beiden Ansätze erlaubt, den subtilen, immanenten karmischen Strom trockenzulegen, der uns immer wieder aufs neue mit den in ihm fließenden karmischen Eindrücken überschwemmt. Wir müssen den eigenen Willen entwickeln, Teil der schöpferischen göttlichen Kraft zu sein! Nicht als Subjekt dieser Kraft, sondern als bewußter Teilhaber. Die in uns hervorquellende göttliche Energie verfügt eben nicht nur über die kreative Energie, Neues zu schaffen, sondern kann auch Altes, Karma, auflösen.

Den meisten Menschen, die nach Galisteo kommen, geht es um geistige Entwicklung. Natürlich spielen auch Partnerschaftsprobleme wie erotische Disharmonie, unterschiedliche Kinderwünsche oder divergierende Ansichten über berufliche und finanzielle Entwicklungen eine Rolle. Ich muß aber sagen, daß die größte Zahl der Menschen hierher kommen, um sich selbst zu finden. Es geht im Light-Institute ja nicht um eine Form der »Therapie«, es geht nicht um die symptomatische Heilung physischer oder psychischer Krankheiten, sondern um Selbsterkenntnis. Menschen kommen hierher, deren Suche nach Erfüllung durch einen neuen Liebespartner oder einen neuen Beruf oder einen neuen Wohnort nichts gefruchtet hat. Wenn in unserem Leben etwas nicht zu klappen scheint, dann sind wir sehr schnell dabei, zu glauben, daß es am Partner, an der Arbeit oder an unserer häuslichen Umgebung liegt. Und andererseits geschieht es nicht selten, daß Menschen kommen, die sagen, daß zu Hause eigentlich alles stimmt und sie in jeder Beziehung zufrieden sind und nun auch glücklich sein sollten. Aber obwohl sie einen liebevollen Partner haben, obwohl ihre Arbeit sie befriedigt und sie ein gemütliches Heim besitzen, erscheint ihnen ihr Leben dennoch leer.

Die Menschen, die hierher kommen, berichten mir von einem Erwachen, das sie in der einen oder anderen Weise überall auf diesem Erdball spüren. Sie haben das Gefühl, daß sie mehr von ihrer göttlichen Natur erfahren sollten, daß ihr inneres Wissen um Dinge vertieft werden soll, daß sie »Zufälle« und Träume umfassender verstehen wollen. Menschen aus allen sozialen Schichten und vielen Berufssparten teilen dieses Empfinden. Ihre akuten kleineren und größeren Probleme, die sich auf Eltern, Partner oder Kinder beziehen, scheinen ihnen im Vergleich zu ihrer spirituellen Suche sekundär. In diesem Zusammenhang muß betont werden, daß deshalb auch die eigene Arbeit auf der Ebene des Höheren Selbst wichtiger ist, sie ist die wesentliche Grundlage zur Klärung unseres Emotionalkörpers überhaupt, während die Lösung der alten Kontrakte mit Menschen, mit denen wir in Verbindung stehen, erst danach möglich ist und darauf aufbaut. (Deshalb auch arbeiten wir am Light-Institute zunächst mit dem Emotionalkörper, mit dem Höheren Selbst und Erfahrungen aus vergangenen Leben oder anderen Dimensionen, bevor wir besondere Sitzungen der geistigen

Klärung der Eltern und Partner etc. widmen.) Die bewußte Verbindung mit dem Höheren Selbst ist die Grundlage dafür, daß wir uns sicher genug fühlen, zu vergeben, loszulassen, von der Klippe des verschlackten Emotionalkörpers in eine neue Offenheit hineinzuspringen.

So wie wir unsere Eltern allzuoft als beschränkende Herausforderung wählen, an der wir uns entwickeln müssen, so entscheiden wir uns auch häufig für Partner, die uns Widerstände bieten, an denen wir wachsen müssen. Das ist ja das Verrückte: wir ziehen jene negativen Schwingungen an, welche die Prägungen unseres Emotionalkörpers verstärken und unsere eigenen Selbstzweifel vertiefen. Dadurch zwingen wir uns in eine immer schwierigere Situation, die einen solchen Druck aufbaut, daß wir uns quasi unfreiwillig davon wieder befreien müssen. Wenn wir in einer zerstörerischen Beziehung zu einem anderen Menschen stehen, werden wir – wenn man sich in die Tiefe begibt – feststellen können, daß die vermeintliche Täter-Opfer-Beziehung auf einer einvernehmlichen Vereinbarung beruht!

Seelenpartner – Partnerseelen

Wir wollen kurz auf das Thema Seelenpartner oder Partnerseelen eingehen. Es sind üblicherweise die Seelenpartner, die uns bittere Medizin verabreichen, anstatt uns in ekstatische Höhen zu führen. Denn nur eine Seele, die von tiefer Liebe zu uns erfüllt ist, wird sich bereitfinden, uns eine schmerzliche Lektion zu erteilen – eine Lektion, die wir uns selbst gewählt haben. Es passiert recht häufig, daß wir in Gruppen von Seelen viele Leben durchqueren und mit der Zeit eine tiefe gegenseitige geistige Liebe entwickeln. Wenn wir uns nun auf der irdischen Ebene wiederbegegnen, so spüren wir eine intensive gegenseitige Anziehung, und wir wollen wieder miteinander leben – was oft nicht funktioniert, weil der andere Mensch bereits in einer Beziehung ist oder aus irgendeinem anderen Grund. Unsere Schwierigkeit besteht darin, daß sich die gegenseitige Anziehung vornehmlich über die niedrigeren Energiezentren oder Chakras manifestiert. Wir neigen dazu zu glauben, daß wir eine sexuelle Beziehung oder eine sexuelle Partnerschaft aufbauen müssen. Wir müssen erst noch lernen, und Aids spielt dabei eine besondere Rolle, daß wir uns auf der Ebene der Herzen begegnen. Im übrigen dürfte es ja inzwischen weithin bekannt sein, daß jede sexuelle Begegnung ohne eine Beziehung auf der Ebene der Herzen etwas höchst Zerstörerisches in sich birgt.

Wir mögen meinen, daß der langgesuchte ideale Partner jener sei, mit dem wir völlige Harmonie und Einheit auf dieser Ebene leben können. Tatsächlich ist aber unser wahrer Seelenpartner viel eher jener Mensch, mit dem wir den intensivsten karmischen Austausch erfahren. Wenn wir uns überlegen, welche gebündelte spirituelle Energie im Vorgang der Empfängnis manifest wird, in der Verschmelzung zweier Zellen, um neues Leben zu gebären, dann können wir eine Ahnung gewinnen, wie stark die geistige Anziehungskraft zwischen Seelen sein kann, die sich durch Äonen begleitet haben. Das Problem besteht ja nur darin, daß unser irdisches Bewußtsein wie ein Sieb wirkt, das nur eine sehr lineare und eingeschränkte Wahrnehmungsweise zuläßt. Wir empfinden unsere mentale Natur, wir spüren unsere sexuelle Natur, usw. – aber unser Repertoire an Einstellungsmöglichkeiten und Ausdrucksformen der gesamten Wirklichkeit, des Lebenshologramms, sind doch sehr begrenzt. Deshalb sind wir aufgefordert, die Energien in uns heraufsteigen zu lassen, von den niedrigeren Chakren in die höheren, damit wir eine Vereinigung auf der Ebene der Herzen vollziehen können.

Wenn wir gelernt haben, unsere Partner von einer spirituellen Ebene her zu begreifen und mit ihnen in den Tanz der Seelen auf der geistigen Ebene einzutreten, werden wir in der Lage sein, uns von der bedrückenden Verzweiflung zu befreien, daß wir ihnen oder sie uns etwas »schulden«, daß wir in zwanghafter Weise unauflöslich aneinander gekettet seien. Einen anderen Menschen loszulassen bedeutet ja nicht, ihn zu verlieren. Wir können niemals irgend jemanden verlieren, eine eigene entwickelte Ganzheit schließt ja andere Seelen nicht aus. Unser Emotionalkörper fabriziert die Lüge, daß wir Partner und andere Menschen verlören, wenn sie uns aus neurotischen und psychotischen Banden mit ihnen innerlich so befreiten, daß wir selber autonome, ganzheitliche

Menschen würden. Der Emotionalkörper produziert Angst. Die Angst, die aus der ursprünglichen Trennung von der Gotteskraft entstanden ist, wird hier auf den vermeintlichen Verlust eines nahen Partners projiziert, den wir erlitten, wenn wir die zwanghaften Abhängigkeiten auf der Ebene unserer Emotionalkörper auflösen würden.

Man kann sich nun die Frage stellen, ob denn ein vollkommenes Verschmelzen, eine wirkliche Einheit mit einem anderen Menschen auf dieser materiellen Ebene überhaupt möglich ist. Wirklich möglich ist dies, so scheint mir, im Moment der Empfängnis, wenn das Formlose Form annimmt. Im Orgasmus finden wir einen weiteren erlebbaren Ausdruck jener sehnsüchtig gesuchten Verschmelzung. Dennoch ist dies im Regelfall nur ein kurzer Augenblick, der auch nicht beliebig oft wiederholbar ist und sich zudem im Sinne einer geistigen Erfüllung keineswegs so häufig ereignet, wie man dies vielleicht hoffen möchte. Indes: da der Orgasmus etwas sehr unmittelbar Erfahrbares ist und ein fast allen relativ vertrautes Gefühl ist, mag man ihn als die direkteste Verwirklichung der Vereinigung darstellen. Allerdings nur dann, wenn die Verschmelzung nicht rein körperlicher, sondern eben vor allem herzlicher, geistiger Natur ist. Wenn wir uns darin üben, unser Herz zu öffnen, werden wir auf spirituellen Ebenen nicht nur mit einem anderen Menschen eine neue Ein-heit finden können, sondern mit immer mehr Bewohnern dieses Planeten. Wir öffnen uns dann nach und nach einem globalen Bewußtsein. Es hängt in starkem Maße von der Verwirklichung unserer eigenen Ganzheit ab, inwieweit wir uns mit anderen Seelen einen können. Wann immer wir irgendeiner Leistung oder eines Gefühls von einer anderen Person regelrecht bedürfen, wann immer wir versuchen, etwas von einer anderen Person in uns hineinzuzerren, befinden wir uns nicht im Gleichgewicht. Und dieses Ungleichgewicht in uns wird auch für Spannungen in unseren Beziehungen sorgen. Die Spannung, welche entsteht, wenn wir eines Menschen bedürfen, um selber eigene Defizite auszugleichen, ist ein Ausdruck der inneren Getrenntheit von der göttlichen Energie. Erst, wenn wir nichts mehr von anderen – bewußt oder unbewußt – fordern oder wollen, kann es zu einer wirklichen Einung kommen.

Neue Formen des Zusammenlebens

Damit nun kein Mißverständnis entsteht: das heißt nicht, daß man mit dem Zusammenleben mit einem Partner so lange warten soll, bis man selbst »vollkommen« geworden ist. Wir haben die Polarität verschiedener Körper und verschiedener Geschlechter in dieser Dimension selbst geschaffen. Daraus ergibt sich die größte Herausforderung auf der Erde, die darin besteht, unser selbstgewähltes Experiment zu einem erfolgreichen Ende zu bringen. Der Erfolg besteht in der Überwindung der Trennung und Spaltung zwischen männlich und weiblich, zwischen Eltern und Kind, zwischen allen anderen Polaritäten unseres sog. gesellschaftlichen Lebens.

Was spricht dagegen, daß wir im Bewußtsein unserer jeweiligen Unvollkommenheiten dennoch liebevoll, friedfertig und konstruktiv zusammenleben und uns gegenseitig helfen, unsere jeweiligen Entwicklungsstadien zu erfahren? Diese Art des Umgangs miteinander bedeutet natürlich, daß wir in gewisser Weise bereit sind, überpersönliche Standpunkte – zumindest probeweise – einzunehmen. Wir befinden uns mitten in der großartigen Chance, wie beim großen ersten Schöpfungsknall des Universums, unser Bewußtsein dramatisch zu erweitern. Es ist eine parallele und synchrone Entwicklungsarbeit, die wir vollziehen müssen. Einerseits gilt es, die Verbindung zum Höheren Selbst aufzunehmen und sie auszubauen, um so im Alltagsleben von einer höheren spirituellen Schwingung durchdrungen und getragen zu sein. Zum anderen geht es darum, auf die Partner mit Offenheit und Liebe, aber ohne emotionale Verkettung, Projektion und Erwartungshaltung zuzugehen. Üblicherweise hält uns der Widerstand gegen die uns selbst auferlegten Lektionen im Kampf mit dem vermeintlichen Verursacher, dem Partner, gefangen. Diese Haltung ist reine Zeitverschwendung, sie führt nur dazu, daß wir uns noch länger von den Prägungen unseres Emotionalkörpers beherrschen lassen. Aber wir müssen die Schlacken im Emotionalkörper ja doch eines Tages mittels der höheren göttlichen Energien herauslösen – warum nicht jetzt? Wir kennen das ja: manche Menschen möchten unter allen Umständen vermeiden, ihren Wahrheiten ins Gesicht zu sehen. Lieber verlassen oder verstoßen sie den Partner, lieber suchen sie sich irgendwelche Sündenböcke, als sich damit auseinanderzusetzen, daß jeder von uns sein eigenes Schicksal schafft.

Eine Weise, wie manche Menschen mit Eltern- oder Partnerschaftsproblemen umgehen, ist, daß sie in einem Tagebuch oder in einem Brief niederschreiben, was sie bewegt. Dies kann, insbesondere auch dann, wenn der betreffende andere Mensch bereits verstorben ist, durchaus eine Hilfe für das Gemüt sein, die Problematik besser zu verstehen und sich ein wenig gefühlsmäßige Linderung zu verschaffen. Aber von der mentalen Ebene her können wir niemals den Emotionalkörper heilen. Verstand und Gemüt sind machtlos zu heilen, weil es der Emotionalkörper mit seiner astralen Energie ist, welcher Verstand und Gemüt beherrscht und antreibt. Leider dienen Niederschriften irgendwelcher Art häufig nicht dazu, die Probleme besser zu erfassen, sondern sie zu rationalisieren und selbstgerechte Positionen zu zementieren. Man sieht sich vielleicht als Opfer von Umständen oder Personen. Wenn man allerdings schriftliche Notizen nicht als Vorurteile oder Anklagen faßt, wenn sie sich nicht wie im Kreise um sich selbst drehen, sondern statt dessen als Geschenk, als Poesie, als Transmutation vorhandener emotionaler Energien gefaßt werden, dann kann darin eine echte Hilfe liegen. Es stellt sich ja immer die Frage, ob wir uns für mehr Licht öffnen, oder ob wir das Licht in uns sabotieren.

Ein Geschenk des Höheren Selbst besteht in der Einsicht, daß Verwicklungen in Partnerschaften mit uns zu tun haben, nicht mit dem Partner. Man kann immer wieder beobachten, daß an den Banden, die uns mit anderen Menschen verknüpfen, mit einer enormen Energie gerüttelt und gezerrt wird, wenn der Partner tatsächlich diesen Planeten verläßt – selbst dann, wenn man schon lange voneinander getrennt oder gar geschieden ist, oder wenn die Eltern zum Beispiel schon längere Zeit krank waren oder man vielleicht gar keine Verbindung gehalten hat. Wie es das Wort gibt, »Ehen werden im Himmel geschlossen«, so gilt etwas Ähnliches auch für die anderen engen Familienbeziehungen. Wenn nun ein Partner oder ein Familienmitglied stirbt, setzt häufig eine Welle von Schuld ein, weil man fühlt, daß man versäumt hat, die Beziehung auf gute, harmonische Weise zu beenden. Aber was wir einander auf der physischen Ebene mitteilen, ist auf recht störende oder verwirrende Weise unwichtig! Natürlich helfen uns ausgesprochene Gedanken, unsere Beziehung äußerlich freundlich zu gestalten. Aber was wirklich zählt, ist, was wir uns auf inneren Ebenen sagen! Es kommt entscheidend darauf an, ob wir in der Lage sind, uns auf spirituelle Weise zu vergeben und gegenseitig anzunehmen, ob wir geistig bereit sind, unsere karmischen Funktionen anzuerkennen und uns auf der Seelenebene zu lieben.

Trennungsprobleme

Die Loslösung aus der Verhaftung unseres Emotionalkörpers mit dem Emotionalkörper von Familienangehörigen oder Partnern, die Löschung alter karmischer Beziehungen mit ihnen, die Klärung von Energien ist geeignet, den Kreis unserer Bindungen so zu schließen, daß nichts Fesselndes zurückbleibt. (Auch dazu ein praktischer Übungshinweis im entsprechenden Kapitel.) Uns von der Ebene des Höheren Selbst zu klären heißt gleichzeitig, die anderen Menschen aus der karmischen Verstrickung zu befreien. Wenn zum Beispiel ein Partner unheilbar krank wird, fühlen wir nach dem ersten Schock zunächst einmal Mitleid, Mitgefühl und Liebe. Wenn die Krankheit aber über längere Zeit hinweg andauert, kommen vielleicht statt Liebe Ärger, Bitterkeit und Wut auf. Und immer wieder passiert es, unglücklicherweise, daß die letzten Eindrücke für das emotionale Repertoire eben diese negativen Gefühle sind. Das liegt teilweise z. B. daran, daß große finanzielle Ausgaben, die sogar existenzbedrohend sein können, mit der Krankheit verbunden sein mögen, oder daß wir – unbewußt womöglich – feststellen, daß wir keine Kontrolle mehr über den Menschen haben oder uns die kranke Person für immer verläßt, *sich* also von uns *trennt,* und dergleichen mehr. Gerade in solchen Situationen gilt es, bereit zu sein, über das begrenzte mentale und emotionale Bewußtsein hinauszugehen, sich multidimensionale Ebenen zu erschließen, sei es durch Arbeit an vergangenen Leben, sei es durch andere geeignete Methoden, um all die Themen zu klären, die noch zwischen uns und dem kranken Menschen offen sind. Und die Erfahrungen des Light-Institutes belegen, daß nach dieser

Klärung der *gesunden* Partner in sich selbst die kranke Person entweder sehr schnell gesundet oder ihren Körper auf einfache Weise rasch verläßt.

Jede Trennung bewirkt eine emotionale Konfusion. Die Fixierung zum Beispiel auf Verstorbene kann sich nicht nur durch Festhalten an alter »Schuld« oder Verärgerung festmachen, sondern auf einer ganz anderen Ebene auch an der immer noch vorhandenen geistigen Gegenwart des Hinübergegangenen. Wenn der Alltag mit seinen Tätigkeiten und Ereignissen unterbrochen wird, kann sich in manchen Fällen das Bewußtsein über die geistige Verbundenheit um so stärker niederschlagen. Und dann fühlen wir vielleicht die Gegenwart, den »Geist« der verstorbenen Person um uns herum, und neigen dazu, dieses Gefühl der Verbundenheit, der Liebe in einer anderen Dimension aufrechtzuerhalten und zu vertiefen, weil wir uns dadurch weniger einsam fühlen. Das bedeutet aber auch, daß wir unsere weitere Lebensentwicklung dadurch behindern. Wenn wir versuchen, eine derartige Beziehung aufrechtzuerhalten, binden wir darüber hinaus auch die andere Seele in der astralen Dimension. Es würde allen helfen, wenn wir die Entscheidung der Seele respektieren, nicht nur Zeit, Ort und Umstände der eigenen Geburt zu bestimmen, sondern auch den Tod, d. h. den Übergang in eine andere Wirklichkeit so zu wählen, wie es der Seele am geeignetsten erscheint. Die Seele wäre nicht gegangen, wenn sie nicht alles, was ihrem Lebensplan entsprach, hier abgeschlossen hätte! Selbst noch so harmonische Erinnerungen an Situationen der liebevollen Kommunikation sollten uns nicht darüber hinwegtäuschen, daß wir uns von dieser Seele verabschieden sollten. Wir reagieren oft auf den Tod ähnlich wie auf die Geburt: mit Wut oder Angst, manchmal mit beidem. Aber – ich hatte es zuvor schon kurz erwähnt – wir können nichts verlieren. Energie, auch Bewußtseinsenergie, auch Seelenenergie, löst sich ja nicht ins Nichts auf. Auf der Ebene des großen göttlichen Hologramms, das auch wir in uns erschließen können, waren, sind und bleiben wir miteinander verbunden.

Wir können uns allerdings durchaus bewußt darauf einstellen, was wir im Austausch mit der verstorbenen Person zuvor gelernt haben, was sozusagen ihr Geschenk an uns war. Und wir mögen es als Erben dieses Geschenks in unserem Leben weitertragen. Anstatt unsere Aufmerksamkeit also auf die Astralform des verstorbenen Menschen zu richten, nehmen wir nun sein Geschenk, seine Qualitäten, in uns hinein und lassen sie durch uns ausstrahlen. Ich würde sagen, daß, wenn die Eltern sterben, dies eine Art Reifeprüfung für das Kind bedeutet, weil das Kind nicht mehr länger einen äußeren Vater und eine äußere Mutter braucht, um ganz zu sein. Es ist ein Zeichen dafür, daß man in der Eltern-Kind-Beziehung genug gelernt hat, um das Wesen, die innere Qualität, der Eltern zu erfassen und sie im eigenen Leben aufzunehmen.

Das gleiche gilt sinngemäß natürlich auch für Partner oder Kinder. Wenn Menschen, die uns nahestanden, gehen, ist dies immer ein Hinweis darauf, daß unsere Aufgabe von nun an darin besteht, ihre Qualitäten in und durch uns auszudrücken.

Darin liegt ja auch ein Aspekt der künstlichen Spaltung: wenn wir mit anderen Menschen in Beziehungen treten, assoziieren wir ihre Wesensmerkmale nur mit ihrem Körper, mit ihrer Persönlichkeit. Damit halten wir das Wesentliche auf Distanz, wir betrachten es als etwas von außen Kommendes. Eine Alternative besteht darin, die wesentlichen Qualitäten zum Teil des eigenen Repertoires werden zu lassen, sie zu assimilieren und sie dann auszustrahlen und zu verwirklichen.

Leid innen heilen

Wenn wir Leid in jemand anderem auslösen, dann müssen wir dieses Leid in uns selbst wieder heilen. Wir müssen die Verantwortung für das Leid annehmen, das wir in jemand anderem verursachen. Die Grundlage unserer Beziehungen ist immer astral, emotional, karmisch. Beziehungen zu einem anderen Menschen aufzunehmen und zu pflegen bedeutet, daß der Trennungsschmerz sozusagen vorprogrammiert ist. Unsere Energie schwingt üblicherweise in einer recht niedrigen Frequenz und sie ist bindender, süchtig machender Natur. Dies gilt insbesondere für unsere sexuellen Beziehungen und unsere sexuelle Energie. Das läßt sich übrigens relativ einfach feststellen: spüren wir die Verbindung zu einem anderen

Menschen eher über das niedrigere Sexualzentrum oder über das Herz? Wenn unsere Energie wirklich durch das Herz ausströmt, *befreit* uns die Beziehung! Bindung und süchtig machende Beziehungen haben aber immer etwas mit Besitz zu tun. Ich will dich besitzen, ich will dich beherrschen. Die sexuelle Energie ist für diese Absicht das geeignetste Mittel, weil sie geradewegs durch das Aurafeld eines anderen Menschen stoßen kann. Wenn man mit einem anderen Menschen in einer sexuellen Beziehung steht, kann weder die Integrität des eigenen Aurafeldes noch die des anderen bewahrt werden. Gedankenformen, Gefühle und Karma werden unweigerlich innerhalb der beiden Auren ausgetauscht und bleiben dort übrigens eine ganze Zeit.

Wenn wir uns also in einer Beziehung befinden, die verletzte Gefühle und Leid hervorgebracht hat, müssen wir dies in uns selbst von innen heraus klären. Üblicherweise bedeutet das Vorhandensein von Leid einfach, daß wir aus unseren niedrigen Chakras eine verführerische Bedrohung ausgesendet haben, statt zu erlauben, daß auf der Ebene der Herzchakras eine Verbindung entsteht. Es handelt sich also wieder darum, daß wir ein neues, umfassenderes Verständnis von Yin und Yang entwickeln, von männlich und weiblich, von den spirituellen, emotionalen und physischen Wirklichkeiten. Jede Chance, unser Bewußtsein zu erweitern, Energien durch die höheren Chakras strömen zu lassen, sollten wir ergreifen. Sonst werden wir miterleben, was sich in den letzten 10 Jahren bereits entwickelt hat, daß Krankheiten wie Aids oder andere in enormem Maße zunehmen. Sie halten uns einen Spiegel vor und sagen: paß auf, kümmere dich um dieses oder jenes Thema. Krankheiten, ihr Wesen, die Körperorgane, an denen sie auftreten, etc. sind immer Spiegel für uns, damit wir erkennen mögen, welchen Bereich unseres Lebens wir vernachlässigt haben.

Emotionale Reaktionen

Vielen Lesern wird das »Flucht-Kampf-Syndrom« bekannt sein, das mit unseren gefühlsmäßigen Reaktionen vom Solarplexus her verbunden ist. Kampf oder Flucht ist ein Verhalten, das wir auch in der Natur beobachten – allerdings auch in reichem Maße in menschlichen Beziehungen, sei es zwischen Eltern und Kindern, sei es zwischen sog. Liebespartnern. Der Solarplexus sendet dem autonomen Nervensystem Impulse, welche den Kampf- oder Fluchtmechanismus aktivieren. Dabei fragt das Gehirn blitzartig seinen Computer ab, ob in ihm bereits eine Erfahrung gespeichert ist, die den Schluß zuläßt: das ist sicher oder jenes ist gefährlich. Wir werden Beispiele aus unserem eigenen Leben kennen. Ein Baby schaut etwas an, die Mutter sieht, daß es sich um eine große schwarze Spinne handelt und bekommt Angst, sie atmet schwerer und strahlt Angstenergie aus. Das Baby wird diese Schwingung aufnehmen und möglicherweise von jetzt an große schwarze Spinnen immer mit leicht verängstigtem Preßatmen und einer Kontraktion registrieren. Das Baby mag noch keinerlei Bewußtseinsrahmen oder Bezüge zur Spinne entwickelt haben, sondern sah in ihr vielleicht nur ein süßes kleines Ding, das herumkrabbelt. Nun übernimmt es aber die Reaktionen der Mutter. Das Kampf- oder Fluchtsyndrom in uns ist der Ausdruck eines »Alarmsystems«. Der Sympathikus bewirkt eine Veränderung der Zusammensetzung unseres Blutes, welche die entsprechenden Impulse vom Gehirn aus in den ganzen Körper weiterträgt.

Wir können im Zusammenwirken von Solarplexus, Sympathikus und Gehirn wunderbar beobachten, wie wir auf karmische Beziehungen »einsteigen«. Wenn wir das erste Mal einen anderen Menschen sehen, fragt das Gehirn einen besonderen Gedächtnisspeicher ab, ob uns dieser Mensch bedrohlich erscheint oder nicht. Ich bin der Meinung, daß dieses besondere Gedächtnis oder dieser spezielle Bezugsrahmen in vielen Lebenszeiten, in denen wir dem betreffenden Menschen begegnet sind, langsam aufgebaut worden ist. Wenn wir also jemanden treffen, der ein zukünftiger Liebespartner sein wird, und wir diese unmittelbare Gefühlsreaktion auf ihn spüren, dann entspringt das einer alten Erinnerung. Wir kennen das ja, wie wir in manchen Begegnungen etwas spüren, als ob wir einen altvertrauten Bekannten wieder treffen. Soweit es Partner angeht, trifft man bereits im Moment der Begegnung, wenn man sich gegenseitig zum ersten Mal in die Augen schaut, eine stillschweigende Vereinbarung über das Wechselspiel untereinander, über die Art und Weise, wie sich die Yin- und Yangkräfte ausspielen lassen. In der Eltern-Kind-Beziehung wird dies natürlich noch viel stärker sichtbar, weil die Struktur der Familienbindung von vornherein festlegt, daß der eine Teil dominant, der andere passiv ist. Bei Liebespartnern gibt es bereits im Moment des ersten Kennenlernens die subtile Erkenntnis, welcher Art die Beziehung sein wird. Wenn Menschen sagen: »Wenn ich das nur von meinem Partner gewußt hätte, hätte ich ihn nie geheiratet«, dann trifft das meiner Meinung nach nicht zu. Im Augenblick, in dem unsere Augen auf den Partner fallen, wissen wir schon genau, wie er oder sie sein wird. Die quasi magnetische Kraft, die uns ins emotionale Gedächtnis der astralen Ebene zurückzieht, erlaubt uns dann, wieder den Pfad des geringsten Widerstands aufzunehmen, so daß unsere neue alte Beziehung nach einem bekannten Muster von Dominanz oder Passivität abläuft. Wir haben bereits ein Reaktionsrepertoire für das Verhalten mit unserem Partner, und aus diesem Repertoire schöpfen wir nun. Es sei denn, daß ein neuer Faktor auftaucht, der uns wachrüttelt, so daß wir unser Karma miteinander lösen können.

Noch ein Gedanke: Die Ehe bedeutet im Westen vielerorts, daß man sich zusammentut, um sich mehr oder minder gemeinsam durchs Leben zu kämpfen. Wir sind in der Kampf- oder Flucht-Reaktion des Emotionalkörpers befangen und bemühen uns deshalb oft noch nicht einmal um eine geistige Einheit zwischen uns und unserem Ehepartner. Sog. Seitensprünge sollen uns dann in unserem Lebensgefühl erneuern, erfrischen, beleben. Tatsächlich entstehen natürlich dadurch nur noch verwickeltere karmische Bindungen. Da Heimlichkeit, Schuldgefühle und emotionale Verwirrung im Regelfall unweigerlich mit einem »Seitensprung« verbunden sind, können wir das, was wir erhoffen, gar nicht erleben. Statt Ekstase und neue Einheit zu erfahren, geraten wir in die alten Fallen unserer emotionalen Abhängigkeiten, die wir nach außen projizieren.

Die Trennung, die wir zu Anfang unserer Überlegungen als Ausgangspunkt von Zorn und Angst genannt haben, ist auch in den üblichen sog. Liebesbeziehungen bereits angelegt. Grundlage dafür ist natürlich zunächst einmal unsere ursprüngliche Entscheidung, in die irdische Welt der männlichen und weiblichen Körper zu inkarnieren. Damit ist auch auf »natürliche« Weise festgelegt, daß im weiblichen Körper eher passive Yin-Energie fließt, während der männliche Yang-Körper gemeinhin mehr aggressive Energie ausstrahlt. Wenn wir unsere Lebensverträge ändern wollen, wenn wir unsere Verhaltensmuster ausgleichen wollen, dann müssen wir die Energiesysteme in ihrem reinen Zustand – innerhalb jedes einzelnen – neu ordnen. Daß eine Frau eine Frau ist, bedeutet nicht, daß sie nicht die Yang-Energie in sich trägt. Auch die Frau kann natürlich die Yang-Energie nach außen tragen, in der Außenwelt benutzen. Genauso trägt der Mann die Yin-Energie in sich, welche empfänglich ist, Weisheit enthält und das Formlose in die Form bringt. Was wir jetzt auf der Ebene von Kampf oder Flucht vollziehen – und was in seinen extremen Formen zutreffend als Kampf der Geschlechter bezeichnet wird – kann auf einer sehr viel höheren spirituellen Ebene in einen fruchtbaren Austausch ohne Beherrschungs- oder Unterwerfungstendenzen gehoben werden, so daß die ursprüngliche karmische Auseinandersetzung beendet wird. Es ist eine Bewußtseinsfrage, und es ist für uns genauso lebensnotwendig, spirituelle Gesetze anzuerkennen und zu erforschen, wie Feuer, Wasser, Luft und Erde für unser Leben Bedeutung haben.

Umkehrung der Geschlechterrollen

Im Light-Institute erleben wir immer wieder, daß Menschen kommen, die sich in einem früheren Leben vielleicht als Mann erfahren, der in Beziehung zu einer Frau steht. Und diese frühere Ehefrau ist in diesem Leben vielleicht der Vater, und sie selbst sind die Tochter. Und nun erkennen diese Menschen ein Verhaltensmuster: sie begreifen, warum sie in diesem Leben als Tochter den Vater ständig herausfordern: weil sie eine Beziehung zu ihrem dominanten Verhalten als Ehemann gegenüber der Ehefrau in einem früheren Leben erkennen. Während der Pubertät bricht die verborgene Yang-Kraft vielleicht besonders aus der Tochter heraus, und Vater und Tochter sind über diese neue Energie, die sich womöglich gegen den Vater richtet, beide erstaunt. Die Tochter fordert seine Autorität und seine Männlichkeit heraus und erscheint ihm gleichzeitig sexuell attraktiv. Das sind natürlich verwirrende und ängstigende Erfahrungen. Wir haben es also mit verwickelten Szenarien zu tun, in denen wir immer wieder andere Masken tragen und uns deshalb nicht ohne weiteres wiedererkennen. Der jetzige Vater mag im früheren Leben eine Ehefrau gewesen sein, die in manipulativer Weise versucht hat, ihren Mann zu beherrschen. In diesem Leben wird er seiner pubertären Tochter sagen: Du darfst nicht länger als 11 Uhr draußen sein; du darfst dich nicht mit jungen Männern treffen; du mußt dieses tun und jenes lassen... All diese Versuche, die Tochter zu kontrollieren, dienen ihm vielleicht nur dazu, sich nicht mit den eigenen Themen auseinanderzusetzen: daß die Tochter ihm sexuell anziehend erscheint, daß sie sehr dominant ist, daß sie seine männliche Autorität herausfordert.

Es handelt sich um ziemlich eingefahrene Reaktionsmuster, die sich wie in einem Teufelskreis ständig wiederholen und manchmal tragisch enden. Vielleicht mißbraucht der Vater die Tochter wirklich, oder er schreibt sie innerlich und äußerlich ab. Die Kommunikation während der Teenagerjahre der Kinder ist, wenn es sie überhaupt gibt, wie überdeckt oder vernebelt. Das hängt in den meisten Fällen damit zusammen, daß sich Erwachsene und Kinder der aufsteigenden Shaktikraft, der sexuellen Energien, die sich auch auf die Beziehung untereinander auswirken, nicht bewußt werden (wollen). Beide Teile legen es eher darauf an, ein Mindestmaß an Distanz zu gewinnen und aufrechtzuerhalten, eine Trennung vorzubereiten, die sich auf der spirituellen Ebene an sich gar nicht vollziehen müßte.

Wenn die Tochter später heiratet, eigene Kinder hat, und vielleicht in den Dreißigern steht, kann man oft eine Art von Versöhnung beobachten. Die Tochter hat eigene Sicherheit gefunden und kann jetzt freundlicher reagieren. Nach meinen Erfahrungen würde ich sagen, daß 99% der Themen zwischen Eltern und Kindern und zwischen Eheleuten bzw. Lebenspartnern mit den unbewußten Mustern zu tun haben, die wir bereits in früheren Leben festgelegt haben aufgrund der menschlichen Verwirrtheit über die Rollenspiele des Mannes und der Frau, über die Interaktionen von Yin- und Yangkraft. Und diese Muster beziehen sich immer darauf, wer dominant und wer passiv sein wird.

Sobald wir Kontakt zu unserem Höheren Selbst aufgenommen haben und uns nach und nach einlassen in unsere Ganzheitlichkeit, erkennen wir, daß wir sowohl weibliche wie männliche Energien in uns tragen und daß wir beide Kräfte so zusammenführen und ausbalancieren können, daß diese zwanghaften Muster verschwinden. Es würde ja gar nicht helfen, wenn die Tochter gut vor 11 Uhr abends wieder zu Hause ist. Der Vater würde sich dann irgendeinen anderen Vorwand suchen, um auf die unbewußten Impulse seines Emotionalkörpers zu reagieren.

Auflösung karmischer Verträge

Wie kann man sich nun seiner Verträge, seiner Übereinkünfte mit anderen Menschen in bezug auf die Entfaltung des eigenen Lebensplans bewußt werden, wenn man nicht nach Neu Mexiko fährt? Die erste große Hilfe besteht darin anzuerkennen, daß man Abmachungen mit anderen getroffen hat. Der erste wichtige Schritt ist also, »Schuld« nicht bei anderen zu suchen, sondern bei sich selbst. Und wenn wir uns erst einmal, sei es auch nur versuchsweise, darauf eingestellt haben, daß wir »Verträge« mit anderen haben, können wir beginnen, sie genau zu beobachten. Ich empfehle bekanntlich nicht, allein in vergangene Leben einzusteigen. Aber jeder kann die Verbindung mit seinem Höheren Selbst aufnehmen und sich auf diese innere göttliche Kraft einstellen. (Auch hier wieder ein Übungshinweis im entsprechenden Kapitel.) Die wichtigsten Themen, die unser Leben beherrschen, können wir bereits erkennen, wenn wir nur die Absicht fassen, sie erkennen zu wollen. Alles Wissen ist ja bereits in uns angelegt! Die intensivere und umfassendere Erfahrung des Hologramms unserer Multidimensionalität, also des ganzheitlichen Energiebildes unseres Seins, das weit vor dieser Geburt bereits existiert hat und ewig nach unserem physischen Tode weiterleben wird, kann durch die eigene innere Verbindung zum Höheren Selbst erschlossen werden. Obwohl es die tatsächliche Entwicklung in den meisten Fällen nicht zutreffend beschreibt, dient es jedoch dem linearen Verstand, der ein Buch liest, wenn man den Zugang zu den Lebensthemen Schritt für Schritt quasi kodifiziert.

Zunächst einmal müssen wir also in uns annehmen lernen, daß es Vereinbarungen mit anderen Menschen gibt, sich gegenseitig in der Entwicklung der Seele zu helfen. Dann können wir sowohl Verhaltensmuster mental beobachten und sie auch energetisch zu begreifen suchen. Wir können uns nach innen wenden und Impulse des Höheren Selbst aufnehmen, wie wir dies am besten vollziehen. Wenn wir dann Themen erkannt haben und auch spüren, daß sog. »unaussprechliche« Dinge aus vergangenen Leben eine Rolle spielen, führt kein Weg daran vorbei, diese Prägungen des Emotionalkörpers herauszulösen. Wir können unsere Gefühle nur dann heilen, wir können Angst und Zorn nur dann überwinden, wenn wir uns von der zwanghaften Konditionierung durch Astralenergien, die im Emotionalkörper eingelagert sind, befreien. Wir können uns nur befreien, wenn wir über das Höhere Selbst, über die Seele, über das Herzzentrum, geistige Schwingungen der Ekstase, der Verzückung, der Liebe und des ursprünglichen göttlichen Lichts aufnehmen und durch uns hindurchströmen lassen.

Wir sind ja Seelenpartner von allen Menschen, mit denen wir sehr verbunden sind, seien es die Eltern, die Kinder, die Geschwister oder die Liebespartner. Unser Emotionalkörper ist süchtig nach den Impulsen, die Ärger, Zorn, Trennung, Angst und so fort in uns auslösen. Der Emotionalkörper wird automatisch in dem Augenblick geheilt, in dem wir zur Ursache, zur Quelle dieser Prägungen und Verwicklungen vorstoßen; vielleicht sollte man besser sagen: zurückstoßen. Wir können das Repertoire unseres Emotionalkörpers um die Schwingungen von Ekstase, Freude, Glück erweitern. Erst wenn der Emotionalkörper ein solches neues Repertoire kennengelernt hat, wird er seine »Süchtigkeit« von langsameren, niedrigeren Schwingungen auf diese höheren umpolen können. Solange wir diese höheren Schwingungen nicht kennengelernt haben, solange wir keine Sehnsucht danach empfinden, werden wir in unseren Beziehungsspielen und -spielchen steckenbleiben, da wir eine große Angst davor haben, vielleicht in gar keiner Beziehung zu sein. Während Flucht oder Kampf die Stichworte sind, die unsere bisherige Einstellung zu Beziehungen mit anderen Menschen am besten beschreiben, sind Worte wie Einung, Vereinigung, Verschmelzen, Ineinanderaufgehen die Worte, welche eine Alternative zu Kampf- oder Flucht-Mechanismen benennen. Neue, höhere Schwingungen zu erfahren hängt wiederum vor allem von unserem Bewußtsein ab. Es geht nicht um spezielle Methoden und Techniken, sondern »nur« um unsere geistige Offenheit. Dazu muß man auch nicht nach Neu Mexiko fahren, es reicht völlig aus, wenn man das eigene multidimensionale Sein in der einen oder anderen Weise begreift. Dazu gehört die Erkenntnis, daß wir jetzt hier sind, daß wir immer hier gewesen sind und daß wir immer wieder hier sein werden. Dazu gehört auch, daß wir uns bewußt dafür entscheiden können, welche der vielen Farben, Sinne, Vorlieben und Neigungen, Geschenke und Gaben wir jeweils herausgreifen wollen, um sie zu dem zusammenzufügen, der wir jetzt und hier sind. Solange wir nicht im Inneren das gefunden haben, was wir zumeist im Äußeren suchen, solange können wir nicht wirklich erleben, was Ganzheit bedeutet. Dieser Vorgang könnte auch als die Alchimie göttlicher Energien bezeichnet werden, welche es uns erlaubt, unser Gefühls- und Verhaltensrepertoire so zu erweitern, daß wir nicht mehr zwanghaft reagieren, sondern frei und selbstbewußt agieren.

Gerade in Fragen unserer Gruppenzugehörigkeit bzw. auch unserer eingebildeten Gruppenzugehörigkeit spielt es eine große Rolle, ob wir uns getrennt von anderen sehen oder bereit sind, eine neue Einheit zu finden. Sind wir der Meinung, daß unsere politische Partei, unser Fußballklub oder irgendeine andere Gruppe, mit der wir uns identifizieren, koste es was es wolle, gewinnen müsse? Unser Team ist natürlich das beste, alle guten Leute sind auf unserer Seite, wir müssen die Spitze einnehmen, andere beherrschen. Sind wir in der Lage, sind wir auch nur bereit zu wünschen, daß die andere Gruppe gewinnen möge – oder auch nur, daß es ein »Unentschieden« gibt? Können wir uns vielleicht sogar eine Situation vorstellen, wo alle Beteiligten gewinnen und keiner verliert? Auch hier ist ein praktischer Übungsansatz für den Alltag zu finden: versuchen wir doch einfach einmal, zunächst gedanklich und später in Taten, den Standpunkt des anderen anzunehmen und zu vertreten.

Natürlich wird bei solchen Beispielen wie auch in bezug auf nahe Verwandte oder Partner der Einwand kommen, daß wir ja bereit seien, eine neue Partei zu verwirklichen, aber daß die anderen, das andere Team, die andere Partei, der andere Partner, das andere Kind oder der Elternteil dazu nicht willens seien. Daß es aber nicht an uns liege, sondern an den anderen, ist nicht mehr als ein bequemes Schlupfloch für unser Ego. Es ist ein Spiel, das wir mit uns selbst spielen. In diesem Spiel richten wir unsere Aufmerksamkeit nahezu ausschließlich nach außen – und erwarten, daß sich die Außenwelt ändern muß, bevor wir dies oder jenes verwirklichen können. Dabei übersehen wir, daß wir auch in uns selbst und aus uns selbst heraus vollkommen sein können, Schönheit und Harmonie manifestieren können und vieles mehr. Unser Spielplan lautet dann: Ich kann dies nicht verwirklichen, ich kann jenes nicht tun, weil du mir im Weg bist. Das Kind kann sich angeblich nicht verwirklichen, auch heute nicht, weil es die Eltern vor 20 Jahren nicht genug geliebt oder weil sie es unterdrückt haben. Wir können angeblich die Umwelt nicht besser schützen, weil die anderen nicht mitmachen. Und dergleichen mehr...

4.
Gruppen und Gefühle

Falsche Sicherheit durch Gruppen

Wut und Angst, die aus Trennung und Spaltung entstehen, sind häufig auch im überpersönlichen Bereich, außerhalb der Beziehungen zu Familie oder Partnern zu beobachten. Man denke nur an das Wechselspiel von Aggressivität und Furcht zwischen politischen Gegnern, Anhängern verschiedener Konfessionen und Religionen, Mitgliedern von Sportvereinen usf. Vielleicht erinnern sich einige Leser noch an die Fußballschlacht in Brüssel vor einigen Jahren, in deren Verlauf sich sog. Fans gegenseitig umbrachten – ein regelrechter blutiger Kleinkrieg zwischen englischen und italienischen Fußballanhängern, bei dem über 30 Menschen starben. Daß Gefühlsregungen bei Massenveranstaltungen oder Massenzusammenkünften auch friedlicher Natur sein können, beweist – vielleicht als Ausnahme, welche die Regel bestätigt – das legendäre Woodstock-Musikfestival. Bei allen Ausbrüchen von Gefühlsreaktionen in Massen handelt es sich, wie im persönlichen Bereich auch, um Fehlidentifikationen des Emotionalkörpers mit fiktiven, äußeren Gruppengestalten, Phantomgebilden, Über-Ichs.

Wir müssen wieder zurückgehen zur Quelle, zur Ursache solcher Phänomene. Die tief in der genetischen Struktur des Menschen eingebetteten Prägungen beziehen sich eben nicht nur auf die Gestalt des physischen Körpers, auf Persönlichkeitsmerkmale und andere individuelle Faktoren. Es sind auch Informationen oder Prädispositionen über Entscheidungskriterien der Seele gespeichert, in welcher Richtung sie Energien zur eigenen Entwicklung mobilisiert. Die Seele wählt sich nicht nur die Eltern und die Partner aus, sondern auch Geburts- und Lebensorte, Landeszugehörigkeit, Resonanz für Gruppen, Mannschaften und Vereine und vieles mehr. Und diese vorherige Festlegung auf Entscheidungen beinhaltet bereits das Trauma, das jede Wahl mit sich bringt: die Identifikation mit einem Aspekt und damit gleichzeitig die Abscheidung von einem anderen – also den Fall aus der Ganzheit. Die Identifikation und die damit verbundenen emotionalen Energien sind bei Gruppenzugehörigkeiten vor allem deshalb um so deutlicher und intensiver, als sie sich in Partnerschaften ausdrücken, weil in der Gruppe auf einer gewissen Ebene bereits wieder die Zugehörigkeit zu und die Teilhabe an einer Ganzheit, die größer ist als das vereinzelte separate Ich, erlebt werden können.

Die immanente Sehnsucht, der inhärente Entwicklungsdrang zur neuen alten Ganzheit, zur Bewußtheit des holographischen Charakters von Sein und Leben, wird ja im Aufgehen in einer Gruppe bereits angesprochen. Wir meinen, in einer Gruppe eine Erfüllung zu finden, die bereits einem erhofften Idealzustand gleichkommt. Dabei übersehen wir nur allzuoft, daß unsere Gruppen, die wir bislang auf diesem Planeten geformt und kennengelernt haben, ihre vermeintliche Ganzheit nur aus der oft scharfen, auch aggressiv verteidigten Abgrenzung gegenüber einer noch größeren Ganzheit beziehen. (Beispiele erübrigen sich hier fast, Stichworte sollen genügen: religiös motivierte Kriege und Schlächtereien, durch die Jahrtausende und Jahrhunderte; Christenverfolgungen im Römischen Reich, Kreuzzüge gegen Muslime und Ketzer im Mittelalter, der Holocaust an den Juden, die Morde zwischen Protestanten und Katholiken in Nord-Irland, die Metzeleien zwischen Schiiten und Sunniten im Golfkrieg... Nicht nur im Rahmen der Religion, auch im Namen einer vermeintlich höheren Kultur oder einer Partei kennen wir Beispiele: die europäische Unterwerfung von Süd- und Nordamerika und die Ausrottung bzw. Unterjochung der indianischen Völker, die Kolonisation und der menschenverachtende Sklavenhandel, die Unterdrückung und Ausbeutung von Gruppen des eigenen Volkes wie zum Beispiel der Schwarzen oder der Indianer, die atomwaffenstarrende Machtpolitik zwischen UdSSR und den USA, Bürgerkriege, Revolutionen...)

Gruppen»spiele«

In der ganzen Menschheitsgeschichte stoßen wir immer wieder auf Gruppenauseinandersetzungen, aber auch in Form von Gruppen*spielen.* Mayas und Azteken spielten in Gruppen ums Überleben, die Römer ergötzten sich an den christlichen Opfern im Kolosseum – es spielt keine Rolle, ob man um einen Ball kämpft oder einen anderen Menschen den Löwen vorwirft oder Anhänger einer anderen Fußballmannschaft nur deshalb umbringt, weil sie eine andere Sprache sprechen und eine andere Fahne schwenken. Es geht letztlich immer um eine besondere Gruppendynamik, die damit zu tun hat, daß Menschen bereit sind, ihre eigene persönliche Integrität zu opfern, wenn sie nur Teil einer Gruppe werden dürfen. Gruppen, in vielen Fällen auch einfach Massen von Menschen, geben einerseits die vermeintliche Sicherheit, die Geborgenheit einer neuen Einheit, die größer ist als die Einzelpersönlichkeit, andererseits verändern sie auch automatisch unsere Wahrnehmungsfähigkeit und unsere Verhaltensweise. Der individuelle Emotionalkörper findet in jeweiligen Gruppen jene Impulse, die seinen Vorurteilen, Prädispositionen und Bewertungen entsprechen und damit so gestärkt werden, daß sie jede rationale Überlegung auszuschalten vermögen.

In unserem Emotionalkörper sind astrale Energiemuster eingelagert, die uns wie magnetisch in entsprechende Gruppenaktionen hereinziehen. (Von einem anderen Standpunkt aus könnte man auch sagen, daß wir eine bestimmte Resonanz zu Archetypen des kollektiven Unbewußten haben, die wir im persönlichen Leben ausleben wollen.) Diese Prägungen erinnern uns unbewußt immer wieder daran, sie zu reaktivieren. Sogar wenn man von grausamen und tödlichen Spielen absieht, ist es ja durchaus überraschend, mitzuerleben, wie viele Stunden Leute heutzutage vor dem Fernseher verbringen können, nur um einem Golfspiel, einem Fußballspiel oder irgendeinem anderen Ereignis zuzuschauen. Der Emotionalkörper verführt uns immer wieder dazu, seine ja Zeit und Raum nicht unterworfenen Bedürfnisse zu stimulieren. Die emotionale Erregung, die Adrenalinstöße, die mit dem Hoffen, Bangen, Anfeuern, die mit Sieg und Niederlage des vermeintlich frei gewählten eigenen Helden oder Favoritenteams einhergehen, lassen den Emotionalkörper empfinden, daß er lebt. Sie scheinen sein individuelles Bewußtsein, seine Existenz zu bestätigen.

Erfahrungen und Einsichten sehr vieler Menschen, die ins Light-Institute kamen – aber auch davon unabhängige Erkenntnisse –, deuten darauf hin, daß in uns immer wieder Erinnerungen an Spiele hochkommen, an denen wir in vergangenen Leben, in anderen Zeiten und Dimensionen selbst teilgenommen haben. In alten Kulturen ging es bei diesen Spielen um Leben oder Tod. Der unterlegene einzelne wurde getötet, oder die unterlegene Mannschaft wurde insgesamt ausgelöscht. Einen Widerhall dessen finden wir ja noch in manchen Turnieren des Mittelalters, bei denen es auf Leben und Tod ging, später auch bei Duellen. Auch hier erweist sich wieder, daß die Sucht des Emotionalkörpers, durch langsame, niedrige und daher dunkle Bewußtseinsenergien agitiert zu werden, für unsere Entwicklung der umständlichste Lernprozeß ist, der sich denken läßt. Unsere seelische Entwicklung läßt sich sehr stark abkürzen und intensivieren, wenn wir unserem Emotionalkörper die Chance geben, sich mit höheren, spirituellen Schwingungen vertraut zu machen und an ihnen Gefallen zu finden. Die Freude, ja die Ekstase an einer Gemeinschaftsleistung, die allen zugute kommt und sich gegen niemanden richtet, ist – wie wahrscheinlich jeder an dem einen oder anderen Beispiel aus seinem eigenen Leben wissen wird – ungleich größer als die noch so große Freude über einen Sieg, wenn der »Gegner« dabei umkommt, zerschmettert wird oder sonstwie leidet. Aber diese Veränderung kann eben nicht vom Mentalkörper her auf den Emotionalkörper bewirkt werden, nicht vom Denken her auf das unbewußte Fühlen, sondern nur von einer geistigen Erfahrung ausgehen.

Die Rolle des Fremden

Gerade in bezug auf diese hier ja nur kurz skizzierten Umstände wird deutlich, wie sehr allein eine neue Denkweise, ein erweitertes Wahrnehmungsvermögen unser Bewußtsein und unser Sein, unser irdisches Leben, nachhaltig verändern kann. Wenn wir erkennen, daß es keine »Fremden«, keine »Feinde«, keine »Außenseiter«, keine »Anderen« gibt – sondern daß alle Menschen, mit denen wir zu tun haben, *insbesondere* unsere vermeintlichen Widerparte uns seit Zeitaltern vertraute Seelen sind, mit denen wir uns zu einem eigenartigen Tanz um Leben und Tod verabredet haben, dann könnte es uns wohl leichterfallen, unser Verhalten untereinander entscheidend menschlicher zu gestalten. Mehr und mehr Menschen auf diesem Planeten sind ja bereits praktisch dabei, ein neues Bewußtsein in sich zu entwickeln. Ein gestiegenes Problembewußtsein darüber, daß wir alle in einem Boot, sprich auf einer einzigen Erde, sitzen, manifestiert sich in den Bemühungen zur Vermeidung einer nuklearen Katastrophe, im Bestreben um die Rettung von Natur und Umwelt vor der unbedachten, ausbeuterischen Zerstörung, im tätigen Mitgefühl für Hungernde in den Dürregebieten, in Rettungsmaßnahmen nach Katastrophen. Die Zusammenhänge kann man allerdings erst dann erfassen, wenn man in sich selbst ein holographisches Bewußtsein entwickelt, wenn man auf die Ebene der karmischen Beziehungen und Verwicklungen nicht nur einzelner, sondern großer Gruppen von Menschen schaut.

Die typischen Themen und Verhaltensmuster und Lebensziele von Politikern, religiösen Fanatikern, Sportlern, Künstlern und Wissenschaftlern gleichen sich sehr durch alle Jahrhunderte. Ich bezeichne den Emotionalkörper oft als »besessen«. Der Emotionalkörper hat einen besetzten und besitzergreifenden Zug. Einmal gespeicherte Erfahrungen und Reaktionsweisen ziehen uns wie magnetisch immer wieder zurück in die Wiederholung gleichartiger Erfahrungen und Reaktionen. Der äußere Vollzug einer Erfahrung, welche eine Schwingung mit sich bringt, die die Suchtprägung des Emotionalkörpers anregt, ist wie ein Trostpreis – mangels der Möglichkeit, die ursprüngliche Erfahrung, welche zur Prägung geführt hat, in allen Einzelheiten zu wiederholen. Wenn wir nicht im Körper sind, steht der Drang zur Überwindung von Trennungen nicht im Vordergrund. Sobald wir uns aber im Körper befinden, empfinden wir die Abspaltung in ein isoliertes Bewußtsein so stark, daß wir sie irgendwie zu überwinden suchen. Unser Emotionalkörper produziert dabei eine fatale Anziehung an ihm bekannte Situationen, die seine Existenz bestärken – die Trennung allerdings nicht aufzuheben vermögen. Er produziert vielmehr Zorn und Angst als Reaktion darauf, daß die Trennung wiederum nicht überwunden werden konnte. Angst und Zorn sind ein Mittel, um die vermeintlichen Ursachen nach außen hin zu projizieren, sie sind eine Lüge des Emotionalkörpers. Deshalb insistiere ich ja so, daß ohne Klärung des Emotionalkörpers eine wirkliche Heilung, eine Ganzwerdung nicht möglich ist. Diese Heilung kann – wie schon mehrfach erwähnt – nur durch die göttliche, geistige Kraft unseres Höheren Selbst erfolgen.

Wenn wir einmal erfassen, daß wir nicht nur auf der Ebene des Individuums geradezu süchtig danach sind, immer wieder dieselben Energieimpulse zu erleben (anstatt uns höheren Energien zu öffnen), dann werden wir auch erkennen können, daß Gruppen ebenfalls in diesem fast endlos erscheinenden »Spiel« gefangen sind. Die sicher erscheinende Chance, ein höheres Maß an Einheitsbewußtsein durch eine Gruppe aufzunehmen, und das in unserer Aura und in unserem Verhalten dann auch auszudrücken, verstellt die Chance, uns dem *All*bewußtsein zu verbinden, das scheinbar nur schwer oder gar nicht zu verwirklichen ist. Der Emotionalkörper befindet sich hier also wirklich in einer schwierigen Lage. Deshalb ist man als Teil der Gruppe auch eher bereit, Dinge zu tun, die in Wirklichkeit unsere Entwicklung hemmen könnten (ganz abgesehen davon, daß sie vielleicht schlicht menschenunwürdig sind), als das »Risiko« einzugehen, aus der Gruppenzugehörigkeit herauszufallen und damit eine erneute Spaltung, eine Abscheidung zu erleben.

Am selbstgewählten Abgrund

Wir sind allerdings in der Entwicklung der Erde an einem historischen Zeitpunkt angekommen, der es uns nicht nur erlaubt, sondern der uns geradezu zwingt, uns einem neuen, ganzheitlichen Bewußtsein nicht mehr länger zu verschließen. In diese Welt strahlen Energien hinein – für die wir natürlich letztlich auch verantwortlich sind –, welche uns durch den Druck »äußerer« Ereignisse zu neuen Überlebensstrategien führen. Umweltkatastrophen, Aids, Naturereignisse, Nuklearbedrohung, Hungersnöte, Rassenwahn, Zusammenbruch religiöser Dogmen: all dies sind Anstöße für uns, die uns von der letzten Klippe des Ichs in ein holographisches Bewußtsein des Selbst springen lassen. Anders ausgedrückt: wir haben unsere Seelenentwicklung langwierig und zumeist mit Negativlehren angehen lassen und schreckliche Buhmänner selbst geschaffen, die uns nun gehörige Angst einjagen, so daß wir den Sprung ins »Ungewisse« wagen müssen. Uns und unseren Emotionalkörper kann nichts anderes heilen als die Erfahrung, bewußt zu sein, dem Höheren Selbst verbunden zu sein, von Licht erfüllt zu sein, von überpersönlicher göttlicher Kraft durchströmt zu werden. Das bedeutet ja im übrigen nicht, den Emotionalkörper etwa zu negieren oder gar vernichten zu wollen. Im Gegenteil: der Emotionalkörper kann als ein göttliches Instrument benutzt werden, sobald er die Ekstase höherer, lichtvollerer, bewußterer Schwingungen als wahres Maß seiner Entwicklungsprägungen, Gedankenformen und Gefühlsmuster erfahren hat.

Um noch einmal einen anderen Ansatz, die Zusammenhänge besser zu begreifen, zu nennen: Es geht ja nicht darum, was unsere Konfession als Botschaft verbreitet, wie unser Lieblingsteam mit dem Ball umgeht, welche politische Auffassung unser Favorit vertritt – es geht viel mehr um emotionale Schwingungen als um konkrete Inhalte. Es geht um die Erfüllung von Wünschen, wir wollen bestimmte Gefühlsfrequenzen erleben. Wir benutzen die äußeren Identifikationsobjekte nur als Rahmen, als Vehikel, als Form, die es uns erlauben, bestimmte quasi elektromagnetische und biochemische Prozesse in uns ablaufen zu lassen, die mit Gefühlserregungen einhergehen. Die Spannung dabei beziehen wir – obwohl wir vermeintlich Teil einer größeren Einheit sind – nach wie vor aus dem Erlebnis von Polarität. Und die größte Einheit erlaubt uns auch, gerade weil sie eben nicht allumfassend ist, Gefühle der Selbstgerechtigkeit, der Machtausübung, des Opfer-Täter-Syndroms zu reaktivieren. Dabei können wir sogar unsere Ego-Motive sehr viel leichter kaschieren, die dem rationalen Verstand ansonsten anstößig sind. Sadismus läßt sich eben im Namen irgendeiner Diktatur, die sich mit dem Mantel des angeblich höheren Zieles verhängt, leichter ausleben als in der Vereinzelung. Welcher Gruppe wir auch immer angehören mögen, erinnern wir uns daran, daß wir Mitglied dieser Gruppe sind, weil wir etwas mit ihr karmisch zu tun haben.

Auch Machtstreben, die oft rücksichtslose Sucht, Macht über andere auszuüben, entsteht – sowohl auf der individuellen wie auf der kollektiven Ebene – aufgrund der ursprünglichen Trennung des Einzelbewußtseins vom Allbewußtsein. In der Aus-einandersetzung zwischen Eltern und Kind stellt sich das so dar, daß man es relativ leicht nachvollziehen kann. Im Mutterleib besteht noch eine symbiotische Beziehung. In der ersten Zeit nach der Geburt ist ebenfalls noch eine so starke Beziehung zur Mutter da, daß das Kind sich nicht als getrennt erlebt – zumindest zunächst nicht. Nach und nach erfährt und lernt es, daß es getrennt von Mutter und Vater ist. Sozialisierungs- und Individuationsprozesse setzen ein. Damit geht das Erleben einher, daß das Kind nicht alles selbst für sich entscheiden kann – daß die Eltern »Macht« über das Kind besitzen. Die Eltern üben eine Autorität aus (und müssen es in vielem, nicht in allem, ja auch ganz natürlich tun), die das Kind erfahren läßt, daß es in seiner eigenen Entscheidungsgewalt behindert ist. Daraus ergeben sich dann ab dem Alter von zwei bis drei Jahren immer wieder Machtkämpfe, die ja bekanntlich oft nicht nur bis in die Teenagerjahre hineingehen, sondern bis zum Lebensende dauern können. Der Machtentzug, die Vorenthaltung von Selbstentscheidungskraft löst als Reaktion Wut über die Ohn-Macht aus. Angst kann des weiteren dann entstehen, wenn auf die Wut des Kindes von den Eltern mit einem noch größeren Machtanspruch reagiert wird. (Damit kein falsches Mitleidsgefühl aufkommt, mögen wir uns daran erinnern, daß wir uns selbst alle Lebensumstände aussuchen, um daran zu wachsen.) Wir wollen eigene Macht halten, eigenes Machtbewußtsein entwickeln, um unser Überleben zu sichern. Auch in dieser Sucht steckt natürlich wiederum die Illusion, daß Leben in erster Linie etwas mit der Körperhaftigkeit unserer Existenz hier zu tun hat. Mit radioaktiver Strahlung, Krebs und Aids haben wir uns nun Herausforderungen geschaffen, auch der Auflösung unseres Seins in den einzelnen Zellen zu widerstehen, unser Überleben in der Konfrontation mit diesen Einflüssen *und* jenseits davon zu manifestieren. Denn gerade die Konfrontation mit diesen drei Faktoren Atom, Krebs und Aids zwingt uns dazu, uns auf unsere geistige Mitte zu besinnen.

In der Auseinandersetzung zwischen Eltern und Kind führte dies nicht zu selten dazu, daß der Sohn den Vater ermordete, um seine Stellung einzunehmen. Dazu gibt es Beispiele nicht etwa nur aus fernen Mythen, sondern aus unserer Geschichte – man möge sich zum Beispiel mit dem Schicksal indischer Radschas vor 400–500 Jahren befassen. Was dort zwischen Blutsverwandten stattfand, ist natürlich auch heute noch, vor allem in der Politik, zwischen Vatervorbildern und ihren politischen Ziehsöhnen zu beobachten.

Trennung von der Gruppe

Um Verwirrung aufzulösen, um Verletzungen zu heilen, um neue Verirrungen zu vermeiden, muß man entlang des Raum-Zeit-Kontinuums zurück ins Formlose. Wir müssen uns mit der Quelle, die in der noch nicht manifesten Dimension göttlicher Kraft entspringt, verbinden. Es läßt sich allerdings weithin feststellen, daß, wenn immer man sich oder einem anderen Menschen hilft, die eigene Kraft zur Manifestation von Ganzheitlichkeit wieder zu erlangen, damit eine vermeintliche Absonderung von der Gruppe einhergeht. Wenn in einer Herde von Büffeln oder einem Wolfspack ein Tier zu dominieren beginnt, wird es irgendwann von der Gruppe zerstört, und ein neues Tier wird sich die Dominanz zu sichern versuchen. Wenn wir Menschen nach persönlicher Macht hungern, sehen wir unsere Macht meist im Widerspruch und Widerstand zu anderen Mächtigen. Eine Rückerlangung von Macht auf der Ebene des Egos, auf der Ebene der dreidimensionalen Persönlichkeit wird uns also keineswegs in den Zustand der Vereinigung mit einer größeren Einheit führen, sondern vielmehr scharfe, bittere Opposition bewirken. Nur unser Höheres Selbst, das spirituelle Selbst, man könnte auch sagen, die Seelenenergie, ist in der Lage, unseren Emotionalkörper mit all seinen Abspaltungen zu heilen und uns gleichzeitig an jenen überpersönlichen Kraftstrom anzuschließen, der ein Einheitsbewußtsein jenseits aller Gruppen und Begrenzungen schafft.

Wir müssen immer wieder auf den Emotionalkörper und seine Funktionsweise zurückkommen, um Grundlage und Ursache unseres Dilemmas besser zu verstehen. Wie bereits in »Zeit ist eine Illusion« ausgeführt wurde, hinkt der Emotionalkörper in seiner Entwicklung hinter der der spirituellen, mentalen und physischen Körper zurück. Der Emotionalkörper versucht, sich und seine Existenz immer wieder durch Erregung bereits angelegter Reaktionsmechanismen zu beweisen. Er bedient sich dabei der Identifikation mit Energieformen, die ihm die Stimulierung seiner eigenen Energie erlauben. Große Sportereignisse, Demonstrationen, auch kriegerische Auseinandersetzungen sind ja deshalb so populär, weil man schreien kann, Wut und Angst herausbrüllen, sich selbst dabei mit der »rechten« Sache und den »guten« Menschen identifizieren kann – im gerechten Kampf gegen das »Böse«. So sehr die kathartische, spannungslösende und reinigende Funktion vor allem von Sportveranstaltungen und vielleicht auch von Demonstrationen als wünschenswert und hilfreich angesehen werden mag, so sehr liegt darin doch ein großes Mißverständnis. Wenn man die Gesetzmäßigkeiten und Energieprozesse des Emotionalkörpers verstanden hat, weiß man, daß sich die Prinzipien der Funktionsweise des Emotionalkörpers immer wieder selbst verstärken, sich aber nicht verändern können – es sei denn, daß eine völlig neue, eine gänzlich andere Energie auf ihn einwirkt. Ein »Herauslassen« von Emotionen mag kurzfristig eine Ventilwirkung erfüllen, vertieft allerdings im Emotionalkörper die Prägung durch die jeweiligen Schwingungen – und diese Schwingungen sind eben zumeist niedrigerer Natur, wie primitive Siegesfreude über das Versagen oder die Unterwerfung eines Gegners oder Erbitterung und Furcht im Angesicht der eigenen Ohnmacht.

Der Emotionalkörper wirkt insofern wie das Meer oder ein Wellenbad: Druck baut sich auf, ein Wellenberg entsteht, um zunächst wieder abzufließen, den Druck also abzubauen... und dennoch baut sich immer wieder erneut Druck auf, der irgendwohin abfließen muß. Politische Veranstaltungen sind ein klassisches und auch amüsantes Beispiel für die Wirkungsweise des Emotionalkörpers. Im Regelfall kennen wir bereits alle einzelnen sachlichen Argumente der Redner, kaum je gibt es einen neuen Entwurf für eine bessere Politik. Und dennoch gehen wir hin, um uns von der Energie der Redner regelrecht emotional aufputschen zu lassen. Die Gruppe, in der wir uns befinden, trägt enorm dazu bei, fast zwanghaften Druck aufzubauen. Wenn der Redner sich mit uns allein unterhielte, müßte er ja zum Beispiel nicht so laut schreien, er würde wahrscheinlich weniger verallgemeinern, sich bei Verleumdungen zurückhalten etc.

Entwicklungsfaktoren

In Partnerschaften spielt die Frage der Machtausübung auf eine andere, aber nicht weniger relevante Weise, eine Rolle. Wie oft ahnen oder erkennen wir sogar, daß es besser für unsere Beziehung wäre, wenn wir uns nicht mehr aneinander klammern. Wie oft hat eine Beziehung hauptsächlich mit einem Machtkampf zu tun? Aber nur, wenn wir einen anderen Menschen offen oder subtil beherrschen, scheint sich unsere Macht auch in der äußeren Welt zu manifestieren. Wir beziehen die Bestätigung eigener Identität aus der Polarität – also wollen wir von einer Beziehung auch dann nicht lassen oder sie verändern, wenn nicht nur der andere Mensch, sondern auch wir unter offenen oder versteckten Machtkämpfen leiden. Der Emotionalkörper muß erst noch lernen, daß er seine Existenz nicht in der Polarität, in der Aus-ein-andersetzung finden und festschreiben kann, sondern nur in der Verschmelzung mit der allumfassenden, alles durchdringenden schöpferischen Kraft. Wir spüren immer wieder in uns den Drang, zu irgend etwas, zu irgend jemandem zu gehören. Das ist ja auch mit ein Grund, warum Partner oft, kurz nachdem sie sich gerade getrennt haben, nahezu blindlings in eine neue Beziehung springen – die fast immer genau dieselben Themen und Herausforderungen mit sich bringt wie die alte.

Unsere Unfähigkeit loszulassen, kaschieren wir manchmal mit angeblicher Güte. »Es ist ja nur zu deinem Besten, wenn ich mich um dich kümmere«, usw. Eltern sehen sich manchmal nur so, wie sie die Kinder in der Welt sehen. Dabei kann eine Art emotionaler Voyeurismus entstehen, als ob man etwa einem Fußballspiel am Fernsehschirm folgt. Man identifiziert sich dabei mit den Aktionen und Reaktionen eines anderen, der quasi stellvertretend für einen selbst in der Außenwelt lebt. Wieviel Grund, wieviel Anlaß hätten so viele Menschen auf der Welt, glücklich zu sein! Und dennoch sind die meisten Menschen nicht glücklich, weil Glück für sie nicht mit irgendeiner Handlung verbunden ist. Da wir Glück nicht im Inneren von uns als Seins-Zustand erfahren, als Bewußtsein des Höheren Selbst, das auch alle anderen Ebenen unseres Seins durchdringen kann, wenden wir uns nach außen, um einem Secondhand-Glück nachzujagen. Die »menschliche« Trägheit der Selbstentfaltung wird durch diese Ausrichtung nach außen nur noch verstärkt, wir werden für Glücksempfinden einer tieferen Art gleichsam taub.

Wir haben sicher fast alle schon erlebt, wie weit wir von der Wirklichkeit entfernt sind, wenn uns zum Beispiel im Kino irgend jemand mit Husten oder einer Unterhaltung stört oder gar den Projektionsstrahl blockiert. Wir regen uns über kurz oder lang schrecklich auf, obwohl nicht die eigene Wirklichkeit behindert ist, sondern nur unser Ausblick auf eine Illusion, auf ein Spiel von Licht und Klang, das in uns psychische Reaktionen auslöst. Und auch beim Fernsehkonsum ist diese Art von fortschreitender Trennung oder Abspaltung von Wirklichkeit zu beobachten: während wir vielleicht vor 30 oder 40 Jahren entweder selbst noch auf dem Sportplatz waren oder zumindest als Zuschauer am Spielfeldrand, nehmen wir jetzt indirekte Licht- und Klangeindrücke auf. Wir lassen uns nicht mehr unmittelbar von Schwingungen erfassen, sondern vom Abglanz eines Abglanzes.

Um erneut daran zu erinnern: dadurch, daß wir uns nicht in die schöpferische Kraft einlassen, daß wir Liebe und Bewußtsein nicht selber manifestieren, entfernen wir uns so weit von uns selbst, bis die Spannung so stark ansteigt, daß sie uns in einer selbstgeschaffenen Katastrophe irgendeiner Art, vermeintlich von außen her, zur weiteren Entwicklung zwingt. Solche Spannung kann im übrigen nicht nur durch eine Stockung und Ballung von Energien entstehen, sondern auch durch ein Vakuum, weil Energien abfließen und keine neuen nachströmen. Diese Art, den Emotionalkörper zur Entwicklung herauszufordern, ist eine sehr armselige Methode. Die bessere, die einzige Alternative ist die Öffnung zum multidimensionalen Bewußtsein unseres Höheren Selbst.

Spirituelle Heilung

Die Ursache für Angst, Zorn und andere Arten emotionaler Verwirrung liegt im Bedürfnis des Emotionalkörpers, die in ihm angelegten Prägungen immer wieder aufs neue entsprechend alter Muster auszuleben. Da ihm Angst, Zorn, Selbstgerechtigkeit, Niedergeschlagenheit, Trauer und andere langsame Schwingungen eingeprägt sind, sucht er sich immer wieder Situationen, die dies wiederbeleben.

Es gibt natürlich eine Reihe mentaler Übungen, um sich neuen Bewußtseinsebenen zu öffnen. Dazu gehört z. B. die Vorstellung, daß man als Astronaut durch den Weltraum fliegt und die Erde als einen kleinen Planeten inmitten des großen unendlichen Universums sieht. Allein durch diese Betrachtungsweise kann sich viel in unserem Denken verändern. Aber letztlich geht es darum, auf der Ebene der Energien die Verbindung zwischen dem Formlosen und der Form herzustellen. Eine ekstatisch vibrierende Schwingung, wie wir sie zum Beispiel im Orgasmus sehr kurzzeitig ab und an erleben mögen, können wir ja auf anderen, viel durchdringenderen Ebenen täglich erfahren, wenn wir nur wollen. Meditation, bewußte körperliche Bewegung, einige der praktischen Hilfen im Übungskapitel sind Ansätze, die Gefühle zu heilen. Ich weise aber immer wieder darauf hin und möchte es an dieser Stelle auch wiederholen: entscheidend ist nicht irgendeine spezielle Technik, sondern die Öffnung unseres Bewußtseins für neue Perspektiven. Es geht darum, daß wir uns die Absicht erlauben, gesund, ganzheitlich, ekstatisch, schöpferisch, liebevoll zu sein!

Der Kern der Botschaft dieses Buches besteht in der Aussage, daß uns nur die spirituelle Energie, das geistige Licht heilen kann, und daß wir einfach durch unser Bewußtsein lernen können, diese spirituelle Energie in uns hineinzurufen. Es geht um nichts, was von uns getrennt wäre; es geht nicht um irgendeine Religion oder Weltanschauung oder irgend etwas, was nicht Teil des täglichen Lebens wäre. Unser Höheres Selbst ist immer da. Das göttliche Licht und spirituelle Energie sind auch immer da – wir können sie nicht nur in und durch uns erfahren, wir sind sie! »Natürlich« ist das nichts Neues und »natürlich« suchen wir doch immer wieder nach Hilfen von außen.

Kinder spielen oft, sich so lange um sich selbst zu drehen, herumzuwirbeln, bis ihnen ganz schwindlig wird. Dahinter verbirgt sich eine verblüffend wirksame Methode, beide Gehirnhälften – die linke, für eher rationales Bewußtsein und Handeln zuständige Hemisphäre und die rechte, mehr intuitive Hemisphäre – zu synchronem Pulsieren zu veranlassen. Wenn wir Erwachsenen uns um uns selber drehen, ohne es dabei zu übertreiben, können wir selbst feststellen, wie sehr unsere analytischen Gehirnfunktionen, die sich ständig mit irgendwelchen Positionen identifizieren, zeitweise ausgeschaltet werden. Wir fühlen direkt, wie die Aufnahmefähigkeit unseres Bewußtseins erweitert wird, ohne daß wir durch mentale Vorstellungen oder phantasievolle Projektionen uns selber einengen. In den Seminaren haben viele Menschen erfahren, daß sie sich neue Bewußtseinsdimensionen – in der Meditation, aber auch im Begreifen von Konzepten – erschließen konnten, wenn die Gedankenformen und Gefühlsimpulse einmal auf sanfte Weise ausgeschaltet wurden. Auch dies ist also ein einfaches Mittel, uns anzuregen, daß wir ein neues Bewußtsein zulassen und die Verbindung mit dem Höheren Selbst aufnehmen.

Kommunikation auch mit der Tierwelt?

Während wir an diesem Buch arbeiteten, gab mir mein Höheres Selbst den Impuls, ein Beispiel dafür zu bringen, wie sich Gefühle manifestieren. Vor vielen Jahren war ich sehr an allem Indianischen interessiert, an indianischer Kunst, indianischem Handwerk, indianischer Kultur. Schon als Kind faszinierten mich die Indianer, und ich spielte, eine Indianerfrau zu sein. Inzwischen weiß ich ja um meine indianischen Leben, und ich konnte mich von ihren Prägungen lösen. Eines Tages, als ich einmal in einen Indianerladen nach Santa Fe fuhr, um Holzperlen und anderes Zubehör einzukaufen – ich habe früher auch einmal selbst Ketten gemacht –, hing dort das schönste Luchsfell, das ich je im Leben gesehen hatte. Ich streichelte das Fell, freute mich an den großen Pfoten, an den dunklen Flecken im ockerfarbigen Haar und hätte es gerne erstehen wollen. Auf der anderen Seite bedeutete es für mich auch viel, keinen Markt und keine Nachfrage mit zu verursachen, damit nicht noch mehr dieser wundervollen Tiere getötet würden. In den Bergen von Neu Mexiko gibt es nicht mehr so viele Luchse. Ich verließ den Laden also, ohne das Luchsfell zu kaufen. Drei Tage später fuhr ich in einem großen Dodge Maxivan mit noch jemandem im Auto auf einer Autobahnstrecke, als ich irgend etwas über die Straße huschen sah. Ich bemerkte, wie sich dieses Etwas, das offensichtlich ein Tier war, auf dem bepflanzten Mittelstreifen versteckte. Und eigenartigerweise sprang dieses Tier geradezu, als wir an seinem »Versteck« am Mittelstreifen vorbeifuhren, direkt vor unser Auto und geriet unter die Räder. Wir hielten an, gingen zurück und sahen einen großen, wunderhübsch gezeichneten Luchs, der seine letzten Atemzüge hauchte. Ich fühlte in diesem Moment ein Wiedererkennen und ich spürte auch in den Augen des Luchses dieses Wiedererkennen: ich hatte den tiefen Wunsch nach einem Luchsfell, wollte aber nicht dafür verantwortlich sein – direkt oder indirekt –, daß ein Luchs deshalb getötet würde. Und nun hatte sich ein Tier wie absichtlich und ganz bewußt selber hingegeben. Ich nahm den Luchs in meine Arme und wurde von einer Welle unmittelbarer gemeinsamer Erfahrung zwischen Tier und Mensch erfaßt. Die Kommunikation zwischen Spezies findet nicht nur auf einer emotionalen Ebene statt, sondern auch auf einer Seelen- oder spirituellen Ebene. Die Verständigung mit Tieren stellt bekanntlich ein sehr wirkungsvolles Instrument oder Hilfsmittel dar, um Gefühle zu heilen.

Wahrscheinlich sind die Versuche, die man in Kinderkrankenhäusern und in Gefängnissen mit Menschen und Tieren gemacht hat, inzwischen weithin veröffentlicht. Deshalb wollen wir an dieser Stelle nur kurz daran erinnern. Kinder, die die Gelegenheit erhielten, sich mit kleinen Tieren zu beschäftigen und mit ihnen zu spielen, genasen sehr viel rascher als andere Kinder. Und Gefängnisinsassen, vor allem auch Männer, die die Chance bekamen, sich um Tiere zu kümmern, seien es Hunde, Katzen oder auch Nutztiere, zeigten weniger Aggressionen und litten weniger unter Depressionen als andere Insassen.

Man hat ja auch eine ganze Reihe von Experimenten mit Affen und Delphinen angestellt, um zu untersuchen, inwieweit wir mit ihnen »sprechen« können. Dabei bleibt zunächst offen, wie sinnvoll es wirklich ist, »Intelligenz« und Kommunikationsfähigkeit daran zu messen, ob andere Spezies *unsere* Sprache erfassen können. Vielleicht wäre es ein konstruktiverer Ansatz, wenn wir uns mehr darum bemühten, auf sozusagen holographische Weise die Verständigungsformen von Tieren zu erlernen.

Wenn wir unsere tief empfundenen Emotionen annehmen, wenn wir sie sich in uns entfalten lassen, anstatt sie abzulehnen, können wir mit ihrer Kraft unsere Realität verändern. Dieser Luchs hatte auf einer Ebene seines multidimensionalen Seins meinen Wunsch wahrgenommen, er trug in sich das Wissen, daß der Tod kein Ende ist, und er gab sein Leben. Wir kennen »Orte der Kraft« auf der Erde, die von Schwingungen, Erinnerungen und Energien erfüllt sind, welche astraler Natur sind, die sich außerhalb von Zeit und Raum befinden – und diese Plätze haben dennoch eine sehr starke unmittelbare Wirkung auf Menschen, Tiere und Pflanzen, die sich heute dort aufhalten. Der Geist durchlebt die ganze Schöpfung, nicht nur den Menschen. Für mich war dieses Erlebnis ein weiterer wichtiger Wendepunkt in meinem Leben, weil ich direkt erfuhr, daß wir nicht voneinander getrennt sind – wir sind nicht nur von Eltern, Partnern, Kindern und allen Menschen in unserer Umwelt nicht getrennt, sondern wir sind auch nicht getrennt von dem, was wir als Natur bezeichnen. Es dauerte natürlich eine Weile, bis ich dieses Verständnis entwickelte. Unmittelbar nach dem Ereignis spürte ich zunächst Trauer und Verantwortung, daß ich mit meinem Wunsch den Tod dieses Tieres bewirkt hätte – bis ich erfaßte, daß ein solcher Wunsch, bevor er in Erfüllung geht, das Einverständnis auch auf seiten des Tieres voraussetzt.

Emotion – Bewegung nach außen

Das Wort Emotion drückt ganz gut aus, worum es bei Gefühlen geht. Motion = Bewegung, E = heraus: es geht um eine Bewegung, die sich nach außen hin ausdrückt! Die meisten von uns werden die Erfahrung gemacht haben, daß Wünsche auch »gefährlich« sein können – eben weil sie durchaus in Erfüllung gehen können. Und wie oft haben wir schon erlebt, daß wir uns irgend etwas wünschen, es nicht sofort erhalten, und es dann passiert, wenn wir dafür keinerlei Verwendung mehr haben und uns die Erfüllung unseres ursprünglichen Wunsches eher stört. Wir neigen manchmal dazu, in solchen Fällen von Zufall zu sprechen. Dabei übersehen wir, daß nach dem Gesetz von Ursache und Wirkung jede Begebenheit, alles Geschehen sich nicht aus dem Nichts ergibt, sondern immer aufgrund bestimmter Zusammenhänge, die auch einen Sinn ergeben. Monate später passierte es mir, daß ich wiederum einem Luchs gegenüber stand – an einem von Indianern als heilig verehrten Platz. Und dabei gibt es im ganzen Staat Neu Mexiko, der ungefähr zwei Drittel so groß ist wie die Bundesrepublik Deutschland, insgesamt nur etwa 100 oder 150 Luchse! Erneut spürte ich die tiefe Verbundenheit, die ich zuvor schon gefühlt hatte. Gerade, wenn wir sehr unter der Spaltung und Trennung zwischen Menschen leiden, können wir eine entscheidende Öffnung unseres Bewußtseins und einen erneut angeregten Energiefluß unserer blockierten Energien erfahren, wenn wir mit anderen Lebensformen in einen bewußten Kontakt treten. Wir vergessen dabei unsere menschliche Begrenzung, unsere Isolation, und stellen uns dann auf einen Baum, einen Vogel oder irgendein anderes Tier ein. Die Sprache, in der wir miteinander sprechen, ist die Sprache des Herzens und des Geistes, also eine universale Weise, wie sich Bewußtseinsformen miteinander verständigen können.

Wie wir uns ändern können

Manche Menschen mögen sich fragen, wie sehr ein einzelner die Wirklichkeit um sich herum verändern kann. Viele politische und gesellschaftliche Entwicklungen scheinen so übermächtig, daß sich der einzelne nicht vorstellen kann, bestimmte Verhältnisse zu verändern. So wie es eine Illusion in bezug auf die Zeit gibt, so gibt es auch eine Illusion in bezug auf unsere eigene Kraft. Jeder einzelne Mensch hat bereits unter Beweis gestellt, daß er über eine enorme Kraft verfügt. Denn jede einzelne Seele hat sich ja entschieden, in einem menschlichen Körper zu inkarnieren und die Kraft der Seele durch diesen Körper wirken zu lassen. In unserem Zeitalter einen menschlichen Körper angenommen zu haben, ist bereits ein machtvoller Beweis auf die Kraft, die darin steckt, sich den ungeheuren Herausforderungen von kollektiven Katastrophen, Kriegen und Veränderungen ebenso zu stellen wie den individuellen Themen der Lösung von Eltern-Kind-Beziehungen und Partnerschaftsverhältnissen.

Wir dürfen dabei nie vergessen, daß wir uns all das Unaussprechliche, das uns scheinbar von außen bestimmt, selbst geschaffen haben. Ich meine, es ist völlig unmöglich, daß ich beherrscht oder manipuliert werde, sogar, daß ich getötet werde, ohne mein eigenes Einverständnis. Wir sind an allem, was uns betrifft, beteiligt – sei es auch »nur« auf der Ebene des seelischen Lebensplans. Niemand in irgendeiner Regierung, kein Vertreter irgendeiner Gesellschaftsschicht vermag etwas zu tun, was gegen unseren gemeinsamen Lebensplan verstößt oder aus ihm herausfällt. Seit Zeitaltern glauben wir, daß wir Frieden auf Erden schaffen durch Widerstand und Demonstrationen und dergleichen mehr. Unsere Leidenschaft, die wir mit »unserer« Sache verbringen, hat in Wirklichkeit mit der Sache selbst nichts zu tun, sondern vielmehr mit der Bewältigung eigener Lebensthemen, vor allem mit dem Ausdruck unserer oft ohnmächtigen Wut. Eine wirkungsvolle, schöpferische Weise, mit diesen Verkettungen umzugehen, besteht darin, das eigene innere Wissen sich entfalten zu lassen und es auszustrahlen. Nur wenn wir im Inneren von Frieden erfüllt werden, können wir Frieden außen schaffen. Nur wenn wir uns selbst erkennen, können wir andere erkennen. Disharmonie und Aggression erweisen sich dann als Illusionen. All unsere Spiele, die wir auf diesem Planeten spielen, um uns weiter zu entwickeln, sind nicht viel mehr als langwierige und aufwendige Umwege. Wir sind ja in Wirklichkeit unbezwingbar, wir sind ewiges geistiges Bewußtsein. Nicht durch eigene rationale Entscheidung, auch nicht durch Gewaltanwendung, sondern allein durch unser eigenes Wesen. Menschen benutzen ihr Gemüt und ihren Verstand, um zu manipulieren und kreativ zu sein. Wir müssen beginnen, unser Wesen strahlen zu lassen. Die Kraft unseres Wesens, wenn wir uns davon nur durchfluten lassen, ist sehr viel größer als die Wirksamkeit, die irgendeiner bestimmten Tätigkeit entspringt.

Es ist eine weitere Illusion zu glauben, daß man einen »Feind« dadurch los wird, daß man ihn tötet. Leben kann nicht einfach ausgeblasen werden. Leben ist ewig, Bewußtsein ist ewig. Unser Bewußtsein schwingt zur Zeit allerdings in einer so niedrigen Frequenz, daß wir das Licht, das wir sind, noch nicht immer wahrnehmen. Die Heilung der Gefühle erfolgt nicht dadurch, daß man Gefühle unterdrückt, verdrängt oder abzutöten versucht. Vielmehr geht es darum, unsere Gefühle auf eine immer höhere Schwingungsbasis zu heben, sie immer mehr »erleuchten« zu lassen; es gilt, »höhere« Gefühle zu entwickeln und sich daran zu erfreuen und durch sie unseren Lebensplan zu erfüllen, anstatt uns von dunkleren Gefühlen weiterhin im Emotionalkörper blockieren zu lassen.

5.
Besitzergreifende Energien

Besessenheit als Energieprozeß

Zum Thema »Heilung der Gefühle – Angst ist eine Lüge« gehören auch »Besessenheits«phänomene. Besessenheit ist ein Phänomen, das häufig mißverstanden wird. Vielleicht würde man besser davon sprechen, daß »besitzergreifende« Energien wirken, um die Einseitigkeit des Begriffes »besessen« zu vermeiden. Der Emotionalkörper bildet den Astralkörper, der seinem Wesen nach energetisch ist. Wenn wir Drogen nehmen oder sehr krank sind oder auch uns lieben, empfangen wir Impulse, die uns für die astrale Dimension öffnen. Sehr oft schaffen uns Rückführungen in vergangene Leben einen Zugang zur Astraldimension, in der wir mit ungelösten Erfahrungen und Erinnerungen konfrontiert werden. Vielleicht stellen wir auch fest, daß wir uns in der einen oder anderen Weise in früheren Leben mit Alchimie beschäftigt haben. Dann können wir verstehen lernen, warum wir in diesem Leben dafür offen sind, von bestimmten Energien ergriffen zu werden, welche dieselbe Schwingung haben wie jene Themen und Gedankenformen, die für uns in anderen Lebenszeiten noch ungelöst blieben.

Wenn wir in einem anderen Leben zum Beispiel ein Priester waren, dann wird in unserem Unbewußten, auf der Ebene des Emotionalkörpers in Form astraler Energien, dieses Selbstbild als Priester noch präsent sein. Wenn wir nun im jetzigen Leben einer gleichartigen Energie begegnen, ergibt sich ein Energieaustausch. Deshalb ist es ja so notwendig, durch die Arbeit mit vergangenen

Leben Prägungen des Emotionalkörpers auszulöschen, um zwanghafte Wiederholungen ein und desselben Problems zu beenden. Inwieweit eine Prägung des Emotionalkörpers unser Energiefeld, unsere Aura empfänglich, manchmal angreifbar durch gleichartige Energien macht, hat auch unabhängig von der Betrachtung früherer Leben eine enorme Bedeutung. Denken wir nur einmal an Religionsführer, an Gurus, Idole oder Helden oder einfach an Menschen, die uns sehr wichtig sind. Die physische, materielle Welt birgt die Symbole der Energien subtilerer Bereiche. Die physische Welt ist Träger oder Feld jener psychischen und astralen Energien.

Zur Auflösung von Beziehungen

Wenn wir uns solchen Bezugspersonen gegenüber geöffnet haben, können wir die Energie dieses Menschen über einen Ring, ein Bild oder einen Brief aufnehmen. Damit sind wir aber auch verletzlich in unserer eigenen Aura, in unserem eigenen Energiefeld. Diese Überlegungen haben ganz praktische Bedeutung für unser Leben. Wenn wir uns zum Beispiel scheiden lassen und einen alten Stuhl des früheren Partners im Haus behalten, oder wenn wir Bilder und Briefe aufbewahren, dann sind wir immer noch auf subtile Weise mit dieser Person verbunden. Jetzt kommt es darauf an, auf sehr sorgsame Art diese Gegenstände, die Träger von Energie sind, loszuwerden. Die Art und Weise, wie wir uns davon lösen, kann die physische Form jener Person beeinflussen. Es ist keine gute Idee, das Bild von einem Geliebten oder einer Geliebten zu verbrennen, weil wir jetzt auf die Person böse sind. Der andere Mensch könnte uns gegenüber immer noch offen sein, weil wir ja in einer gemeinsamen Beziehung standen, und dann könnte sich dieses Verbrennen des Fotos direkt negativ auf den Gesundheitszustand der abgebildeten Person auswirken. Es kommt also auch auf unsere Gemütsverfassung und unsere Absicht an, wenn wir uns von Gegenständen befreien, welche die emotionale, astrale Energie anderer Personen tragen. Am besten wäre es natürlich, die Bilder oder Briefe oder Möbel dem anderen Menschen einfach zurückzugeben. Und man kann auch das zurückerbitten, was der andere noch von einem selbst in Besitz hat. Auf diese Weise schützt man sich vor unbewußten psychischen, emotionalen Einflüssen unerledigter Probleme und komplizierter Energieketten. Es ist sehr wichtig, sich selbst gegenüber gefühlsmäßig sehr klar darüber zu sein, ob man sich von einem Menschen lösen möchte oder nicht, und wenn man dies möchte, es auch wirklich ganz zu tun. Das ist eine Arbeit, die ebenfalls zum Schwerpunkt unserer Sitzungen im Light-Institute gehört.

Unsere Intention muß dann also immer ganz klar lauten: »Ich habe diese Beziehung in dieser Lebenszeit vollkommen abgeschlossen, wir haben uns auf einer Seelenebene nichts mehr gegenseitig zu geben – deshalb löse ich mich komplett von dir, und ich spreche dich auch völlig frei aus irgendwelchen Rollen, die du für mich gespielt hast. Ob du nun der gute oder der schlechte Mensch in meinem Leben warst, ob du diese oder jene Funktion für mich übernommen hattest, wie zum Beispiel mir finanzielle Sicherheit zu geben oder dich um unsere Kinder zu kümmern – welche Zusammenhänge auch immer zwischen uns bestanden, ich gebe dich und mich von der Seelenebene her frei, unsere Wege in dieser Lebenszeit in Zukunft unabhängig voneinander weiterzugehen.« Wir müssen und können unser Höheres Selbst immer fragen: »Was ist das Wesen der ›vertraglichen Verbindung‹, die ich mit diesem Menschen aufgrund unserer beider Lebenspläne habe? Welche Funktion erfüllt diese Person für mich?« Wir könnten uns über unsere Lebensziele und Lebensaufgaben klar werden, und wir können dann auch die Unterscheidungskraft entwickeln, die notwendig ist, um Einflüsse anderer Energien zu erkennen.

Jedes äußere Objekt, das wir von Menschen besitzen, ist ein Kristallisationspunkt für dessen Energien. Mit der Übertragung von sehr feinen Energien geht auch eine astrale »Besetzung« einher. Wir müssen uns darüber klar werden, ob wir diese Energien aufnehmen wollen oder nicht, ob die Einflüsse für unsere Entwicklung wünschenswert sind oder nicht. In einem anderen Bereich sind diese »Bio-verbindungen« sehr nützlich, wenn man sich ihrer zu bedienen weiß. Wenn es zum Beispiel darum geht, unser globales Bewußtsein zu erweitern oder auf der Ebene von Meistern zu heilen, dann können wir über eine Bewußtseinsbrücke in Form von physischen oder mentalen Fotos oder ähnlichem Verbindung zu Individuen oder Gruppen aufnehmen, die unserer Heilkraft bedürfen. Wir benutzen dann solche Bioverbindungen, um uns auf ihren emotionalen Zustand einzustellen. Dies sollte allerdings nur über die höheren Chakras erfolgen, nur über den Zugang zu unserem inneren Wissen – nicht von der Ebene unserer Emotionalzentren her, welche ja aus diesen Gemeinsamkeiten gefühlsmäßiger Belastungen befreit werden sollen. Die Heilung der Gefühle anderer Menschen kann nur dann erfolgen, wenn meine eigenen Gefühle geheilt sind. Was Menschen miteinander verbindet, was die gesamte Schöpfung verbindet, sind nicht physische oder psychische Belastungen und Besonderheiten, sondern ein allen gemeinsames geistiges Wesen, eine spirituelle Bewußtheit. Und diese Gemeinsamkeit, diese in sich vollkommene Geistigkeit, braucht auch nicht verändert oder beherrscht zu werden – sie ist ewig.

Besitzergreifende geistige Lehrer

Noch einige weitere Gedanken zu diesem Thema: Wenn wir im Besitz eines Gegenstandes eines anderen Menschen sind, sind wir nicht nur offen für dessen Energien, sondern die andere Person kann auch jederzeit von uns Energien abziehen! So arbeiten manche Gurus, die ihren Schülern aufgeben, das Bild des Gurus mit sich zu tragen. Sie benutzen diese Bilder oder andere Devotionalien dann, um die Energien ihrer Schüler anzuzapfen. Energieströme sind in diesem Fall keine Einbahnstraße: wenn du ihn festhältst, hält er dich fest!

Das ist ja etwas Wundervolles und gleichzeitig auch Negatives in bezug auf Gurus oder jedes andere außerhalb von uns selbst wirkende Wesen. Wir öffnen unsere Aura für das Energiefeld von außen, um spirituelle Weisheit aufzunehmen, obwohl wir über ein eigenes geistiges Wissen in uns verfügen, vom Augenblick der Geburt an. Wir müssen niemals in unserem Leben mehr Kraft oder mehr geistige Weisheit ansammeln – es ist bereits alles, ich meine alles wörtlich, in uns. Wir müssen lediglich die Verbindung zwischen unserer manifesten Welt und den formlosen geistigen Dimensionen herstellen. Wir dehnen das Gottbewußtsein aus, indem wir es in die physischen Ebenen einfließen lassen. Das Gottbewußtsein ist aber bereits vorhanden. Es geht »nur« darum, das Gottbewußtsein kreativ anzuwenden. Wenn wir uns eines Gurus bedienen, benutzen wir die geistige Kraft jenes Gurus, um uns sozusagen auf eine spirituelle Radiostation einzustellen. Wir sind dann allerdings auch allen Erfahrungen, Veränderungen, Verwirrungen und Verwandlungen gegenüber offen, die jener Guru erlebt.

Wir sind auf diesem Planeten an einer Entwicklungsstufe angekommen, an der es wichtig ist, den Guru innen zu finden. Diese Herausforderung bedeutet eine Initiation für uns. Alle wirklich großen Gurus haben diese Botschaft selbst verbreitet: »Sucht Gott in einander, findet den Meister in euch selbst.« Den Guru außen aufzusuchen, bedeutet ja lediglich, den ersten Schritt in Kinderschuhen zu vollziehen. Wir wollen uns damit für das Verständnis unserer eigenen Geistigkeit erwecken. Wir sind geistiger Natur, wir sind ewige, unbegrenzte göttliche Funktion.

Sobald wir dessen gewahr geworden sind, sobald unser Bewußtsein diesem Gedanken gegenüber wach und aufnahmefähig ist, müssen wir ihn in unser Alltagsleben umsetzen, wir müssen damit praktisch umgehen. Das können wir nur, wenn wir nach innen gehen und den Guru freigeben. Wir nennen diesen Weg im Light-Institute auch den Zugang zum Höheren Selbst. Nur wenn wir innen klar genug sind, um aus uns selbst die Botschaft auszustrahlen, daß jedes Wesen göttlich ist, wird sich das Echo dieser Botschaft rund um den Globus verbreiten.

Wenn wir über eine bestimmte Erfahrung hinausgehen wollen, die sich auf eine nicht-emotionale Beziehung zu Eltern, Kindern, Lehrern, Partnern oder Gurus bezieht, wenn wir das, was sie uns vermitteln, umsetzen und anwenden wollen, müssen wir uns von ihnen in gewisser Weise lösen. Und durch eine »äußere« Lösung von ihnen gelangen wir zu einer neuen Oktave von Einheit. Wir entflechten unsere Beziehung auf einer niedrigeren Ebene und schweben hinauf zu einer höheren Ebene, auf der wir eine umfassendere Einheit zwischen uns erkennen. Solange wir den Guru oder den Liebhaber noch in einem niedrigeren Chakra festhalten, werden wir Schwierigkeiten spüren beim Versuch, zu einer höheren Einheit zu gelangen. Denn: in niedrigeren Kraftzentren erfahren wir uns als getrennte Wesen. Wir sind dort im Bereich der Dualität und Polarität. Und was diese Trennung und Befangenheit in einer Polarität auslöst an Erbitterung oder über die Abspaltung und Angst um die eigene Identität, haben wir ja bereits immer wieder aufzuzeigen versucht. Es ist für mich beglückend, miterleben zu können, wie bei intensiven Klärungen des Emotionalkörpers während unserer Sitzungen Menschen entdecken, daß sie – obwohl sie die Partner etc. freigeben und sich von ihnen und den karmischen Verträgen mit ihnen lösen – nie einen Menschen verlieren. Wir verbinden uns auf einer höheren Ebene, in einer höheren Schwingung erneut wieder miteinander. Dies ist aber eine Verbindung in einer göttlichen Schwingung, die keinerlei karmische Verhaftungen, Rollenspiele, Kausalketten usf. mit sich bringt. Wir gewinnen Einblick in die kosmischen Gesetze der Einheit, der Verschmelzung. Und dieses Verständnis über die »karmafreie« Weise, mit anderen Menschen eins zu werden, ist gerade in unserer Zeit der äußeren und inneren Gefahren und Bedrohungen für das Leben auf dem Planeten Erde existentiell.

Machen wir uns klar, daß wir uns selbst für besetzende Energien zur Verfügung stellen. Es ist nicht immer unbedingt so, daß der Partner, der Guru, die Beziehungsperson oder auch die fremde Energie außerhalb von uns selbst uns bewußt festhält und besetzt; vielmehr sind wir es selbst durch unsere Unfähigkeit, unsere eigene göttliche Energie aus uns ausstrahlen zu lassen, durch unsere Weigerung, uns auf den Strahl des eigenen göttlichen Funkens einzulassen.

Nicht die besetzenden und besessen machenden Faktoren sind negativ, sondern unser Mißverständnis und unser Mißbrauch von Energie bewirkt erst die Abhängigkeit, die unsere Lebenskraft angreift oder uns in Besetzungsmustern festhält. Wenn wir uns bewußt mit diesem Aspekt von besitzergreifenden Energien forschend auseinandersetzen, können wir uns von der Vorstellung von »denen dort« und »uns hier« befreien. Wir beginnen, unser eigenes göttliches Feuer zu schüren, damit wir aus uns selbst strahlen, statt in dieser niedrigeren Form der »Spiegelfunktion« für fremde Energien blockiert zu werden.

Wir sind alle »besessen«

Wir sind alle besetzt, wir sind alle besessen! Es gibt kein Wesen, keine Person auf diesem Planeten, die nicht unter besitzergreifenden Energien leidet, die nicht den Gesetzen besetzender Prozesse unterliegt. Denn diese Erde ist ein Bereich des Lebens, in dem wir die Welt als außerhalb von uns betrachten. Also beziehen wir uns auf die Welt auch auf äußere Weise, wir unterhalten Außenverhältnisse. Dieses Sicheinlassen auf Außenpersonen, Außenumwelt, Außenenergien, um Erfahrungen zu sammeln und sich zu entwickeln, dieses Verharren in kleineren oder größeren Polaritätsbezügen schafft einen besetzenden Magnetismus. Die Heilung der Gefühle, die Auflösung von Wut und Angst ist nur dann möglich, wenn wir uns auch von den uns besetzenden Energien befreien.

Und auch hier gilt wieder, daß unsere geistige Ausrichtung, unsere bewußte Einstellung wichtiger ist als jede Methode oder Technik. Bereits die Erkenntnis, daß wir besetzenden Energien ausgesetzt oder gar ausgeliefert sind, bereits deren Identifikation vermag uns augenblicklich von ihrer Wirkung zu befreien. So gibt es die Erfahrung, zum Beispiel aus Puerto Rico, daß Magie und Hexerei so lange wirksam sein können, wie die »Opfer« nicht von ihren Verwünschungen wissen. Im Moment aber, in dem sie davon erfahren, verliert der Zauber seine Wirksamkeit. Solange wir die uns bestimmenden Einflüsse nicht erkennen, können wir sie auch nicht aussondern. Wir wollen an dieser Stelle auch vermerken, daß besetzende Energien nicht nur von jenseitigen Wesen oder diesseitigen Individuen stammen können, sondern auch von Gedankenformen und Gefühlsschwingungen. Wenn wir die besitzergreifende Energie einmal ausgemacht haben, können wir sie in uns, vermittels unserer eigenen göttlichen Kraft, die wir über das Höhere Selbst in uns einströmen lassen, verwandeln. Aber nur *wir* selbst können sie in uns verwandeln – völlig gleichgültig, wie häufig irgend jemand anders unser Energiefeld oder unsere Aura vermeintlich klärt und reinigt, wird die Energie doch immer wieder von uns angezogen werden, solange wir selbst uns nicht genügend verändert haben, ihr keinen Halt mehr in uns bieten.

Es geht bei der Befreiung von Besessenheit und besetzenden Energien um einen ähnlichen Vorgang wie bei der Klärung und Harmonisierung des Emotionalkörpers: wir müssen unsere eigenen Verhaftungen, unsere eigene Sucht nach diesen Energien durch den Zufluß des göttlichen Lichts lösen. Wenn wir uns höheren Schwingungen verbinden, wenn wir unser Höheres Selbst immer bewußter auf den Plan treten lassen und uns seiner Führung anvertrauen, dann wird unsere Gemeinsamkeit mit der uns besetzenden Energie verschwinden. Es ist unsere Eigenfrequenz und unsere Einstellung auf diese besitzergreifenden Energien, die ihnen erst durch die symbiotische Kräfteverbindung Leben verleiht. Besessenheit ist wie ein Parasit: ohne uns kann sie nicht überleben. Also wird sich die besetzende Energie in dem Maße wandeln müssen, in dem wir uns transformieren. Wenn wir uns von diesen Energien lösen und jede Verbindung zu ihnen unterbrechen, entschwinden sie in einem tiefen Abgrund der tothaften Entwerdung, oder sie müssen sich durch das Licht in uns verwandeln lassen. Dieses Gewahrwerden fremder Energieeinflüsse auf und in uns, die Öffnung zum Höheren Selbst, das Einlassen in lichte Bewußtseinsströme befreit uns nicht nur von Besessenheiten, sondern stoppt auch den Energieverlust, den wir durch unsere sozusagen leckgeschlagene Aura, oft unbewußt, erleiden. Damit fühlen wir uns auch in kurzer Zeit frischer, mächtiger, neuer.

Es hat keinen Sinn, den Gedanken der eigenen partiellen Besessenheit abzulehnen oder ihn zu verdrängen. Wir können nicht behaupten, von fremden Einflüssen frei zu sein, solange wir zum Beispiel noch Bilder, Briefe oder Gegenstände von früheren Partnern besitzen. Wir machen uns nur selbst etwas vor. Die anderen sind nicht schuldig. Es steht in unserer Bewußtseinsmacht, *sie* freizugeben. Wir können mit unserem Bewußtsein die vertikale Achse oder die nach oben gerichtete Energiespirale schaffen, die es uns erlaubt aufzusteigen, den Einflußbereich von besitzergreifenden Energien hinter uns zu lassen und Meister unseres eigenen Lebens zu werden, indem wir bewußte Entscheidungen treffen. Es dreht sich immer wieder nur um den Unterschied zwischen Unbewußtheit und Bewußtheit. Es kann eine wundervoll heilsame Wirkung haben zu entdecken, daß wir in irgendeiner Form besessen sind oder besitzergreifende Energien auf uns einwirken, weil wir in dem Moment, wo wir dies erkennen, bereits gesiegt haben. Durch diese Einsicht gelangen wir bereits auf eine Bewußtseinsebene, von der aus wir uns davon befreien können, um unsere eigene Vitalität zurückzugewinnen.

Damit kein Mißverständnis aufkommt: auch zwanghafte Verhaltensweisen stellen eine Form der Besessenheit dar. Wir kennen alle das Gedankenmuster: »Wenn ich nicht den ganzen lieben langen Tag arbeite, bin ich meiner selbst nicht wert und werde irgendwie bestraft werden.« Diese astrale Gedankenform, die sehr verführerisch ist, stimuliert den Emotionalkörper, der dann dem bewußten Verstand gegenüber rationalisiert: »Ich bin ein guter Mensch und ein wertvoller Mensch, weil ich sehr schwer arbeite. Ich arbeite sehr hart, und deshalb stimmt mit mir alles.« Aber die unbewußte Botschaft dahinter, die Energie, die uns zum »Workaholic« macht, ist die besitzergreifende Gedankenform: »Wenn du nicht sehr schwer arbeitest, wirst du vergehen, du wirst nicht überleben können.«

Ich meine, daß es nicht hilfreich ist, sich gegen die Idee, daß man selber besessen sein könnte, zu wehren und einen solchen Gedanken ängstlich abzulehnen. Nach meiner Einsicht und Erfahrung ist es die Wahrheit, daß vieles unser Leben kontrolliert oder beherrscht. Fernsehen beherrscht unser Leben, Eltern beherrschen unser Leben, Partner beherrschen unser Leben, alle unsere Wünsche beherrschen und kontrollieren unser Leben. Es ist nicht nur in Ordnung und zutreffend, sondern auch hilfreich einzusehen, daß unser Leben von vielen Einflüssen kontrolliert und beherrscht wird. Sich dessen bewußt zu werden, hilft der Seele zu wachsen – und das ist der Sinn und Zweck jedes Lebens. Die Anerkenntnis, daß wir in der einen oder anderen Weise von besitzergreifenden Energien besetzt sind, vermag eine tiefgreifende heilende Wirkung auf uns auszuüben. Im Augenblick, in dem wir unsere Besetzungen erkennen und als gegeben annehmen, befreien wir uns davon. Wir werden nicht frei, wenn wir der besitzergreifenden Energie gestatten, unsere Gedanken zu kontrollieren, indem sie uns vorgaukelt: nein, so bin ich nicht. Besessenheit hat mit mir nichts zu tun, das kann mir gar nicht passieren.

Besitzergreifende Energie ist die bequemste und anschmiegsamste Energieform in uns. Sie wird sich verstellen, uns einzulullen versuchen, uns eine andere Identität vormachen, mit sanfter Stimme sprechen, aber sie wird in jedem Fall zu vermeiden suchen, sich selbst als das zu identifizieren, was sie ist: besitzergreifende, besetzende Energie.

Kollektive Besessenheit

Es gibt nicht nur individuell wirkende Besessenheit, sondern auch kollektive Besessenheitsphänomene. Gleich, ob es nun Wesen oder Gedankenformen sind, die die Welt kontrollieren: von Hitler über Stalin zu manchen Zeitgenossen kennen wir genügend Beispiele aus unserer eigenen Geschichtsepoche, die dafür stehen. »Unsere Rasse ist höherwertig als die andere Rasse«, »diese Kultur ist wertvoller als jene«, usw. – das sind Beispiele kollektiver Besessenheitsphänomene. Solche Energien stimulieren urtümliche Überlebensmechanismen, die wiederum zu globaler Angst führen. Die Alternative, der gegenüber wir bislang nicht offen waren, geht ja dahin, daß wir uns einander zuwenden, daß wir wie Mitglieder einer harmonischen Familie miteinander umgehen, damit individuelle Machtansprüche aufgeben und schließlich das verwirklichen, was unser Geburtsrecht und -auftrag ist.

Besitzergreifende Gedankenformen und Wesenheiten, die Besetzungen bewirken, sind so alt wie die Menschheit selbst. Wenn wir uns auf der individuellen Basis davon befreien, können wir auch auf der Ebene der Familie, der Gesellschaftsgruppen und sogar für den gesamten Planeten daran arbeiten, kollektive Besessenheit aufzulösen. Das Grundmuster sozialer und politischer Angst lautet ja leider nach wie vor nur zu oft: »Wenn du überlebst, bedrohst du mein Überleben.« Diese Zwangsvorstellung, um ein anderes Wort für Besessenheitsphänomen zu wählen, kann eben nur dann abgelegt werden, wenn man die eigene Göttlichkeit und damit die Göttlichkeit *jedes* anderen Wesens wirklich tief innen und praktisch erfahren hat.

Eine kleine praktische Bewußtseinsübung, da ja nicht jeder nach Galisteo zur Emotionalkörpersitzung kommen kann: es handelt sich um die gleiche »Methode«, die wir in bezug auf unsere Klärung und Lösung von und für Kinder, Eltern, Partner oder Menschen anderer Länder und Erdteile anwenden.

Bitten wir einfach das Wesen, den Menschen oder auch das Kollektiv, demgegenüber wir uns in Polarität befinden, vor dem wir Angst haben oder über das wir ärgerlich sind, eine Form anzunehmen. Dann fordern wir diese Form auf, uns mitzuteilen, welche Farbe sie von uns haben möchte, damit wir uns voneinander lösen können. Sodann lassen wir diese Farbe über den Kopf, über das Scheitelchakra in uns einströmen und senden es über den Bauchbereich, den Solarplexus zu dieser Form. Die Farbe oder Energie, um welche die Form gebeten hat, muß nicht aus uns selbst kommen, sondern wir können sie aus universalen Oktaven durch uns hindurchfließen lassen. Wir erfahren damit eine Zuführung göttlicher Energie, die unbegrenzt ist. Es ist eine Energie, die keiner äußeren Macht unterliegt, die auch nicht aus dem Bereich des Überlebenskampfes stammt. Sie kann niemals verringert werden, und indem wir uns in sie einlassen und sie durch uns weiter zu jenem Wesen oder jenem Menschen oder jenem Kollektiv leiten, die wir für sich genommen sowie in der Beziehung zu uns heilen wollen, werden wir zum Teilhaber einer neuen Bewußtseinsoktave.

Eine interessante Beobachtung, die immer wieder angestellt wird: wenn wir eine solche Übung durchführen, vergißt der Emotionalkörper alle Ängste. Er ist statt dessen vollauf damit beschäftigt, die Energie oder Farbe, die über das Scheitelchakra einfließt, pulsierend über das Nabelzentrum auszusenden – und damit wird der Emotionalkörper zum Teil jenes Pulsschlages, der mühelos zuläßt, in den göttlichen, formlosen geistigen Bereich zurückzukehren. Der Emotionalkörper vergißt also seine Angst. Der Emotionalkörper wird nun von neuen Prägungen erfaßt, die sich nicht mehr mit dem Überlebenskampf gegen andere befassen, sondern die Einheit, Ganzheit, holographisches Leben beinhalten. Die Heilung der Gefühle ist möglich. Angst kann als eine Lüge, eine Vorspiegelung des Emotionalkörpers entlarvt werden – wenn der Emotionalkörper die Chance erhält, von höheren geistigen Schwingungen gespeist und geprägt zu werden. Die alles umschließende Einheit, die dennoch gleichzeitig auch Freiheit ist: das ist die Sehnsucht jedes menschlichen Wesens auf diesem Planeten, ob man es weiß oder nicht.

6. Besitzergreifende Energien und kindliche Entwicklungsstadien

Das Kleinkind

Wenn Babies geboren werden, sind sie offen. Sie sind offen, auf unmittelbare Weise Zugang zu ihrer Multidimensionalität zu erlangen. Sie sind zunächst nicht, bzw. noch nicht, getrennt von ihrem göttlichen Selbst, nicht getrennt vom Selbst der Mutter. Nach und nach wird das Kleinkind immer mehr in seine dreidimensionale getrennte individuelle Körperhaftigkeit hineingezogen und damit in den Energieaustausch mit Menschen aus der es umgebenden Familie. Das Kleinkind zieht auf natürliche Art Schwingungen von den Eltern an, auf medialen, psychischen, intuitiven Ebenen. Es beginnt zu lernen, wie es den Energiezustand der Eltern und der Umwelt erkennen kann, wie es darauf reagiert. Es erkennt, ob sie ängstlich sind oder zornig oder liebevoll. Das Kleinkind nimmt diese Schwingungen in sich auf, als ob es seine eigenen wären!

Das Kind hat keine Angst vor dem Unbekannten. Es würde eine Schlange oder eine Spinne voller Neugier und Aufregung anfassen – bis vielleicht Vater oder Mutter hinzukommen und selber auf die Schlange oder die Spinne reagieren. Wenn diese Reaktion der Eltern ängstlich ist, registriert das Kind »Gefahr« als Synonym für Schlange oder Spinne. Und 30 Jahre später hat das nun erwachsene Kind immer noch eine Phobie im Zusammenhang mit Schlangen oder Spinnen, weiß aber nicht mehr, warum. Das Kind übernimmt unbewußt viele Emotionalkörperprägungen seiner engeren Umwelt.

Wenn das Kind 2½ oder 3 ist, beginnt es, sich bewußter als ein von der Mutter getrenntes Wesen zu begreifen. Es entwickelt sein Ego weiter fort. In den USA wird das die »terrible two's« genannt, die »schrecklichen Zweier«. In diesem Stadium wird das Kind ziemlich schwierig und fordernd und erprobt seine Grenzen. Aber über die Entwicklung neuer Verhaltensmuster hinaus ist hier eine spirituelle Perspektive von Bedeutung. Das Kind ist in diesem Zustand, wenn es sich von der Mutter zurückzieht, genauso verletzlich und angreifbar wie während und kurz nach der Geburt. Hier wie dort hat es sich genügend entwickelt, um sich aus dem umfassenden Beschützen der Mutter zu entfernen und hat gleichzeitig doch noch keine Gelegenheit gehabt, einen Unterscheidungsmaßstab zu entwickeln, wie es auf Einflüsse aus der Außenwelt reagieren soll. Genau in dieser Zeit ist das Kind ungeheuer sensibel für psychische Eindrücke. Wenn es sich zum Beispiel in einer ganzen Menge befindet, nicht etwa nur bei einem Familienfest, sondern auch in der Straßenbahn, im Kaufhaus oder bei einer großen Sportveranstaltung, zieht es die Schwingungen der Menschen um sich herum an. Und diese Schwingungen sind meist niedriger und langsamer, sie sind meist von Wut oder Angst geprägt. Also bekommt das Kind Bauchschmerzen. Durch eine physische Reaktion versucht der Körper, negative, fremde Schwingungen wieder loszuwerden, sich selbst wieder davon zu befreien. Das Kind ist auch noch offener für astrale Energien, welche die Erde umgeben. Im Infrarot-Bereich fließen Gedankenformen, Gefühlsreaktionen, Hoffnungen und Befürchtungen – auch bereits verstorbener Menschen –, die einen durchaus besitzergreifenden Charakter annehmen können. »Besessenheit« beginnt im Kleinkindalter.

Ich möchte zuallererst darauf hinweisen, daß Fernsehen, und selbst das beste Programm, für ein 2–3jähriges Kind absolut ungeeignet ist. Die astrale Energie, die von den präsentierten Themen ausgeht, prägt unsere Kinder mit der Saat der Angst. Es spielt keine Rolle, ob es zwei Marionetten sind, die miteinander kämpfen, oder Donald Duck, der mit dem Hund irgendwo herumzerrt. So oder so wird das Kleinkind in eine Situation hineingezogen, in der es ängstlich daran Anteil nimmt, ob der »gute« Mensch oder die »gute« Partei gewinnen wird oder nicht. Die »Comics« stellen eine besonders aktive und gleichzeitig negative Mythologie für

Kinder dar; Kinder sollten sie meiner Meinung nach nicht sehen können. Wenn wir uns klarmachen, daß die Energie dieser Cartoons oder dieser kleinen Dramen, die wir unsere Kinder so leichthin sehen lassen, sich verbinden mit der physikalischen Strahlung, die von einem Fernseher ausgeht (und mag sie noch so niedrig sein), sollte uns bewußt werden, daß hier sich gegenseitig verstärkende und beschleunigende Wirkungen auftreten, gegen die das Kind keinen Schutz besitzt. Diese Energiemuster gehen ins Kind hinein und prägen es. Damit ist sogar eine physische Saat der Angst gelegt. Diese Saat geht nicht nur im physischen Körper auf, sondern auch im emotionalen Körper.

Nach meiner Erfahrung ist das Alter von ca. 3 Jahren der entscheidende Zeitraum, in dem Angst im Emotionalkörper verankert wird. Das Kind tendiert bereits weit genug hinaus aus dem Schutz der Mutter, es sucht seine eigene Identität, es bewegt sich stärker zur Außenwelt hin – und das ist die Zeit, in der Kinder zu artikulieren beginnen, daß sie Geister sehen, sich an vergangene Leben erinnern, negative Energien wahrnehmen oder im Traum dies oder jenes erleben. Häufiger als zu anderen Lebenszeiten stellen wir fest, daß 3jährige sagen: Ich war früher einmal deine Mutter oder, Ich erinnere mich daran, als wir am Meer gewohnt haben... Eltern sollte bewußt sein, daß solche Aussagen eines 3jährigen Kindes von großer Bedeutung sind. Sie sollten dem Kind zuhören und ihm erlauben, die ganze Geschichte zu erzählen. Wenn das Kind davon berichten kann, daß es einmal unsere Mutter war, wir am Meer lebten und dies und jenes taten, dann wird ihm dadurch geholfen, jenes Leben loszulassen. Und wir können vielleicht herausfinden, was damals geschah, um das Kind von der Last der Gefühlsprägung jenes Lebens zu befreien. Der Emotionalkörper hat die Schwingungen noch in sich gespeichert, und das Kind möchte diese Schwingungen erneut ausleben. Auch wenn Sie in diesem Leben Mutter Ihres Kindes sind, will und wird das Kind Sie behandeln, als ob Sie sein Kind wären. Das schafft Disharmonie und Verwirrung darüber, wer wer ist. Und wenn das Kind nicht über seine Sicht der Beziehung und der Verhältnisse sprechen kann, finden wir vielleicht nie die Ursache der Konfusion heraus.

Geister, Ungeheuer, kleine Freunde

Kinder in diesem Alter sprechen häufig über Geister oder Menschen in ihren Zimmern, über furchterregende Monster oder kleine unsichtbare Freunde. Das hat nichts mit einer psychologischen Störung zu tun, sondern ist vielmehr eine Reaktion auf die tatsächlich vorhandenen Energien und die Art und Weise, wie sich diese dem Kinde darstellen. Und diese Energien werden Ausdrucksformen und Verwurzelungstiefe der Angst im Kind – häufig für den Rest seines Lebens – bestimmen. Wenn also ein Kind davon spricht, daß es jemanden in seinem Zimmer gesehen hat oder einen kleinen Spielgefährten besitzt, sollten wir das Kind nicht so behandeln, als ob es sich nicht in der rechten Weise an die »reale« Welt anzupassen weiß, als ob irgend etwas nicht mit dem Kinde stimmte. Vielmehr müssen wir dem Kind gestatten, alles auszusprechen und auszudrücken, was es bewegt – damit es sich davon befreien kann. Solche Berichte spiegeln nicht etwa Phantasieprodukte oder Vorstellungen des Kindes wider, sondern sie stellen tatsächlich vorhandene Energien dar, welche das Kind aufnimmt, weil es noch unfähig ist, sich gegenüber der Astraldimension zu verschließen. Wir werden dieses Phänomen übrigens immer öfter beobachten können, daß Kinder Energieformen anderer Ebenen wahrnehmen. Das hängt nach meiner Einsicht vor allem mit den Laser-Experimenten unserer Wissenschaftler und unserer Militärs zusammen, welche die dreidimensionalen Grenzen zwischen den üblichen physischen Energien und »darüber liegenden« astralen Energien aufbrechen. Dadurch »bluten« diese Dimensionen auf unsere Ebene herein. Wir sind deshalb in der Situation, daß wir sie beobachten, erforschen und darauf reagieren *müssen.*

Ungeheuer, von denen Kinder träumen, können sich in besitzergreifende Energien verwandeln. Nicht das Monster selbst ist notwendigerweise ein »Wesen«, das vom Kind »Besitz ergreift«; sondern die das Monster begleitende oder von ihm ausgelöste Energie bohrt ein Loch durch die Schutzmembrane des kindlichen Bewußtseins, so daß eine Tür entsteht, ein verletzlicher Fleck, durch welchen später weitere, andere astrale Energien hineinsickern können. Wenn das Kind in den späteren Monaten und Jahren eine ganze Reihe von emotional belastenden Situationen im Kreise der Familie miterlebt, verstärken sich astrale Gefühls- und Gedankenformen, die früher oder später über die einmal geschaffene Öffnung hineindrängen.

Wenn wir über Besessenheitsphänomene sprechen, müssen wir uns klarwerden, daß wir häufig eine quasi personalisierte Vorstellung davon haben, die nicht gerechtfertigt ist. Wir denken vielleicht an irgendein Wesen, das um uns herumkraucht, unaussprechliche Handlungen ausführt und uns schließlich an der Kehle packt. Besitzergreifende Energien sind aber in Wahrheit fast immer höchst subtile Schwingungen, die auf verborgene Weise unsere Wahrnehmung der Wirklichkeit beeinflussen und beeinträchtigen. Wir werden üblicherweise nicht von irgendwelchen schwarzen Ungeheuern oder Teufeln »besessen«, sondern stehen vielmehr unter dem Einfluß ganz intimer, angenehmer Einflüsterungen, vermeintlich liebevoller kleiner Stimmen in uns. Wir bedienen uns so oft irgendwelcher Strafaktionen, um unsere Kinder zu kontrollieren und zu sozialisieren. Damit prägen wir dem Kind ein, daß es hilflos und praktisch ohnmächtig ist, wir prägen es mit einem negativen Selbstbild. Diese Negativität schafft genau jenen Schwingungszustand, der astrale Gefühls- und Gedankenformen anzieht. Die astralen Energien präsentieren sich dem Kind als leise flüsternde Stimmen, welche die Furcht des Kindes, ein »schlechtes« Kind zu sein, oder für irgend etwas zur Verantwortung gezogen und bestraft zu werden, nur verstärken.

Eindrücke aus der Umwelt

Aussagen von Kindern, die vermeintlich nur Phantasieprodukte beschreiben, sind gerade deshalb so ernst zu nehmen, weil sich durch diese Schilderungen Bilder ausdrücken, die mit astralen Energien zu tun haben. Wenn wir also zuhören, das Kind darin bestärken, noch mehr von sich zu erzählen, und ihm dann helfen, diese Bilder und Szenarien als abgeschlossen loszulassen, können wir ihm wirklich helfen. Deshalb ja auch der Vorschlag, das Energiefeld oder die Aura des Kindes zu streicheln und zu harmonisieren. Kinder denken bis zum Alter von ungefähr 12 Jahren nicht in der linearen, »rationalen« Weise wie Erwachsene. Sie denken nicht analog des Beta-Zustandes des Gehirns, sondern sind mehr an Gedankenformen gewöhnt, die der Alpha-Schwingung des Gehirns entsprechen. Allerdings verschiebt sich die Altersgrenze von früher circa 12 Jahren jetzt immer mehr in Richtung auf 10 Jahre. Das heißt, daß wir zum Beispiel auf Reisen mit Kindern bis 10 oder 12 Jahren auch darauf achten sollten, in welche Umgebung wir sie mitnehmen. Wenn wir intellektuell fasziniert werden von großartigen Gebäuden, Kirchen, Museen, Burgen und Schlössern, von Kulturereignissen oder Massenveranstaltungen, sollten wir uns daran erinnern, daß unsere Kinder von negativen astralen Energien umgeben sind, gegen die sie häufig genug keinen richtigen Schutz haben. Die emotionalen und psychischen Energien, die von solchen Gebäuden oder Veranstaltungen ausstrahlen, wirken auf den Emotionalkörper des Kindes noch unmittelbarer ein als auf uns. Wenn ein Kind dann zum Beispiel in einem alten Haus sagt, daß es Menschen weinen hört oder Blut sieht o. ä., dann sollten wir dem Kind nicht den Mund verbieten, sondern ihm bewußt helfen, auszudrücken, was es empfindet, um sich dadurch davon zu befreien. Und wir können das Kind auch auffordern, sich zu überlegen, welche Farbe den entsprechenden geographischen Ort heilen würde oder in welcher Farbe das Gebäude angestrichen werden sollte, um wieder in Harmonie zu kommen. Damit bekommt das Kind ein ganz praktisches Hilfsmittel in die Hand, um sich aktiv und positiv mit den gefühlsmäßig erfaßten Energien so auseinanderzusetzen, daß sie »abfließen« können, ohne neue negative Prägungen zu bewirken.

Die Sucht nach Angst

Noch einige Gedanken zu besitzergreifenden Energien aus der Umwelt. Wenn der Körper in Angst und Schrecken versetzt wird, wenn es einen plötzlichen Schock für die Nervenzellen des Solarplexus gibt, wenn das autonome Nervensystem mit Kampf- oder Fluchtimpulsen reagiert, dann kommt es zu einer plötzlichen Freisetzung von Adrenalin, zu einer Art »Elektroschock« innerhalb des Körpers, der wiederum einen ungeheuren Einfluß auf die Blutchemie des Gehirns ausübt. Dieser Schock für den Körper wirkt regelrecht süchtig machend, so daß wir, wenn wir nach und nach älter werden, die Umstände immer wieder herstellen oder uns solche Situationen aussuchen, welche die gleiche Stimulation mit sich bringen. Es ist für den Körper fast eine orgasmische Erfahrung. Wenn das Adrenalin durch unser System schießt, spürt unser System, daß es lebendig ist, es wacht aus einem betäubten Schlafzustand auf, und der Körper liebt diese Art von Erfahrung. Deshalb ist der Emotionalkörper stets darauf aus, diese Erlebnisse zu wiederholen. Und deshalb auch ziehen wir kontinuierlich negative Energien an. Angst ist die schlimmste Sucht des Emotionalkörpers – überall auf der Welt macht es uns immer wieder Spaß, uns mit irgendwelchen Ungeheuern, Buhmännern und dunklen Kräften Angst zu machen. Wir können dies bei Kindern beobachten: wenn sie 7 oder 8 oder 9 sind, im Stadium des »primitiven Menschen«, wollen sie Schauergeschichten hören, veranstalten sie Übernachtungsparties und erzählen sich gegenseitig alle möglichen furchterregenden Geschichten. Sie probieren aus, ob sie sich gegenseitig das Fürchten lehren können. Sie lieben es, Angst vor der Dunkelheit zu haben, sie stimulieren buchstäblich ihre Körper, damit sie kleine elektrische Angstwellen erfahren.

Musik-Videos, Horrorfilme, Fernsehberichte über Gewalt übernehmen für Erwachsene dieselbe Funktion. Wir sind in unserem Alltagsleben derart stumpf geworden, wir haben bereits so viel von unserer angeborenen Sensibilität und Sensibilität verloren, daß wir glauben, uns nur noch durch schwere Schocks aus unseren geistigen Gefängnissen befreien zu können. Die ständige Vertiefung von Schuldprojektionen, Vorurteilen und Selbstgerechtigkeit läßt uns danach hungern, daß irgend etwas außer Kontrolle gerät. Wir bemühen uns so intensiv um Kontrolle und Beherrschung unseres Lebens, daß wir auch einmal die Kontrolle verlieren wollen, daß wir auch einmal mit übermächtigen, unkontrollierbaren Energien von außen konfrontiert werden wollen. Auf diese Weise wollen wir das Unaussprechliche erfahren, so wollen wir erleben, was wir uns selbst normalerweise nicht zugestehen würden. Dies ist auch einer der Gründe, warum wir uns mit Alkohol betrinken, Drogen nehmen, lebensgefährliche Sportarten betreiben.

Und es ist auch der Grund, warum wir uns die Partner auswählen, die uns den größten Schock versetzen, die uns am meisten verletzen werden. Das Massenphänomen sadistischen Verhaltens unter Menschen geht auf dasselbe Konto. Wir lieben dieses Thema, wir machen Witze darüber, lachen und spielen damit – und sind damit auf ständig neue Weise mit dem alten Thema Angst beschäftigt. Irgendwo tief in uns spüren wir, daß ein Körnchen Wahrheit an der Geschichte vom Schwarzen Mann ist, und so haben häufig auch Erwachsene Angst, in einen dunklen Raum einzutreten. Sie befürchten nicht, daß irgendein anderer Mensch dort drin sei, sondern sie denken unbewußt an etwas Ungreifbares, Schwarzes. Wenn wir uns Inhalte und Darstellungsweisen der angeblichen »Unterhaltungs«-Themen in den Massenmedien anschauen, stellen wir fest, daß wir uns immer wieder aufs neue mit negativen astralen Energien vollpumpen. So können wir die Gefühle natürlich nicht heilen. Die ständige Wiederholung von Angstszenarien hilft uns nicht, unser Leben zu transformieren. Wir finden zwar Freude daran, aber die Freude ist eine verklemmte Freude, die einem negativen Raum in uns entspringt. Es ist ja nicht nur einfach Zerstreuung oder Ablenkung, wenn wir uns Horrorfilme, Musik-Videos, Psychodramen usw. ansehen. Wir lieben regelrecht den immer schnelleren Wechsel von Bildern, Stimmungen, Klängen. Der sich immer stärker aufpeitschende Rhythmus von Eindrücken, bis schließlich nur noch Fetzen zu erkennen und zu verstehen sind, entspricht unserer Eigenschwingung auf der Ebene des Emotionalkörpers – die eben auch von diffusen, unbestimmten, aber dennoch hochgeputschten Impulsen von Anziehung und Abstoßung, Liebe und Haß, Wut und Angst bestimmt ist. Rock-Konzerte zum Beispiel, wenn die Musik einen ohrenbetäubenden Lärmpegel erreicht hat, bewirken die Unterdrückung der normalen, alltäglichen Bewußtseinsprozesse und öffnen die Menschen für Eindrücke des Unbewußten, aber auch für Invasionen astraler Energieimpulse. Da wir die Rock-Konzerte als Musikdarbietungen zunächst einmal klar einordnen können, fühlen wir uns dort sicher, uns ansonsten unerklärlichen Gefühlsreaktionen und Verhaltensweisen zu überlassen. Es wirkt wie ein Karneval, der ja auch seine Ursache und Berechtigung besitzt. Ich möchte immer wieder darauf hinweisen: solange wir unseren Emotionalkörper nicht klären, solange wir uns aus den süchtig machenden Verstrickungen und Verhaftungen des Emotionalkörpers nicht befreien, werden wir immer wieder die unglückliche Liebe, die tragische Krankheit oder die unerklärliche Angst aussuchen, die uns erlauben, unsere Energieprozesse auszuleben, ohne uns mit unseren höchsten spirituellen Dimensionen auseinanderzusetzen.

Sprechen als Hilfe

Es soll hier versucht werden, typische Entwicklungsstadien in der Auseinandersetzung mit besitzergreifenden astralen Energien zu skizzieren. Üblicherweise reagieren Eltern, Familie und Umwelt auf kleine Kinder, die ihre Beobachtungen von Geistern und Elfen oder auch von formlosen Energien schildern, mit Unglauben, Ablehnung, und indem sie sich darüber lustig machen. Nach kurzer Zeit wird das Kind aufhören, über seine Empfindungen zu sprechen, weil es feststellen muß, daß es nicht ernst genommen wird. Und dann bleibt das Kind in diesem schrecklichen Niemandsland schweigender Ungeheuer, blitzender Lichter, eigenartiger Klänge oder sonstiger fremder Eindrücke, über die es sich nicht mehr zu sprechen traut. Damit entsteht ein Nährboden für eine vage Angst, die wir in unser Erwachsenenleben unbewußt übernehmen. Diese unbestimmte Angst hat kein Gesicht, sie ist nicht an definierten einzelnen Erinnerungen festgemacht und löst dennoch physiologisch spürbare Empfindungen aus. Wenn das Kind heranwächst, hat es vielleicht weniger oft Bauchschmerzen, aber nur deshalb, weil es seine Sensibilität betäubt oder verdrängt hat. Die Gesichtslosigkeit, die Formlosigkeit von Angst löst – wenn wir uns damit zu beschäftigen suchen – häufig noch mehr Angst aus. Wenn wir erkennen könnten, wovor wir Angst haben, hätten wir die Auflösung der Angst schon halbwegs geschafft! Wenn wir ihre Quelle aber nicht feststellen können, verstärken wir sie womöglich noch. Deshalb ist die Arbeit im Light-Institute so hilfreich: wir geben dem Bewußtsein der Menschen, die hierherkommen, die Gelegenheit, sich an jene Szenarien zu erinnern, sich in die Umstände und Situationen wieder einzulassen, die zur Ansammlung von Angstmomenten geführt haben. Und dann ereignet sich das, was wir auch bei Kleinkindern beobachten können: die bewußte Beschäftigung mit den Ursachen vermag die unbewußte karmische Bindung an sie aufzulösen.

Kinder um die 4 oder 5 Jahre entwickeln häufig intuitive Fähigkeiten, wie zum Beispiel das Vorauswissen um den Tod von Familienangehörigen. Sie beginnen sich mit dem Tod zu beschäftigen, weil sie mehr und mehr wahrnehmen, daß ihre Umwelt darüber spricht; zumeist natürlich voller Angst. Nicht nur besonders begabte Kinder entwickeln eine unglaubliche Intuition, sondern auch sog. Durchschnittskinder. 4- oder 5jährige malen zum Beispiel Bilder, welche eine Aura oder einen Regenbogen um Menschen zeigen. In der einen oder anderen Weise bringen sie die Energien zum Ausdruck, welche von den gemalten Menschen oder Tieren oder Gegenständen ausgehen. Sicher können sich viele Leser daran erinnern, daß, wenn sie oder ein anderer Erwachsener einmal krank oder traurig waren, das Kind plötzlich herankam, seine Hand auf den Körper des kranken oder traurigen Menschen legte und mit liebevoller Zärtlichkeit Trost zusprach. Dies ist nicht nur ein Ausdruck der Reinheit eines Kindes, das Liebe ausstrahlt, sondern auch ein Hinweis auf das innere Wissen des Kindes um den wahren Zustand von Menschen. Und mancher wird schon erlebt haben, daß ein Kind seine Familie durch Voraussagen verschreckte, daß die Großmutter oder der Großvater sterben wird. Und wenn sie damit recht behielten, schuf das nur noch mehr Unbehagen, und die Eltern ermahnten das Kind wahrscheinlich, nie wieder solche Dinge zu sagen. Mit der erneuten Abwendung von inneren Ebenen geht wiederum eine Verstärkung einer zeitlosen

Angst einher. Der Tod stellt dann etwas Unaussprechliches dar, er wird »tabu«.

So verschließen wir uns als Kinder immer mehr, wir vernachlässigen und verdrängen unsere Fähigkeiten, die Aura zu sehen, elektromagnetische Schwingungen wahrzunehmen, mediale Erfahrungen zu machen, und wenn wir 6 oder 7 sind und zur Schule gehen, sind wir noch weniger bereit, von unseren Mitschülern ausgelacht zu werden, wenn wir über irgendwelche »eigenartigen« Wahrnehmungen sprechen würden. In den ersten Schuljahren findet die fast endgültige Verschließung unseres Bewußtseins vor diesen Dimensionen statt. In diesem Alter gesteht sich das Kind noch nicht einmal mehr gegenüber sich selbst ein, daß es die Anwesenheit von unsichtbaren Wesen spürt oder Gedanken telepathisch erfaßt. Die Flut von Informationen, Wissen und Weisheit, die das Geburtsrecht jedes Menschen ist und die einen wahren Schatz an Licht für die ganze Welt darstellt, verliert ihre »Kanäle«, verliert ihre »Himmelsfenster«, verliert ihre Berührungspunkte, durch die sie bis dahin aus den geistigen Ebenen in den physischen Körper und ins dreidimensionale Bewußtsein transponiert werden konnte. Damit bleibt diese Energie im Emotionalkörper gefangen und führt zu einer Stagnation oder zu einem Ungleichgewicht, was sich wiederum als diffuse Angst im Bewußtsein des Erwachsenen bemerkbar macht.

Spirituelle Entwicklung als Hilfe

Die von der Psychologie beschriebenen Entwicklungsstadien fallen zusammen mit tieferliegenden spirituellen Prozessen. Zwischen 7 und 9 oder 10 Jahren befinden sich die Kinder in einem Wandlungszustand, der die nicht ausgelebte psychische, spirituelle und ätherische Energie in physische Energie transformiert. Das Kind entfaltet neue Talente, es läuft, springt, stürzt sich in alle möglichen Formen von sportlichen Wettkämpfen und nimmt eine Imponierhaltung oder ein Imponiergehabe an, wie wir es aus der Entwicklung des primitiven Menschen vorsteinzeitlicher Epochen kennen. Der körperliche Ausdruck angestauter Kräfte hat natürlich eine Ventilfunktion. In unseren Schulen geben wir ja keine Rollenmodelle oder Lebensvorbilder, die sich auf spirituelle Wirklichkeiten beziehen. In manchen Schulen wird am Morgen ein Gebet gesprochen, aber das reicht nicht hin, daß sich das Kind in seinen geistigen Anlagen darin erkennt.

Ich will an dieser Stelle darauf deshalb näher eingehen, weil sich vielleicht manche Leser durch die Erörterung an eigene ähnliche Erfahrungen erinnern. Und diese Erinnerung kann als ein Impuls dienen, Verbindung zum kleinen Mädchen oder zum kleinen Jungen in sich aufzunehmen, zu erfassen, wie und wann die intuitive Erkenntnis anderer Wirklichkeiten und Dimensionen verschlossen wurde, und so zu einer der Ursachen heutiger Angst vorzustoßen. Unser linearer Verstand der Erwachsenenwelt sagt uns: Ich habe Angst, weil ich vielleicht nicht genug Geld verdiene; ich habe Angst, daß ich keinen Erfolg in der Welt habe; ich habe Angst, ob ich jemals Kinder bekommen werde; ich habe Angst um meine Kinder, ich habe Angst, nicht geliebt zu werden... Wir isolieren die Angst und projizieren sie in vermeintlich rationale Gründe. Dabei übersehen wir, wie der Faden, der uns mit unserer Multidimensionalität und unserer eigenen inneren göttlichen Kraft verbindet, in unserem Erleben als Kind getrennt wurde.

Wenn wir nun zurückgehen und diesen spirituellen Faden wieder aufnehmen und damit zurückfinden zu unserer Multidimensionalität, zu unserem holographischen Bewußtsein, werden wir uns aus dem Erleben einer neuen Ganzheitlichkeit von isolierten und rationalisierten Ängsten lösen können. Ich muß leider sagen, daß die übliche Psychologie nicht ausreicht, Angst zu erklären, noch viel weniger, sie zu beseitigen. Psychologie dreht sich immer um das Ich, das Ego-Selbst in dieser Welt – das Thema Angst betrifft aber eine rein spirituelle Dimension, nämlich das göttliche Selbst, das sich in dieser Welt nicht schöpferisch zum Ausdruck bringen kann. Die Trennung unseres Ichs, unseres Ego-Selbst vom göttlichen Selbst verursacht unsere Angst.

Wir sind damit natürlich wieder beim Ausgangspunkt, der Entstehung von Zorn oder Wut oder Bitterkeit und Angst. Ich habe mit Hunderten von Menschen gearbeitet, die sehr geliebt werden, die außerordentlich erfolgreich sind, die viel Geld besitzen, und dennoch sind sie von Angst erfüllt. Der Grund: sie haben sich noch nicht mit den universellen Themen wie Geburt, Tod und Gott auseinandergesetzt. Wir müssen also zurückgehen und diesen Faden aufnehmen, nicht aus einer psychologischen Perspektive, nicht aus einer soziologischen Perspektive, sondern auf spiritueller Grundlage. Mir liegt sehr viel daran, daß klar zum Ausdruck kommt, wie sich der Kreis immer wieder schließt, wenn wir die Themen und Probleme und Entwicklungschancen aus geistiger Perspektive betrachten. Die wirkungsvollsten und schrecklichsten besitzergreifenden Energien sind nicht irgendwelche dunklen Wesen, die einen Menschen veranlassen, sich in den Tod zu stürzen o. ä. Vielmehr sind die besitzergreifenden, besessen machenden Energien sehr subtil und oft nur schwer zu entdecken; es sind Gedankenformen und Gefühlseindrücke, die sich gar nicht direkt als besitzergreifende Energien zu erkennen geben. Wir finden sie in den rationalisierten Motivationen, die uns vorwärtstreiben, vorwärts zu mehr »Sicherheit«, zu größerem Respekt, zu einem besseren sozialen Status, mehr Liebesbeweisen aus der Umwelt, usf. Dahinter steckt fast immer eine Angst, die sich in den genannten und sicher auch noch vielen anderen Motivationen wirkungsvoll verkleidet. Es handelt sich dabei um die Spitze eines Eisbergs besitzergreifender Energien.

Wir tragen astrale Schwingungen, die uns regelrecht besessen machen, von einem Leben zum andern, bis wir schließlich die entsprechenden Themen des Emotionalkörpers klären, uns von den besitzergreifenden Energien befreien. Das heißt, daß der Emotionalkörper bereits Prägungen vergangener astraler Besessenheit mitbringt. Ich gehe auch deswegen auf diese Dinge so ein, weil ich bislang fast noch nie einen Menschen in einer Sitzung gehabt habe, der nicht zu irgendeinem Zeitpunkt besitzergreifende Energien festgestellt und sich davon gelöst hat. Wir müssen uns also von der Vorstellung verabschieden, daß nur schwer gestörte Menschen, Personen mit Neurosen oder Psychosen »besessen« sind. Jeder ist »besessen«, wenn wir Besessenheit als innere Umweltverschmutzung durch astrale Energien definieren! Wir brauchen nur an die bewußte und unbewußte Infiltration durch Massenmedien, Fernsehen und Filme zu denken. Und dazu kommt noch die buchstäbliche Veränderung unseres dreidimensionalen Raums auf diesem

Planeten durch wissenschaftliche und militärische Experimente. Wenn wir Angst, die Entstehung von Angst und die Beseitigung von Angst, aus diesem Blickwinkel betrachten, werden wir auf Anhieb, auch intuitiv, erfassen, wie wir uns von Angst lösen können. Die Übung, Licht oben aufzunehmen und als Licht oder Energie durch den Solarplexus wieder auszusenden, kann in diesem Zusammenhang nur erneut empfohlen werden. Auf diese Weise nehmen wir nicht Angstschwingung von irgend jemand anderem über unser Nabelzentrum auf, sondern senden selbst Energie aus. Wir befinden uns ja ständig in einem Wechselstrom astraler Partikel, Gedankenformen, Gefühle. Unsere Empfänglichkeit dafür und die Gefahr unserer großen Verletzlichkeit beruhen auf der Selbsttäuschung, überlebensunfähig zu sein. Wir haben im Regelfall die bewußte Verbindung zu unserer ewigen göttlichen Kraft verloren oder getrennt.

Klärung des Emotionalkörpers

Einerseits gilt es also, keine neuen astralen, besitzergreifenden, »besessen« machenden Energien anzuziehen und in sich aufzunehmen. Andererseits müssen wir unseren Emotionalkörper von bereits vorhandenen Angstprägungen befreien. Die bewußte Verbindung mit unserem Höheren Selbst ist der wichtigste praktische Schritt dazu. Manche der im Übungskapitel kurz angesprochenen Hilfen sind dafür auch sehr nützlich – die Drehung um sich selbst, der Energiestrom durch das Nabelzentrum nach außen, die »Achter-Übung«. Wenn wir beginnen, den Mechanismus astraler Energieprozesse zu verstehen und seine Wirkung auf unseren Emotionalkörper, dann werden wir auch beginnen festzustellen, in welchem Umfang wir selbst von besitzergreifenden Energien beeinflußt werden.

Der Wirkungskreis läßt sich kurz so beschreiben: Wir stellen fest, daß wir irrationale Lebensentscheidungen treffen; diese irrationalen Entscheidungen werden von biochemischen Vorgängen im Gehirn gesteuert; diese wiederum werden vom Emotionalkörper kontrolliert; der Emotionalkörper erhält Impulse über die Nervensysteme des Solarplexus; der Energiezustand unseres Solarplexus bestimmt, wie wir die Welt wahrnehmen; ob wir etwas als gefährlich oder erfreulich betrachten, wird komplett von den Themen beherrscht, die im Repertoire des Emotionalkörpers gespeichert sind: also muß auf jeden Fall der Emotionalkörper so geklärt werden, daß er Licht, Ekstase, Freude und schöpferische Manifestation als erlebbare Wirklichkeiten erfährt. Der Emotionalkörper muß erfahren, daß unser Sein ein göttliches Hologramm darstellt, das sich in pulsierender Interaktion mit der Schöpferkraft und der ganzen Schöpfung befindet. Angst kann anders nicht aufgelöst werden – Angst kann nicht durch intellektuelles Verstehen beseitigt werden. Auch die Psychologie ist bisher nicht in der Lage gewesen, Angst aufzulösen. Wir können uns von Angst nur dann lösen, wenn wir beginnen, unseren Körper von Schlacken, Fremdeinflüssen und Prägungen zu befreien, die nicht unserem Wesen entsprechen. An anderer Stelle haben wir bereits diskutiert, wie sich Männliches und Weibliches bislang noch nicht verbinden konnten, weil wir noch keinen bewußten Kontakt zu den vielen männlichen und weiblichen Aspekten des eigenen Seins aufgenommen haben. Solange wir nicht erfahren, daß in uns sowohl Mörder wie Opfer, sowohl Kranker wie Heiler stecken, werden wir immer auf irgendeine Weise Angst spüren. Solange wir nicht erkennen, *wer wir sind,* gibt es Angst.

Die Antworten, *alle* Antworten, liegen im Nicht-Manifestierten, im Formlosen verborgen. Wir erleben eine geistige Wiedergeburt und neue spirituelle Weisheit als Ausdruck einer Wendezeit, die uns den Zugang zu unseren spirituellen Körpern eröffnet. Es ist an der Zeit, daß wir uns und andere zu heilen beginnen, es ist an der Zeit, daß wir die Sehnsucht nach spiritueller Einheit zu erfüllen suchen, es ist an der Zeit, daß wir uns von den Ablagerungen und Bedrückungen früherer Erfahrungen, in diesem und in früheren Leben, lösen, die unserem Evolutionsprozeß nicht mehr länger dienlich sein können.

Die Ansichten und Einsichten über die Entwicklung von Kindern basieren bekanntlich nicht nur auf irgendwelchen Allgemeinkenntnissen, sondern auf meiner eigenen Erfahrung als Mutter von 6 Kindern. Darüber hinaus leitete ich eine Sommerschule für Kinder hier in Galisteo. Und aus der Zeit im Peace Corps habe ich auch viele Erfahrungen mit Kindern in anderen Ländern gesammelt. Die Menschen in den lateinamerikanischen Ländern kamen zu mir, erzählten mir von ihren Mythen, von ihrer Angst, sie sprachen über den Schwarzen Mann und dunkle Wesen usf. Aus diesen umfangreichen, auch interkulturellen Erfahrungen entsprang auch die Vision, eine Schule zu gründen, die vor allem auch die spirituelle Seite des Menschen ohne jedes konfessionelle Dogma entwikkelt.

Zusammenhänge zwischen sexuellen und spirituellen Energien

So wie das dritte Lebensjahr einen besonderen Wendepunkt markiert, gilt auch das siebente Lebensjahr als eine besondere Schwelle, und danach die Zeit kurz vor der Pubertät, also das elfte oder zwölfte Lebensjahr. Wie wir zunächst die Geburt aus den verschmolzenen Zellen in das Leben außerhalb der Mutter erleben, erfahren wir im Stadium kurz vor der Pubertät die »Geburt«, die Wandlung des Kindes in den reifen Körper. Die Hauptdrüsen wie die Hirnanhang- und die Zirbeldrüse werden erneut aktiviert. Während sie in der Kleinkindzeit als Kanäle für unsere Intuition, für psychische, mediale und spirituelle Kräfte und die Fähigkeit, holographisch wahrzunehmen und Kontakt zum Höheren Bewußtsein zu halten, dienten, fungieren sie nun als Auslöser von Wachstums- und sexuellen Energien. Wir können dabei übrigens die Verbindung zwischen spirituellen und sexuellen Kräften feststellen. Geistige Energien bedürfen und benutzen sexuelle Kräfte, um aus und mit Energie Materie zu schaffen. So wie in der Empfängnis die geschlechtliche Interaktion, der sexuelle Austausch den Körper schafft, löst nun die verstärkte Ausschüttung von Hormonen, die von den beiden Drüsen gesteuert wird, die Entwicklung der Geschlechtsorgane aus und darüber hinaus natürlich eine tiefgreifende emotionale Transformation. Wieder befindet sich der junge Mensch in einem Zustand, in dem er für vielschichtige Energieprozesse empfänglich ist, in dem er verletzlich ist. Die komplexe Interaktion körperlicher, gefühlsmäßiger, intuitiver, rationaler und geistiger Kräfte wird noch bewußter, noch pointierter wahrgenommen. In dieser Zeit der Öffnung für spirituelle Dimensionen ist es besonders wesentlich, daß die schöpferischen Energien erneut verankert werden.

Und so ähnlich, wie wir das 3jährige Kind schelten, weil es vermeintlich Phantasien erzählt, wie das 7jährige Kind von seinen Altersgenossen ausgelacht wird, wenn es über fremdartige Erfahrungen erzählt, mißverstehen wir oft genug Sexualität im jungen Menschen und versuchen, den Ausdruck der sich entwickelnden schöpferischen Kräfte zu beschränken oder zu verdrängen. Das ist natürlich kaum möglich – die bekannten Auseinandersetzungen, besonders während der Hauptzeit der Pubertät, sind die Folge. Und leider führt das Gefühl der jungen Menschen, von ihrer Familie oder in der Schule nicht verstanden zu werden, auch immer wieder zu Selbstmorden. Der Emotionalkörper in den 11–12jährigen ist so offen, sie sind so liebevoll, sie lassen sich ganz in den Schwung ihrer neugewonnenen Standpunkte ein, sie entwickeln ein neues Ich-Bewußtsein in der Welt. Da wir den Ausdruck dieser schöpferischen, und wie gesagt letztlich sexuellen Kräfte häufig genug nicht respektieren, machen sich die unterdrückten Energien einige Jahre später in regelrechter Feindseligkeit und Rebellion gegen die Erwachsenenwelt Luft. In den Teenager-Jahren beginnt die Kundalini-Kraft, die »Shakti«, emporzusteigen, um in der Zirbeldrüse verankert zu werden. Die schöpferische Energie steigt auf, stimuliert die spirituelle Kraft – jene wunderbare reine Lebensenergie im Körper – auf der physiologischen Ebene, und die jungen Menschen finden keinen Raum und keine Ausdrucksmöglichkeit, um sie schöpferisch anzuwenden. So schlägt sich diese aufsteigende Kraft in zunehmend jüngeren Jahren in sexueller Betätigung nieder. Und die Worte sind hier so verwendet, wie sie lauten: die Energie schlägt sich nieder! Damit wird die großartige Shakti-Kraft, die verjüngen kann, die zu heilen vermag, die den unbewußten Strom der Zellen von der Geburt bis zum Tod zu transformieren in der Lage ist, vertan – die Chance, sie zur Entwicklung neuer Bewußtseinsoktaven und eines ganzheitlichen Lebens zu nutzen, verstreicht.

Auch in einem 5jährigen Kind vibriert die sexuelle Energie in sehr machtvoller Weise in jeder Zelle des Körpers. Aber sie schwingt in einer ungerichteten Weise, so daß die Aura des jungen Menschen zwar voller sexueller Kraft ist, aber sie eher wie eine elektrische, tanzende, kinetische Energie wirkt. Wenn diese Energie im Rahmen des Pulsschlages der Evolution erneut zum Ausdruck kommt, ist sie mehr zielgerichtet. In der Zeit der Pubertät entwickeln sich die Kraftzentren oder Chakras, die vitale Lebenskraft der Shakti steigt auf, Zirbel- und Hirnanhangdrüse bestimmen die Entwicklung des geschlechtlichen Reifeprozesses, usf. Da wir aber die Chance, die in den niedrigeren Chakras sich zunächst entwickelnde Shakti oder sexuelle Energie wirklich zur Bewußtseinserweiterung auf höheren Ebenen zu nutzen, nicht verstehen und ergreifen, strahlt diese Energie erneut durch die Zellen aus, aber auf direktere Weise. Wir können zum Beispiel feststellen, daß sog. Poltergeist-Phänomene vorzugsweise dort auftreten, wo in der Pubertät befindliche Jugendliche zugegen sind. Die besitzergreifende astrale Energie der sog. Poltergeist- oder Spukphänomene verbindet sich mit der nach außen drängenden Shakti-Kraft des Teenagers. Das führt zu den oft beschriebenen Vorkommnissen, daß Glasschüsseln zerbrechen, Bilder von den Wänden fallen, Glühbirnen zerplatzen, nur weil ein bestimmter junger Mensch einen Raum betritt. Eine wie umherirrende Astralkraft benutzt den Körper des Teenagers als Vehikel, das durch seine eigene Transformation dafür sehr offen ist, um sich in unkontrollierten kinetischen Bewegungen niederzuschlagen. Es braucht also einer gezielten Aufklärung und Hilfe für junge Menschen, damit sie die aufsteigende sexuelle Energie in der rechten Weise nutzen können. Sonst kann es geschehen, daß sie wieder versiegt, was die heilerischen, intuitiven und medialen Fähigkeiten angeht – und nie wieder emporsteigt.

Ich hatte das »Glück«, daß in meiner Jugend ein Mensch auf den Plan trat, der mir half, mit diesen Kräften in der rechten Weise umzugehen. Wir müssen den Jugendlichen zu verstehen geben, daß sie in Ordnung sind, daß alles mit ihnen stimmt, daß diese sexuelle Energie ein Geschenk darstellt, daß sie diese Kraft benutzen können, um sich neue Ausdrucksmöglichkeiten zu schaffen, neue Kanäle, durch welche ein größerer Lebensstrom von Liebe und Licht fließen kann. Wenn wir solchermaßen auf die Jugendlichen zugehen, werden sie zu kraftvollen Führern der Zukunft. Erneut möchte ich vorschlagen, daß sich der Leser daran zu erinnern versucht, wann und auf welche Weise seine sexuelle Energie emporstieg, wie er und seine Familie damit umgingen, wann und warum sie wieder unterdrückt oder verdrängt wurde.

7.
Heilung durch schöpferische Phantasie

Das Kind in uns

Eine der größten praktischen Hilfen zur Bewußtseinserweiterung, zumindest in den Anfangsstufen, ist das Kind in uns. Das Kind in uns verfügt noch über eine holographische Wahrnehmungsweise und sowohl die Fähigkeit wie die Freude, sich in neue Erfahrungen, in andere Dimensionen, auf Abenteuer einzulassen. Das Kind vermag sich noch seelisch, psychisch und körperlich ohne die Einschränkungen des vermeintlich klaren Urteils, dies sei »real« und jenes sei »irreal«, frei zu bewegen. Das Kind in uns fühlt sich nicht vom Raum-Zeit-Kontinuum beschränkt. In den letzten 20 Jahren sind bestimmte sog. Bewußtseinsdrogen sehr populär geworden, sie haben einen wichtigen Stellenwert für die Entwicklung eingenommen. Dies soll nur als Tatsache festgehalten werden – wir unterstützen Drogen in gar keiner Weise! Viele, vor allem junge Menschen haben aber zu Bewußtseinsdrogen gegriffen, um die Schranken ihres Mental- und ihres Emotionalkörpers zu durchbrechen. Dieser Trend spiegelt den Drang in großen Teilen der Menschheit wider, ahnungsvolle Erinnerungen an multidimensionales bewußtes Sein zu einer Alltagserfahrung werden zu lassen. In kindlichen Phantasien, unter dem Einfluß mancher Drogen sowie natürlich in der Meditation, aber auch zum Beispiel bei bestimmten Formen des Sufi-Tanzes, pulsieren die beiden Gehirnhälften synchron zueinander: erst das erlaubt eine wirklich umfassende Erfahrung innerhalb und außerhalb des Menschen, bei der weder die rationale, analytische Denkweise vorherrscht, noch die intuitive, emotionale Wahrnehmungsweise.

Trotz wichtiger naturwissenschaftlicher Erkenntnisse, die geradezu einen Durchbruch bedeuten, sind wir uns der Bedeutung unserer eigenen Wahrnehmung für die Gestaltung unserer Wirklichkeit häufig noch nicht genügend bewußt. Führende Wissenschaftler haben inzwischen bewiesen, daß es einen unauflösbaren Zusammenhang zwischen der Wahrnehmungsweise des Forschers und der von ihm untersuchten Wirklichkeit gibt. Die Art und Weise der Wahrnehmung bestimmt und bedingt nachgerade, welche Aspekte der Wirklichkeit erfaßt und wie sie erlebt und interpretiert werden können. Diese gegenseitige Abhängigkeit zwischen Betrachter, Objekt und Betrachtungsweise ist den Meditationslehren, vor allem jenen des Ostens, natürlich seit Jahrtausenden bekannt. Und wenn wir uns einmal anschauen, mit welchen »Methoden« und mit welchen Interessen wir die Wirklichkeit wahrnehmen, so mag uns das Ergebnis durchaus erschrecken. Wann gestatten wir es uns selbst, über Wunder zu »phantasieren«?

Kinder sollten ermutigt und unterstützt werden darin, phantasievoll hinauszuspüren und sich vorzustellen, eine Blume zu schaffen. Der lineare, kontrollierende, begrenzte Verstand findet es bequem, darüber zu denken: »Na ja, das sind ja nur Phantasien.« Das Gehirn ist indes ein wundervoller Computer, der alle Phantasien als wirklich registriert. Jede Phantasie bringt eine bestimmte Energie mit sich. Diese Energie entwickelt eine Eigendynamik, die unser Leben verändert. Die Frage ist, ob wir unser Leben verändern wollen. Was würde geschehen, wenn wir die »Phantasie« zuließen, daß wir großartige Lichtwesen sind? Wir können dies ja jetzt, gleich in diesem Augenblick ausprobieren; wir können das Buch für eine Zeitlang aus der Hand legen und uns einfach vorstellen, daß wir Lichtwesen sind, daß in uns Licht entspringt und nach außen strahlt, daß wir von Licht durchflutet werden, vielleicht von einem weichen, schimmernden, goldenen oder silbernen oder weißen Licht. Und wir mögen dann einfach beobachten, ob und wie sich unser Lebensgefühl verändert, wenn wir uns darauf einlassen, daß wir Lichtwesen sind, daß wir uns durch die Welt, durch das Leben, durch Geburt und Tod, durch viele Dimensionen als bewußte Lichtwesen bewegen können.

In Wahrheit können wir uns ja nichts vorstellen, was nicht bereits Teil unseres Bewußtseinsrepertoires ist. Wenn jemand also die »Phantasie« entwickelt, ein geflügeltes Wesen zu sein oder durch die Lüfte fliegen zu können oder jemanden durch seine Berührung zu heilen, so ist dies aus meiner Sicht ein Hinweis darauf, daß diese Fähigkeiten der Person wirklich zu eigen sind. Das Ursprungsmaterial sozusagen, daß dieser Phantasie zugrunde liegt, ist Teil ihres multidimensionalen Bewußtseins. Jeder entwickelt in bezug auf ein und dasselbe Thema ganz verschiedene Vorstellungen und Bilder. Diese Bilder sind, aus meiner Perspektive, Spiegelungen eigener Erfahrungen aus anderen Leben, anderen Zeiten, anderen Ebenen.

Ich möchte einen Unterschied machen zwischen solchen schöpferischen Phantasien und einer bloßen Tagträumerei. Tagträume ziehen unsere Energien ab, sie ermüden und erschöpfen uns. Das Merkmal von Tagträumereien ist, daß wir versuchen, unserer Realität zu entfliehen, ohne sie wirklich verändern zu wollen! Tagträume sind eine emotionale Reaktion auf das Gefühl, daß man das eigene Leben, die jeweiligen Umstände oder die Umwelt oder auch sich selbst einfach nicht mehr aushalten kann. Also läßt man sich treiben in Vorstellungen, wie zum Beispiel einem Lottogewinn aus heiterem Himmel oder die Befreiung vom Partner durch dessen plötzlichen Tod usw., und verliert dadurch Lebenskraft.

Wirkungsvolle Phantasie

Wenn wir uns schöpferischen Phantasien widmen, strömt indes Energie in uns ein, wir werden wacher, bewußter, klarer. Schöpferische Phantasien können wir benutzen, um unserem Leben einen tieferen und weiteren Sinn zu geben. Auch der Emotionalkörper bleibt von der Beschäftigung mit schöpferischen Phantasien nicht unbeeinflußt – er empfängt neue Prägungen einer höheren Schwingung. Bislang gelingt es dem Emotionalkörper fast immer wieder, aufgrund seiner langsamen, »klebrigen« und negativen Schwingungen die Manifestation schöpferischer Kräfte zu verhindern oder zu entstellen. Wir haben im Emotionalkörper Ängste gespeichert vor Reaktionen auf »wunderbare« Handlungen, wie Blinde wieder sehend zu machen, Tote aufzuerwecken, großartige Monumente durch Gedankenkraft zu errichten oder in irgendeiner anderen Weise unsere Kreativität auszudrücken. In diesem Zusammenhang ist es ja ganz amüsant, sich klarzumachen, daß Wunder zwar als Maßstab der göttlichen Begnadung entscheidender Religionsführer galten und gelten, sie aber oft genug als Teufelswerk denunziert werden, wenn »Normalmenschen« sie entdecken, mit ihnen arbeiten, sie anwenden. Wenn nun der Emotionalkörper die Chance erhält, durch schöpferische Phantasie mit einer höheren Bewußtseinsebene in Verbindung zu treten, so wird seine Eigenfrequenz ebenfalls erhöht, und er kann nach und nach beglükkende, ekstatische, kreative Seinserfahrungen speichern, die ihn mehr und mehr zum hilfreichen Instrument und nicht zum blockierenden Zensor unserer Selbstentfaltung werden lassen. Der Emotionalkörper entwickelt mit der Zeit einen eigenen Hunger nach neuen, höheren Erfahrungen und kann sich dadurch von der Verschlackung mit Wut, Angst, Selbstgerechtigkeit und Negativität befreien.

Es gibt verschiedene Wege, sich wieder mit dem Kind in einem selbst zu verbinden. Im Light-Institute stellen wir die erste Verbindung in der ersten Sitzung her. Diese erste Sitzung heißt »Emotional Body Balancing Session«. Wir können auch in einer einfachen Meditation nach innen spüren, uns selbst im Inneren auffordern, daß wir uns erinnern an irgendeine Zeit, in der wir uns als Kind frei, beschwingt, phantasievoll und vor allem völlig offen fühlten. Und wir können dieses Kind in uns wieder entstehen lassen, uns auf seine Art und Weise, mit dem Leben umzugehen, einlassen; wir können uns vor allem wieder darauf einstellen, welche Ideale, welche Talente und Gaben wir als Kind in uns spürten. Was wollte ich als Kind in dieser Welt tun? Wir alle haben einen bestimmten Sinn, den wir erfüllen können. Sei es, daß wir Liebe ausstrahlen, daß wir wunderschöne Musik spielen, anderen helfen, Brot bakken, an Gebäuden oder Projekten mitbauen usf. Geistige Orientierung, Spiritualität ist unser Geburtsrecht. Man könnte hinzufügen, unser Geburtsauftrag! Es spielt keine Rolle, an welchem Platz im Leben wir im Moment stehen. Es kommt nur darauf an, daß wir in uns selbst eine Vision entwickeln (oder uns auch nur daran erinnern!), wie wir unser Leben erfüllt, ganz, heil – also holographisch – leben.

Das Kind in uns wird uns schon zeigen, was es möchte, was es zu tun liebt. Ich sehe zum Beispiel, wie das kleine Mädchen in mir gerne Menschen berührt, wie es Blumen schafft, wie es Tote auferweckt und in die Himmel fliegt. Da ich diese Phantasien damals nicht verdrängt habe und sie später auch wieder entdeckte, konnten sich Energieprozesse entwickeln, welche die Schwingung dieser schöpferischen Phantasien nach und nach verwirklichen. Als kleines Mädchen sah ich mich in einem »Adobe«-Haus, welches sehr dem ähnelte, in dem ich heute lebe. Ich wußte damals nicht, was die Adobe-Bauweise ist – eine Architektur, die für Neu Mexiko typisch ist und in Lehmziegeln mit Lehmverputz besteht. Ich sah mich damals nur in diesem komischen kleinen braunen Haus, Menschen gingen hinein und heraus, ich lachte und berührte sie, und ich konnte miterleben, wie sie sich veränderten.

Wenn ich über schöpferische Phantasien spreche oder über Visionen oder Klarträume, geht es immer um eine bewußte Bilderwelt, die etwas mit dem Sinn des Lebens zu tun hat und die durch ihre hohe Energieschwingung in der Lage ist, den Emotionalkörper zu beleben und zu verändern. Es geht darum, Aspekte des Lebensplans direkt zu sehen. Was ist das, was du weißt, was du kannst, was du geben möchtest und geben sollst? Irgendwo in mir weiß ich, wie ich Menschen glücklich werden lassen kann, und das möchte ich auch. Allein der Gedanke daran bringt Tränen in meine Augen und macht mich ekstatisch. Dieses Wissen läßt mich erkennen, daß ich hierher gehöre. Wir alle müssen herausfinden, warum wir hier sind und was wir hier zu tun haben. Wir verschwenden so viel Zeit damit, an der Begrenzung dieser irdischen Dimension zu leiden. 90% unserer Energie verwenden wir üblicherweise darauf, aus dieser Welt auszutreten, uns davon zu lösen. Wir betäuben uns mit Fernsehen oder Drogen, mit Alkohol oder Ambitionen. Wenn wir uns nach innen wenden und das Höhere Selbst oder auch das Kind in uns auffordern, uns in freudiger Weise zu zeigen, was wir nicht zu erhoffen wagen, würden wir unmittelbar von einem Glücksstrom durchflutet: so viel Sinn, so viele Talente und Gaben in uns warten nur darauf, manifestiert zu werden. Das Geheimnis von Glück und Glücklichsein heißt Geben – eine altbekannte Erfahrung. Ein weiteres Geheimnis von Glück und Glücklichsein besteht aber auch darin zu spüren, daß man hier in diese Welt, in diese Zeit, in dieses Leben, in dieses »Schicksal« gehört! Es geht immer wieder um dasselbe Thema: darum, mehr als nur 10% unserer Gehirnfähigkeiten einzusetzen, uns mehr als nur der dreidimensionalen Bewußtseinsebene zu öffnen, uns direkt vom schöpferischen Fluß der göttlichen Kräfte erfassen zu lassen und unsere Kräfte hier und jetzt zu manifestieren und zu leben.

Unsere Aufgabe besteht nicht darin, uns in Höhlen zurückzuziehen, um dort in weltfremder Meditation den irdischen Beschränkungen zu entfliehen oder uns, leidensgeschwächt, mit körperlichen oder mentalen Betäubungsmitteln fast die Besinnung rauben zu lassen, sondern darin, mit unserem ganzen Wesen, mit unserem ganzen Sein und all unseren Fähigkeiten *hier und jetzt* in diesem Körper, in dieser Dimension, schöpferisch zu werden.

Das Abenteuer Leben

Ein Beispiel: Wie viele Jahrhunderte lang hat man als bloße Phantasterei abgetan, daß es anderes intelligentes Leben irgendwo sonst, außerhalb der Erde, unabhängig vom Menschen, geben könnte. Und heute weiß jeder, der darüber nachdenkt, daß allein schon nach dem Gesetz der Wahrscheinlichkeit unter den Milliarden und Billionen Sonnen mit ihren jeweiligen Planetensystemen intelligentes Leben existiert. Darüber hinaus gibt es inzwischen auch genügend handfeste Hinweise dafür, daß wir selbst auf dieser Erde in historischer Zeit von Lebensformen aus dem Universum besucht wurden. Wenn wir uns auf diese »Phantasie« wirklich einlassen, verändert sich damit unsere gesamte Weltanschauung. Eine mögliche Reaktion besteht im Rückfall in das Kampf- oder Fluchtsyndrom. Der Emotionalkörper geht dann also davon aus, daß uns die Außerirdischen bedrohen. Die Alternative ist, außerirdisches Leben als Bereicherung für das eigene Bewußtsein zu betrachten. Dann lassen wir uns von den geistigen und technologischen Perspektiven neu für unser Leben hier auf der Erde inspirieren. Unser Leben wird dann automatisch zu einem großen Abenteuer.

Was wir bislang erleben, ist nicht alles, was erlebbar ist. Die Welt ist voller Abenteuer, Abenteuer, die weit über die Grenzen unseres Planeten hinausreichen. Einer der Gründe, warum vor allem junge Leute häufig so depressiv sind, ist der Mangel an Möglichkeiten zu echten Abenteuern. Die Erforschung außerirdischen Seins, die Kontaktaufnahme mit intelligenten Wesen von anderen Planeten und aus anderen Räumen, die Hoffnung, unser Bewußtsein auszudehnen, weit hinaus ins Universum: das sind Abenteuer, die manchem vielleicht noch als Phantasien erscheinen und die für andere doch bereits Wirklichkeit geworden sind.

Das Zeitalter der Entdeckung der Erde scheint vorüber. Nun warten neue Abenteuer auf uns – draußen im Weltraum, aber genauso natürlich auch in der Entdeckung der Innenräume. Die Entdeckung neuer Außen- und Innenräume wird zu einer Massenbewegung, es ist eine evolutionäre Bewegung. Die Menschheit kann im jetzigen Zustand der Beschränkung und bei der heutigen schneckenhaften Bewußtseinsentwicklung nicht überleben. Also müssen wir neue Räume erschließen. Und mit der Entdeckung neuer Räume, sowohl außen wie innen, verändert sich natürlich unsere Wirklichkeit. Mit unserer Technologie haben wir ein ungeheures Monster mit Halbwertzeiten von 20000 oder 50000 Jahren entwickelt, das unserer Kontrolle entglitten ist. Wir sind wie die Zauberlehrlinge, die nun entweder geradezu einen Quantensprung in unserer Bewußtseinsentwicklung machen müssen oder die sich sonst selbst ausgelöscht haben werden. Ein anderer Bereich einer monsterhaften, unbeherrschbaren Technologie ist die Gen-Manipulation. Bewußtsein hat immer wieder neue Lebensformen geschaffen. Die Natur bringt immer wieder neue Mutationen hervor, entweder evolutionär oder abrupt. Auch der inzwischen bereits herrschende Grad der radioaktiven Strahlung wird Einfluß auf Lebensformen haben, und wir Menschen sind davon nicht ausgenommen. Es ist also keineswegs so überraschend, daß man überall in der Welt beginnt, mit dem genetischen Code herumzuexperimentieren. Leider wird die meiste Forschungsarbeit mit genetischen Manipulationen aber aus Erinnerungen an andere Zeiten gespeist, als das Bewußtsein nicht genügend weit entwickelt war, um zu verstehen, welches Potential damit verbunden ist, aber auch welche Verantwortlichkeit.

Es gibt hier eine Parallele zur Entwicklung in Atlantis. Auch damals haben sich Menschen von den aufregenden Perspektiven und Verheißungen bestimmter Experimente verführen lassen. Das an sich geschlechtslose, androgyne Wesen Mensch manipulierte die genetischen Codes, um sich in männlich und weiblich zu spalten. Diese Spaltung führte dann – natürlich unvorhergesehen – zu Psycho- und Egospielen, die bald darauf zum blutigen Ernst des Geschlechterkampfes, der Geschlechterunterdrückung und des Ringens um Vorherrschaften gerannen. Wir haben uns mit der Atomkernspaltung in das Experiment mit der radioaktiven Kraft hineinbegeben und damit ein Monster geschaffen, das nicht mehr unserer Kontrolle unterliegt. Und die sich immer stärker ausweitenden genetischen Experimente wachsen sich möglicherweise zu einer neuen vielköpfigen Hydra aus. Wir haben nichts aus der Geschichte gelernt, weil der lineare Verstand die Wirklichkeit nicht begreift und sie im übrigen auch nicht verändern kann. Unsere Chance liegt indes darin, daß wir über die Er-innerung auf der Ebene des Emotionalkörpers – also durch das Eintauchen in frühere Leben und andere Dimensionen, durch das Gewahrwerden der Prägungen und ihrer Anlässe: des Machtstrebens und der daraus resultierenden »Schuld« im Rahmen des Täter-Opfer-Syndroms – nun endlich die fundamentalen Energieströme und Verhaltensmuster und Lebensprozesse so erkennen und uns davon wirklich lösen können, daß wir frei werden für höhere Schwingungen von Liebe, Harmonie, Glück, Ekstase. Es geht immer wieder um eine Wende im Bewußtsein, die nicht rational erdacht, sondern auf allen Ebenen des menschlichen Seins wirklich erfahren und vollzogen wird.

Wir haben uns zu Mitspielern eines gigantischen und manchmal auch irrsinnigen kosmischen Witzes gemacht. In meinen Vorträgen und Seminaren frage ich bisweilen, wie viele Teilnehmer schon einmal gespürt haben zu schweben, wer schon einmal den Körper verlassen und ihn sich von oben betrachtet hat, wer Astralreisen unternommen oder auch Ufos gesehen hat. Und unter 300 oder 800 Leuten heben mehr als die Hälfte ihre Hände, und ein weiteres Drittel traut sich nur noch nicht, solche Erlebnisse auch öffentlich zu bekunden. Für mich ist das immer ein Zeichen, daß viele Menschen multidimensionale Erfahrungen haben, sie aber noch nicht in eine Gesamtschau einfügen können. Daß man so etwas erlebt, bedeutet nicht, daß man verrückt ist. Es heißt auch nicht, daß irgend etwas nicht stimmt. Es bedeutet lediglich, daß es eine Wahrheit gibt, die über das körperliche Bewußtsein hinausgeht.

Der Gegner soll gewinnen

Einen sehr persönlichen Bezug bekommt jeder neue Bewußtseinsansatz, wenn er mit der eigenen Person, mit Partnern, Eltern und Kindern verbunden ist. Eine kleine praktische Bewußtseinsübung besteht zum Beispiel darin, bei irgendeinem beliebigen Sportereignis für das »gegnerische« Team zu applaudieren, zu fühlen und es gewinnen lassen zu wollen. Wenn wir, noch wirksamer ist das in einem Stadion, wirklich einmal beginnen, nicht für »unser«, sondern eben für das »andere« Team Stellung zu beziehen, werden wir merken, wie wir von einer Energiewelle erfaßt werden, die uns genauso belebt und trägt wie die vorherige Identifikation für »unser« Team. Diese Bewußtseinsübung läßt sich leicht übertragen auf »Parteinahme« für Amerikaner und Sowjets, Nord und Süd, Christentum, Islam und Buddhismus, Weiß und Schwarz, etc. Wir werden bemerken, daß es uns mehr darum geht, an einen Energiestrom angeschlossen zu sein und eine bestimmte Freude zu empfinden, als uns nur rein sachlich mit der einen oder anderen Thematik oder diesem oder jenem Standpunkt zu identifizieren. Wenn wir diese Bewußtseinsübung auf viele Felder ausdehnen, auch innerhalb der Partnerschaft und der Familie, wird das, was ich »Positionalität« nenne, wie von selbst vergehen. Unsere Positionen, Urteile und Vorurteile, unsere Selbstgerechtigkeit lösen sich auf, wenn wir feststellen, daß wir mit genau so viel Spaß und Recht und Identifikationsmöglichkeit sowohl den einen wie den anderen und noch weitere Standpunkte dazu einnehmen können.

Der kleine Tod, den unser Ego bei solchen Übungen erleidet, macht uns freier für den Strom kosmischen Lichts und göttlichen

Bewußtseins. Wenn wir uns kleinen und großen Toden einfach hingeben, uns in sie einlassen und ihnen nicht widerstreben, erfahren wir sie in leichter Weise als einen Durchgang zu einer neuen Wiedergeburt. Wir verlieren also unsere Identität mit der Aufgabe des blauen Teams, weil wir nun dem roten Team applaudieren – aber im gleichen Moment können wir – wenn wir bewußt und wach bleiben – erfassen, daß es eine Einheit jenseits aller Teams gibt. Wenn allerdings ein »Übertritt« von einer Sache zu einer anderen lediglich der Verfestigung und Verstärkung unserer Selbstgerechtigkeit dient, wie es bisweilen bei Konvertiten zu beobachten ist, dann verspielen wir die Chance eines solchen Bewußtseinswandels. Wir kennen solchen Bewußtseinswandel natürlich vor allem aus unseren intimen Beziehungen. Wenn wir uns zurückgestoßen fühlen vom Partner, allein gelassen, ungeliebt – dann werden wir immer wieder in Gedanken die Gründe hin und her wälzen, Rachegelüste empfinden usf. Wenn aber ein neuer Liebhaber auf die Bühne tritt, sind wir schnell dabei, die vorher so verwünschte Loslösung nun als Glück und Geschenk zu betrachten und vielleicht dem früheren Partner auch noch gute Wünsche zu senden. Was wir für wahr und unwahr, für gut und schlecht halten, hängt total von unserer emotionalen Perspektive ab. Diese gefühlsmäßige Polung ist im Emotionalkörper verankert und geht von ihm aus: deshalb eben müssen wir den Emotionalkörper für höhere, reinere und lichtvollere Schwingungen öffnen.

Eine unserer Lektionen besteht darin, daß wir aus der Illusion herauskommen, wir seien hier als kleine, unwichtige und armselige Wesen auf diesem Planeten, die immer nur um ihr Überleben kämpfen. Wir müssen die Multidimensionalität unseres Bewußtseins kultivieren, deren Erfahrung es dem Emotionalkörper erlaubt, sich selbst ohne Kampf zu heilen! Die Heilung der Gefühle vollzieht sich durch Erleben von Glück und Bewußtheit. Sie vollzieht sich also durch eine besondere Art der Emotion. Die negativen Gefühle des Zorns, der Angst, der Rache und der ohnmächtigen Erbitterung lassen sich kampflos auflösen, wenn wir unser Bewußtsein neuen Schwingungen und Oktaven öffnen. Und eine solche kleine Bewußtseinsübung, nämlich sich zeitweise und probehalber die Standpunkte und Energieprozesse der »Gegner« zu eigen zu machen, hilft dabei ungemein.

Wenn ich von Bewußtsein spreche, spreche ich nicht vom Intellekt, vom rationalen Verstand. Gefühle sind ähnlich wie Zeit eine Illusion. Die Illusion der Zeit ebenso wie die Illusion der Gefühle können bedrückend wirken oder – wenn wir sie als Illusionen erkennen – befreien. Es geht immer wieder um Ganzheitlichkeit, Ganzheit, holographisches Wahrnehmen, Erleben, Leben.

Verzicht auf Gefühle?

Stellen wir uns einfach einmal vor, was passierte, wenn wir unsere Gefühle wegließen: für viele Menschen möglicherweise eine Schreckensvorstellung. Es ist ganz amüsant für mich, die Erfahrungen des Light-Institutes zu betrachten. Häufig kommen sehr gefühlsbetonte Menschen hierher, die auch sehr sensibel und verletzlich sind. Und dann passiert es immer wieder, daß sie in den Sitzungen feststellen, daß ihr Ursprung, ihre Herkunft eine andere Realität oder ein anderer Planet ist, wo es keinen Emotionalkörper gibt. Sie stellen also fest, daß sie ursprünglich gar keine Gefühle, wie wir sie kennen, spürten. Und viele erkennen dann, daß das Thema ihrer Inkarnation auf der Erde darin besteht, Emotionen kennenzulernen, sich mit Polaritäten auseinanderzusetzen und durch die Entwicklung der Herzschwingung vermeintliche Gegensätze zu verbinden und zu verschmelzen – also eine neue Oktave der praktizierten Liebe als natürliche Qualität ihres multidimensionalen Bewußtseins zu erfassen. Es sind galaktische Wesen, Wesen aus den Tiefen des Alls, die hier auf diesen Planeten kommen, um bestimmte Erfahrungen zu machen und Lektionen zu lernen. Sie kämpfen so bemüht darum, menschlich zu werden und menschlich zu erscheinen, daß sie die Gefühle, die sie sich anzueignen versuchen, stark vertiefen oder auch vergröbern. Man kann das mit dem Versuch vergleichen, wenn man sich in einem fremden Land aufhält und krampfhaft darum bemüht, die Landessprache besonders gut zu sprechen. Solche Menschen möchten auf jeden Fall sicherstellen, daß alle um sie herum glauben, daß sie menschlich seien. Also setzen sie ihre Gefühle in Szene, sie dramatisieren. Und dann entdecken sie eines Tages, daß sie hier nur mit menschlichen Gefühlen gespielt haben. Wir *haben* Gefühle, wir *sind nicht* die Gefühle. Insofern sind Gefühle eine Illusion und ein großer kosmischer Witz. Wenn man sich einmal mit dieser Sicht der Dinge vertraut macht, kann man sogar in einem einzigen Augenblick alle emotionalen Verhaftungen verlieren und aus allen Gefühlsfallen herauskommen. Es ist dann, als ob man eine Maske abnimmt und sich im Spiegel so betrachtet, wie man wirklich ist.

Immer wieder erzählen Menschen, die ins Light-Institute kommen und sich vorher in gar keiner Weise mit esoterischen Fragen oder den Möglichkeiten außerirdischen Lebens beschäftigt haben, daß sie galaktischen Ursprungs sind. Sie beschreiben großartige Raumstationen und ein Netzwerk von Forschungsarbeiten im All, deren Zweck es ist, neues genetisches Ausgangsmaterial zu schaffen und diese »Samen« auf verschiedene Planeten in unterschiedlichen Galaxien zu verpflanzen, um die Entwicklung von Lebensformen aufgrund unterschiedlicher genetischer Informationen zu studieren. Dies ist ein Hinweis darauf, daß manche Schöpfungsmythen durchaus recht behalten können: eine außerirdische Intelligenz, also ein oder mehrere »höhere Wesen«, mögen die Schöpfung des Lebens auf dem Planeten Erde und auf anderen erst in Gang gebracht haben. Das liest sich dann so, daß ein Gott oder die Götter aus dem Himmel von ihrem Olymp herabgestiegen sind, um Leben auf Erden zu schaffen, um Lebensformen ihren Odem einzuhauchen oder auch, daß sich Götter und Gottgesandte mit Menschen sogar körperlich verbunden haben, um ein neues Menschengeschlecht zu schaffen. Mit unserem linearen Verstand können wir solche Dinge nicht nachvollziehen; unser vom linken Gehirnteil gesteuertes begrenztes Bewußtsein kann die Ganzheitlichkeit des Seins, das über die individuelle Form hinausgeht, nicht erfassen. Es bleibt in partikularen Gefühlsbewegungen, in intellektuellen Analogieschlüssen, in der Limitierung vermeintlicher Raum- und Zeitgrenzen stecken. Wale und Delphine dagegen »denken«, soweit wir wissen, holographisch. Auch in unseren genetischen Codes, auch in unserem Blut pulsiert und kreist das Wissen um und die Teilhabe an überirdischen Bewußtseinsdimensionen. Außerirdische Lebewesen mögen uns ein bißchen fremdartiger als Bäume und Pflanzen und Tiere und Insekten erscheinen, aber dennoch sind auch sie Teil der göttlichen Energie. Wir können im rechten Moment – allein durch absichtsvolle geistige Ausrichtung darauf – für diese neuen Bewußtseinsdimensionen erwachen. Dies bedeutet einen wirklichen Durchbruch. Es macht uns ja nicht weniger göttlich, wenn wir uns allen Formen, in denen sich die göttliche Energie ausdrückt, öffnen.

Frau sein, Mann sein, Mensch sein

Und wenn es um neue Bezugsrahmen geht, um neue Weltanschauungen, die uns helfen können, uns neu zu orientieren, kann man nicht oft genug auf die Probleme hinweisen, die sich mit unserer absoluten Identifikation als Mann oder Frau ergeben. Mann oder Frau zu sein, bedeutet für die meisten Menschen die Quelle von großer Verwirrung und Belastung. Und jene Menschen, die sich dadurch weder verwirrt noch belastet fühlen, sind zumeist jene, die in ihrem Mann- bzw. Frausein sehr verhärtet geworden sind. Transvestiten z. B. oder Homosexuelle versuchen, ihr Mann- oder Frausein aus einem anderen Leben jetzt fortzusetzen, ohne sich in ihre nun entgegengesetzte Geschlechtlichkeit hineinfinden zu können. Die Wünsche und Impulse der Eltern spielen dabei oft eine Rolle. Wie häufig haben wir schon Eltern während der Schwangerschaft sagen hören: »Wir wünschen uns so sehr, daß es ein Junge wird.« Muß ein Junge zuerst da sein? (Daß die Prioritäten auch einmal anders waren, zeigt uns der Roman »Die Nebel von Avalon« von Marion Zimmer-Bradley, deren mythische Erzählungen um die Fee Morgaine zu Zeiten des König-Artus-Themas durch die Forschungen des französischen Wissenschaftlers Jean Markale fast bis in alle Einzelheiten gestützt werden, nachzulesen in dessen Buch »Die keltische Frau«.) Erwartungen der Eltern können sich zu einem Trauma auswachsen, mit allen wohlbekannten Konsequenzen. Wenn wir außerhalb des Körpers sind, wenn wir uns auf Astralreisen begeben oder in höhere Dimensionen, spielt es praktisch keine Rolle mehr, ob wir hier auf der Erde einen weiblichen oder einen männlichen Körper haben.

Die erste embryonale Zelle ist sowohl männlich wie weiblich. Die Ausformung spezifischer Geschlechtsmerkmale erfolgt erst später. Ein Mädchen, dessen Eltern während der Schwangerschaft immerzu gewünscht haben, daß ihr Kind ein Junge sein möge, wird vielleicht ein Leben lang die emotionalen Prägungen mit sich herumschleppen, welche die Spannung zwischen dem Elternwunsch und dem eigenen Lebensplan ausgelöst hat. Allerdings: auch diese Spannung ist Teil des eigenen Lebensplans! Wir werden also immer wieder darauf stoßen, genau zu untersuchen, wie und warum wir unsere eigenen Lebenssituationen, unsere Probleme und Traumata ausgesucht haben – und indem wir uns der göttlichen Energie unseres Höheren Selbst öffnen und uns vom Höheren Selbst in die Dimensionen der Ursprünge und Ursachen zurückführen lassen, können wir die unbewußte Verhaftung an solche Prägungen lösen, wir können einen Teufelskreis durchbrechen.

Man begegnet übrigens nach unserer Erfahrung mehr Frauen als Männern, die lieber Vertreter des jeweils anderen Geschlechts wären. Spätestens mit der Pubertät werden diese Gefühlswirren akut. Das ist ja auch einer der Gründe, warum wir im Light-Institute ein besonderes Programm für Jugendliche durchführen. Sie können sich bereits in jungen Jahren mit ihrer jeweiligen Körperhaftigkeit aussöhnen und damit die Vorurteile über die Trennung der Geschlechter überwinden. Denken wir einfach an ein kleines Mädchen, das lieber ein Junge wäre, das lieber Jungenspiele mitmacht. Nun kommt das Mädchen in die Pubertät, entwickelt nicht nur eine gerundete Weiblichkeit, sondern vor allem feminine Gefühle. Diese stehen in völligem Gegensatz zu ihrem bisherigen Selbstbild. Oder ein Junge, der vor der Pubertät sanfte Musik und liebliche Farben mochte, und nun mit dem Hormonschub des Teenagers eine ruppige Aktivität entwickelt. Beide junge Menschen werden – aufgrund der selbst erlebten Wandlung und der damit einhergehenden Konfusion – der Umwelt und sich selbst mißtrauen. Die Einheitlichkeit des Selbstbildes wird erschüttert. Und die in der Pubertät gemachten Erfahrungen werden wiederum im Emotionalkörper eingelagert und wirken über die kommenden Jahrzehnte oder auch über kommende Leben hinweg. Wenn wir aber das Repertoire unseres Emotionalkörpers erweitern, von Anfang an, und sowohl zur männlichen wie zur weiblichen Energie eine natürliche

Einstellung und Umgangsweise entwickeln, brauchen wir nicht den Umweg unserer Entwicklung durch Leiden zu gehen. Dann kann das Mädchen sowohl seine Weiblichkeit leben wie auch aktiv an »männlichen« Lebensspielen teilnehmen, und der junge Mann kann sich auch synchron zur männlichen Ausdrucksweise gestatten, gefühlsmäßig offen zu sein, zu weinen, wenn ihm danach zumute ist, usf.

Die Erde lebt

Ein weiterer Bewußtseinsansatz, der für viele Menschen zunächst neu erscheint, ist die Einsicht, daß dieser Planet Erde als Ganzheit ein lebendiges Wesen darstellt. Um das zu erkennen, bedarf es erneut eines erweiterten Bewußtseins. Sobald wir unseren Emotionalkörper geklärt haben, öffnet sich das Bewußtsein für neue Dimensionen. Wir beginnen, die Gesetzmäßigkeiten zu erfassen, die mit der Entwicklung des göttlichen Funkens zu tun haben. Und diese Gesetzmäßigkeiten beziehen sich auch darauf, wie wir uns auf einzelne Teile der Schöpfung und die gesamte Schöpfung einlassen können. Menschen, die meditieren oder anderweitig ihr Bewußtsein entwickelt haben, machen zum Beispiel die Erfahrung, daß sie das Wesen eines Baumes unmittelbar erfassen können, daß sie mit Pflanzen sprechen können, daß sie zur Blume oder zum Fels werden können. Nach und nach vermögen wir zu erleben, daß wir ein lebendiger Bestandteil dieser Welt sind und daß die Erde selbst ein Spiegel oder Echo unseres kollektiven Unbewußten darstellt. Die Erde lebt – Gase, Mineralien, Wasser, Feuer, Luft, Erde: alles ist auch innerhalb unseres Körpers. Es ist eine der großen Menschheitsillusionen – neben unseren Illusionen über die Zeit, über unsere Emotionen, über unsere Herkunft und unser Ziel – zu glauben, daß Stoffliches kein Bewußtsein besitzt. Alles, was sich in Materie verdichtet, besitzt Bewußtsein! Eine Blume besitzt Bewußtsein, das Meer ist bewußt, der Wind hat Bewußtsein. Alte Menschheitskulturen vom Beginn der Zeitendämmerung an haben dies verstanden. Der »moderne« Mensch in seiner Linearität und Einseitigkeit und Verwirrung mag über eine solche Weltanschauung ironisch lächeln oder sie abtun. Aber, nachdem wir nun keinerlei technologische Lösung haben, wie wir mit den Konsequenzen des selbstgeschaffenen Monsters der Radioaktivität fertig werden sollen, werden wir uns in den Dialog mit der Erde zurückbegeben *müssen.*

Alles, was eine Form besitzt, ist auch Träger von Bewußtsein. Und man kann mit diesem Bewußtsein kommunizieren. Die Erde ist ein lebendiges Wesen, wir sind ein Teil davon. Die Erde ist ein kosmisches bewußtes Leben, und wir sind ein Teil ihrer Substanz und »Außenhaut«. Die Erde selbst befindet sich im Medium eines großen Alls. Sie hat Teil am kosmischen Strom des Universums, sie steht in Beziehung zu anderen Himmelskörpern, anderen »Zellen« des großen Alls. Wir haben uns – aus verschiedenen Gründen – dazu entschlossen, uns auf der Oberfläche dieser Zelle Erde zu entwickeln und zu entfalten. In dem Maße, in dem wir unsere gemeinsame Einheit, sozusagen unsere symbiotische Lebensform mit und auf der Erde, wahrnehmen, werden wir auch erspüren können, daß andere Himmelskörper, zum Beispiel Jupiter und Saturn usf., ebenfalls bewußte Wesen sind. Es ist schon ganz spaßig mitanzusehen, daß manche Menschen, auch Wissenschaftler, Leben auf von ihnen festgelegte Bedingungen einschränken wollen. Nur wenn diese oder jene Temperaturspanne eingehalten wird, nur wenn bestimmte Elemente vorhanden sind, nur wenn eine definierte Schwerkraft herrscht, soll Leben entstehen und erhalten werden können. Wer sagt aber, daß LEBEN und BEWUSSTES SEIN sich nach den selbst fabrizierten Gedankengrenzen und Wahrnehmungsmethoden mancher Vertreter der Spezies Mensch richten sollen?

Wie wollen wir prüfen, ob und wo Lichtwesen leben? Wie wollen wir feststellen, ob und wo es Erdgeister, Feen, Engel, Götter gibt? Wie wollen wir verbieten, daß sich die schöpferische Gotteskraft auch in völlig anderen Formen Ausdruck verleiht, als sie unserem begrenzten Verstand zugänglich sind? Wir haben ja bekanntlich noch nicht einmal 10% unserer eigenen Gehirnfähigkeiten erforscht. Und wenn wir den Quantensprung vollziehen von 10%iger Nutzung unserer Gehirnkapazität zu vielleicht 20%iger Nutzung, werden wir mit Sicherheit umwälzende Überraschungen erleben.

In tiefer Meditation, in hoher Ekstase, aber auch bereits bei »Rückführungen« und Bewußtseinsreisen in andere Dimensionen gibt es genügend Hinweise darauf, daß auch die anderen physischen und nichtphysischen Dimensionen von schöpferischer Kraft und Intelligenz erfüllt sind.

Die Menschheit als Ganzes sollte das tun, was wir oft als Kinder taten: wir haben verschiedene Kleider und verschiedene Mützen und Hüte ausprobiert, um uns selbst anders kennenzulernen, neu auszudrücken, um uns selbst zu erforschen.

Dieser Ansatz, durch eine bewußt neue, erweiterte Anschauung zu neuen Einsichten zu gelangen, ist uns ja aus der Wissenschaft durchaus vertraut, wenn neue Ansätze auch immer mit fürchterlicher Gegenwehr und Kampf verbunden waren. So ging Newton über das Mittelalter hinaus, Einstein über Newton, und wir werden natürlich auch über Einstein hinaus gelangen. Man kann dies ebenfalls zu einer kleinen praktischen Bewußtseinsübung machen: was passiert mit mir, wie fühle ich mich, wie denke ich, welche Dimension erfaßt mein Bewußtsein, wenn ich bestimmte althergebrachte Erklärungen, Denkmodelle und Strukturen zumindest zeitweise in Frage stelle, über Bord werfe, und völlig neue ausprobiere?

Wirklich schöpferische Geister auf allen Gebieten, sei es Kunst, Wissenschaft, Politik oder irgend etwas sonst, haben sich immer intuitiv auf den schöpferischen Impuls und die Ganzheitlichkeit ihres Bewußtseins eingestellt, um durch ihre jeweilige Kunst zu wirken. Manche Musiker, vor allem Komponisten, fühlen sich von Gott inspiriert, wie Brahms. Wissenschaftler erträumen manchmal Lösungen, auf die sie mit der Anwendung ihres linearen Verstandes sonst nicht gekommen wären – es gibt eine Fülle von Beispielen. Wenn wir uns ins Hologramm des Ganzen einlassen, beginnen wir, Symbole, Farben oder Energiemuster zu sehen oder zu spüren, die unsere alten Denkstrukturen aufbrechen können. Wir haben uns in der Art und Weise, mit unserem Gehirn umzugehen, in den letzten Jahrtausenden so sehr in eine Sackgasse begeben, wir sind so weit auf einem einzigen Ast der Evolution hinaus geklettert, daß nur noch eine beherzte Umkehr oder ein katastrophales Ereignis uns bewegen kann, wieder die Ganzheit zu leben.

Schöpferische Kraft durch Wandel

Dieses Buch zum Beispiel ist in unserer gemeinsamen Arbeit über fast ein Dreivierteljahr hindurch entstanden – zwischen mehreren Umzügen, beruflichen Veränderungen und intensivem Bewußtseinswandel. Wir haben selbst erlebt, wie man immer wieder den Versuch loslassen muß, sich und die Umwelt, bzw. in diesem Fall das Projekt, zu kontrollieren, wie man sich immer wieder dem Energiestrom öffnen muß, um durchlässig zu werden für die schöpferische Kraft. Die Entstehung dieses Buches war wahrscheinlich auch deshalb wenig »geradlinig«, weil es sich dabei um Gefühle handelt, um die Heilung der Gefühle, um die Entlarvung dunkler, dichter und negativer Schwingungen wie Angst und anderer Energien als eine Lebenslüge des Emotionalkörpers. Wir haben während dieser Zeit, im August 1987, die »Harmonic Convergence«, also die Weltharmonie-Tage miterlebt. Die Entwicklung der Menschheit muß sozusagen mehr in die Vertikale als in die Horizontale gehen. Wir müssen uns nach oben und nach innen öffnen, statt weiter zu versuchen, außen Kontrolle zu gewinnen. Und die eigene Erfahrung von äußerem und innerem Chaos, von ungeordneten, vermeintlich formlosen Bewußtseinsinhalten war und ist immer wieder notwendig, um wirklich gezwungen zu werden, Kontrolle aufzugeben. Erst dann, wenn wir die Kontrolle des Egos aufgeben mußten, kann sich das Formlose in einer neuen, schöneren, wundervolleren, lichterfüllteren Weise manifestieren. Freude, Glück und Ekstase stehen im Mittelpunkt dieser geistigen und körperlichen Ausrichtung. Die Botschaft der Energiespirale lautet, daß wir unzerstörbar sind. Wir sind Teil des großen kosmischen Orchesters, und wir werden sehr viel mehr Spaß an unserem Spiel haben, wenn wir uns bewußt darauf einlassen und unsere Rolle, unser Instrument, unsere Funktion annehmen, statt ihr zu widerstreben. Für uns bedeutet dies, daß nicht wir das Buch schreiben, sondern daß das Buch uns schreibt. Jeden Tag, an dem wir darüber gesprochen haben, hat sich irgend etwas in unserem eigenen Leben bewegt, das ins Buch einfloß. In diesen Wochen der Entstehung des Buches gestalteten sich mehrere kreative Momente, wie die Herausgabe des neuen Buches »Ecstasy Is A New Frequency« (erscheint in Deutsch 1989), meine Reise mit drei Kindern nach Moskau und der Besuch bei der Heilerin Dschuna, die Formulierung der Grundlagen für die Nizhoni-Schule für globales Bewußtsein, die Reise nach Deutschland und in die Schweiz zu Vortragsseminaren und vieles andere mehr. Aber all das kann sich natürlich nur dann ereignen, wenn wir aus dem Zustand von Angst, Zorn und Depression herausgekommen sind.

Nizhoni-Schule für globales Bewußtsein

Angst als Lüge zu entlarven, unsere Gefühle zu heilen, die Erde zu heilen: diese Impulse haben mich vom Höheren Selbst her dazu angestoßen, eine Schule zu gründen. Damit wird eine meiner schöpferischen Phantasien Wirklichkeit.

Wir sind eine globale Familie. Junge Menschen sollen die Gelegenheit erhalten, bewußt an der Gestaltung ihrer Innenwelt sowie der gemeinsamen Außenwelt teilzuhaben. Der Zweck der »Nizhoni-Schule für globales Bewußtsein«, die von 1988 an ihre Arbeit aufnehmen soll, besteht darin, daß bereits Jugendlichen der Zugang zum eigenen Höheren Selbst geöffnet wird. Es geht um Selbstverwirklichung, nicht um verstärkten Egoismus. Jungen Menschen soll gezeigt werden, wie sie den karmischen Tretmühlen entrinnen und statt dessen bewußt eigene Entscheidungen von der Seelenebene her treffen und in ihrer Umwelt manifestieren können. Sie sollen ihre Leben nicht damit verschwenden, Illusionen zu hegen wie, »ich muß geliebt werden«, »ich muß erfolgreich sein«, »ich muß Geld haben«, »ich muß Macht erlangen«, »ich muß Sex-Appeal besitzen« usf. Sie können statt dessen begreifen, daß sie auch in 12 oder 15 Jahre alten Körpern voll entwickelte Seelenwesen sind, die sich entschieden haben, genau in diesem Augenblick an einem globalen Geschehen teilzuhaben. Sie sollen erfahren, worin ihre Gabe besteht, die sie der Welt als Geschenk überreichen, damit sie sich von Vor-stellungen frei machen, die unser Leben üblicherweise beherrschen. Die Zukunft unserer Welt liegt ja nicht darin, daß junge Menschen nur aufwachsen, um zu heiraten, eine Arbeit anzunehmen und sich bis zum Tode durch immer wieder neue Schwierigkeiten hindurchkämpfen müssen.

Wir wollen in unserer neuen Schule jungen Menschen helfen, ihre eigene Multidimensionalität zu entdecken. Sie können erfahren, daß sie die geborenen Problemlöser sind, nicht die Opfer irgendwelcher lange vor ihrer Zeit und außerhalb ihrer Verantwortung festgelegter Katastrophenszenarien. Die Erfahrung im Light-Institute zeigen, daß jede Kontaktaufnahme von Kindern und Jugendlichen mit ihrem Höheren Selbst nicht nur ihnen tiefere Einblicke und ein neues Verhältnis zu Eltern und Geschwistern bringen, sondern daß auch ihre Familienangehörigen eine neue Beziehung zu ihnen entwickeln können. Der Zweck des Zusammenlebens in Familien liegt bekanntlich darin, sich gegenseitig zu helfen, von einer göttlichen Ebene, aus einer schöpferischen Quelle zu leben. Alle großen Erkenntnisse, alle profunden Weisheiten, alle wesentlichen Lehren, die der Menschheit dienen, wurden von Ebenen der Intuition und der schöpferischen Kraft empfangen.

Ich schlage damit nicht vor, daß die Kinder alleine entscheiden, was und wie sie lernen wollen. Solche Experimente sind bekanntlich zumeist fehlgeschlagen. Es geht mir vor allem darum, daß man die »Kontrakte«, die man mit anderen Seelen eingegangen ist, um sich und die Welt in dieser Zeit zu entwickeln, erkennt. Aus dem Erkennen dieser Verknüpfungen von Lebensplänen ergibt sich die Chance, karmische Verhaftungen zu lösen und offener zu werden für die innere geistige Führung. Daraus ergeben sich sowohl für Lehrer wie für Schüler neue Prioritäten, neue Sichtweisen, neue Ansätze, Probleme zu lösen und schöpferische Kraft frei zu manifestieren. Natürlich sollen Sprachen gelernt werden, sollen die Kinder auch einige Monate lang in andere Länder reisen, um andere Menschen, Rassen, Kulturen und Landschaften kennenzulernen, alles eben von einem globalen Standpunkt aus. Im Zentrum dieser Schule, die als Internat geführt werden soll, steht die Einsicht, daß spirituelle Selbsterfahrung und Selbstverwirklichung jeder freien, harmonischen und konstruktiven Mitarbeit auf der einen Erde, die wir alle zusammen besiedeln, vorausgehen.

Nizhoni ist ein Navajo-Wort, das »Weg der Schönheit« bedeutet. Es ist ein Wort, welches ein Leben in Harmonie, im Gleichgewicht, in Ganzheitlichkeit bezeichnet. Dieser Ansatz des holographischen Bewußtseins und Lebens ist auch die Grundlage für die Arbeit am Light-Institute. Holographisches Bewußtsein anerkennt alle Aspekte des menschlichen Seins und bedient sich aller Energieprozesse innerhalb einer großen pulsierenden Spirale, die in immer neue Dimensionen führt. Energien zu leugnen, sie zu unterdrücken, führt zu Angst. Angst ist die größte Krankheit auf diesem Planeten – Angst ist letztlich die einzige Krankheit auf dieser Erde.

Junge Menschen sollen die Chance erhalten, geistiges Verständnis der Welt zu entwickeln, damit sie ihre vitale Lebensenergie wirklich nutzen können. Sie sollen erkennen können, daß sie Talente und Gaben in sich erforschen können, die sie als Beitrag und Geschenk der Welt vermitteln können. Sie besitzen, genauso wie wir, in ihrem Wesen, in ihrer Molekularstruktur der physischen Körper eine Energie, welche die Welt verwandeln kann. Wir müssen sie also lehren, wie man diese Energie so nutzt, daß sie auch noch zur Verfügung steht, wenn sie 25 oder 35 sind. Sie sollen diese Kräfte nicht vorzeitig wegschließen oder verdrängen oder unterdrücken. Das Konzept der Schule beruht darauf, daß der junge Mensch zunächst – wie im Light-Institute – in Kontakt mit seinem Höheren Selbst kommt. So kann er sich als ganzheitliches Wesen erfassen und seine Energie in zielgerichteter Weise der Welt zuwenden. Der junge Mensch kann erkennen, daß er sich dazu selbst entschieden hat, zu dieser Zeit geboren zu werden, in diesen Entwicklungszyklus, und zwar als Problemlöser, nicht als »Opfer«. Die jungen Menschen sollen und können nicht erst Problemlöser werden, wenn sie »erwachsen« sind, nachdem sie alle möglichen Universitätsgrade erlangt haben, 40 und angepaßte Mitglieder der Gesellschaft sind.

Die jungen Leute sind bereits *heute* unsere wahren Problemlöser – selbst wenn sie 12 oder 16 sind dem Alter ihrer Körper nach, sind sie doch in ihren Seelen zeitlos. Die Jugendlichen sollen eine Chance erhalten, Zugang zu spirituellen Dimensionen zu erlangen, damit sie mit diesen geistigen Kräften helfen können, die Welt zu verändern. Nizhoni zielt auf Heilfähigkeiten, auf neue Formen der Kommunikation wie Telepathie o. ä., auf die Manifestation von Träumen und Visionen. Wir wollen unsere Visionen hier im dreidimensionalen Alltagsleben verwirklichen. Wir wollen uns auf die gemeinsame Basis eines kollektiven Bewußtseins ausrichten, auf

Überlebenstechniken, auf die Gesetze des Zusammenlebens in Harmonie – unterhalb der Menschen, mit Tieren, in der Natur. Wir wollen uns auch ganz praktisch mit globalen Themen beschäftigen, wie zum Beispiel Hunger und Dürre in manchen Teilen der Welt. (In unserem ersten Buch, »Zeit ist eine Illusion«, habe ich ja die Geschichte der Hopi-Prinzessin Christine erzählt, die in der Dürrezone des Sahels mit einem Hopi-Ritual Regen brachte.) Wir wollen uns auch mit den Energieprozessen beschäftigen, welche die Umweltbelastungen in anderen Teilen der Welt umkehren können. All dies ist eine Herausforderung unseres eigenen Selbst an uns selbst! Wir sind tatsächlich in der Lage, die Verstrahlungswerte auf der Erde zu verändern, wenn wir das großartige Potential göttlicher Kräfte anwenden, das uns Menschen zu eigen ist. *Wir* können die Welt transformieren, *wir* können die (selbstgeschaffenen) Probleme lösen. Junge Menschen sollen erkennen können, wie lebendig sie sind, sie müssen inspiriert werden, sich und ihren Beitrag anzunehmen. *Das ist* Ziel der »Nizhoni-Schule für globales Bewußtsein«.

8.
Bewußtsein und Wahrnehmung

Entwicklungsimpulse durch Konfrontation mit Grenzbereichen

Unser Bewußtsein bestimmt unsere Wahrnehmung. Unsere Vorstellungen bedingen unsere Wahrnehmungsfähigkeit. Solange wir die drei Dimensionen des Raums und die vierte der Zeit als den einzigen Bezugsrahmen unseres Lebens ansehen, bleiben wir darin gefangen. Wie können wir unsere Vor-stellungen ablegen? Wie können wir neue, weitere Bezugssysteme für unser Leben finden? Wie können wir die Multidimensionalität unseres Seins in ihrer ganzen Fülle erfahren? Am Anfang steht der altbekannte Spruch: Mensch, erkenne dich selbst. Wir müssen zunächst einmal erfassen, wer und was wir sind. Wir müssen uns dazu bekennen, eigene Verantwortung für unser Leben zu übernehmen – auf jedem Gebiet! Wir selbst können und müssen freie Entscheidungen treffen darüber, mit wem wir zusammen leben, mit wem wir zusammen arbeiten, wo und wie wir leben, in welchem Zustand unser Körper ist, welche Gefühle wir haben, welche Gedanken wir entwickeln, auf welche Weise wir uns über das Alltagsbewußtsein in die geistigen Dimensionen erheben. Ich weiß, daß manche Gedanken auf den folgenden Seiten manchen Lesern als völlig abwegig erscheinen werden. Aber nehmen wir sie nicht für »wahr«, sondern einmal nur als Anstoß, als Anregung, um noch offener für uns selbst zu werden. (Wer hätte sich vor 100 oder 80 Jahren Raumfahrt, Computer, Atombomben oder Laser vorstellen können?)

Bislang bedienen wir uns bei der Selbstfindung einer Technik, die uns von anderen abhängig macht. Wir suchen Selbstbestätigung und Identität durch und in anderen, wir benutzen die Außen- und Umwelt als Spiegel für uns selbst. Wir müssen und können aber jetzt damit beginnen, diese Gewohnheit zu durchbrechen, sie abzulegen und aktiv selbst zu erforschen und zu bestimmen, wer und was wir sein wollen. Wir sind Teilnehmer eines kosmischen Tanzes, den wir allerdings auch selbst orchestrieren und choreographieren können. Es ist uns möglich, nach und nach besser zu erkennen, mit welchen Energien wir es zu tun haben. Wir können erfassen, ob dieser Liebhaber uns schlußendlich zurückstoßen wird oder wir ihn verlassen werden – dann werden wir uns entscheiden können, diesen Menschen nicht als Partner auszusuchen! Wir befinden uns in einem großangelegten, zeitlosen göttlichen Spiel von Synchronizitäten, von gleichzeitigen Ereignissen und Abläufen, denen wir nicht etwas als fremdbeherrschte Opfer unterliegen, die wir nicht etwa als instinktiv getriebene Täter erleben, sondern in denen wir sowohl Drehbuchautor, Regisseur, Kameramann und Beleuchter, Hauptdarsteller und Komparse zugleich sind.

Gestehen wir uns ruhig ein, daß sich, zumindest in unserer Kindheit, ins uns besitzergreifende astrale Energien gesammelt haben. Erkennen wir die Rolle des Emotionalkörpers an. Und richten wir uns auf die Verbindung mit dem Höheren Selbst aus. Wir werden dann automatisch wiederkehrende Verhaltensmuster und Lebensentwürfe entdecken, denen wir bislang unbewußt gefolgt sind. Allein die Einsicht, daß wir in einer anderen Lebenszeit auch einmal einen andersgeschlechtlichen Körper gehabt haben, allein die schöpferische Vorstellung, wie es wäre, wenn wir jetzt einen andersgeschlechtlichen Körper bewohnen würden, kann bereits befreiende Wirkung ausüben. Und was geschieht mit uns, wenn wir einmal annehmen, daß unsere Heimat nicht die Erde sei?!

3jährige sagen vielleicht aus heiterem Himmel, daß sie hier nur zu Besuch von einem anderen Stern sind. Und wir tun solche Bemerkungen möglicherweise als pure Einbildung ab. Teenager fühlen intensiv, daß sie mit der Lebensqualität auf diesem Planeten, wie sie sich jetzt darstellt, nichts zu tun haben. Ein Kind deutet in der Nacht auf den sternenübersäten Himmel und sagt, daß es von dort oben stamme. Sehr viele Menschen, die Bewußtseinsarbeit im

Light-Institute ausführen, erleben Repertoires und Szenarien, die weit über das Erdenleben und auch über die menschliche Gestalt hinausgehen. Oft erfahren sogar Menschen, vor allem Männer, die sehr dem linearen Denken verhaftet sind, die sehr von der linken Gehirnhälfte bestimmt leben, die niemals irgendwelche Sience-fiction-Romane gelesen haben und das ganze Thema ziemlich abscheulich finden, daß sie sich auf anderen Planeten oder in Raumschiffen oder in Ufo-Stationen befinden, daß sie mit anderen Wesen zusammenarbeiten, die keine menschliche Gestalt tragen, usf. Ein Thema, das immer wieder auftaucht, ist eine große Raumstation, die etwas mit der wissenschaftlichen Erforschung und Veränderung genetischer Informationen zu tun hat. Danach sammeln Außerirdische genetisches Material von vielen verschiedenen Planeten aus unterschiedlichen Galaxien, kombinieren diese Materialien in unterschiedlicher Weise und »säen« sie auf wiederum andere Planeten. Diese Raumstation wird als etwa so groß wie unser Planet Erde beschrieben. Die Raumstation und die Arbeit darin ist so detailliert von so vielen Menschen unabhängig voneinander beschrieben worden, daß ich geneigt bin, davon auszugehen, daß wirklich etwas daran ist.

Auch in den Seminaren und Vorträgen passiert es mir immer wieder, daß mich Menschen mehr oder weniger scheu ansprechen, um mir über Besuche von Außerirdischen bei sich zu Hause oder über Astralreisen zu Außerirdischen zu berichten. Mein Eindruck ist dabei, daß es sich keineswegs um »Spinner« handelt, sondern um Menschen, die Erfahrungen machen jenseits des Alltagslebens und häufig nicht wissen, wie sie damit fertig werden sollen. Die Daten und Fakten von Ufo-Sichtungen sind so überwältigend, daß es ziemlich albern wäre, die Existenz von Ufos weiterhin zu bestreiten. Wie ich höre, hat Shirley McLaine vor kurzem in einem Interview den ehemaligen amerikanischen Präsidenten Jimmy Carter damit zitiert, daß er ihr bestätigt hat, von der Existenz von Ufos zu wissen!

Menschen, die einen außerirdischen oder galaktischen Ursprung haben, besitzen damit – wenn auch vielleicht unbewußt – ein weitaus größeres und fast grenzenloses Repertoire von Reaktionen und Potential von Kräften. Im Zusammenprall mit irdischen Begrenzungen ergeben sich daraus Verwirrung und Unzufriedenheit.

Viele nicht-irdische Wesen verfügen überhaupt nicht über einen Emotionalkörper, wie ihn die »Erdlinge« auf diesem Planeten besitzen! Sie interessieren sich für das Phänomen des Emotionalkörpers, für die Inkarnation auf diesem Planeten und besuchen die Erde. Dabei bemühen sie sich, den Mangel des Emotionalkörpers, der ihnen so fremd ist, durch Überreaktionen zu kompensieren. Sie schaffen sich eine großartige emotionale Maske, die sie allerdings schließlich selbst einfängt, so daß sie dann immer wieder auf diesem Planeten reinkarnieren. Anders ausgedrückt: sie bemühen sich, menschlich zu erscheinen, sich menschlich zu verhalten. Dabei lassen sie sich so intensiv in die Imitation unserer Gefühlsnatur ein, daß sie von den damit verbundenen astralen Energien eingefangen werden. Immer wieder kommen Menschen nach Galisteo, die im Alltagsleben in dramatische Situationen verwickelt zu sein scheinen. Und dann entdecken sie hier, daß sie ein galaktisches Wesen sind, dem der Emotionalkörper völlig fremd ist. Man kann diese Art der Übertragung von Energien mit einer religiösen Konversion vergleichen. Häufig werden die Konvertiten zu den schlimmsten Fanatikern. Die Einsicht in einen anderen als nur irdischen Ursprung kann sehr heilsame Wirkung entfalten. Wenn jemand in diesem Leben von einer Tragödie in die andere stolpert, von einer Gefühlsverirrung in die andere gezerrt wird und dann entdeckt, daß seine emotionalen Reaktionen Mechanismen darstellen, die nicht seinem Wesen entsprechen, so verändert dies das Leben vollständig.

Nicht alle außerirdischen Wesen bedienen sich nun der »Ufos« genannten Raumschiffe. Manche galaktischen Gesellschaften sind technologisch hoch entwickelt, andere bedienen sich rein geistiger Mittel. Es bedeutet einen Höhepunkt im Leben zu erfahren, daß man Kontakt mit anderen Dimensionen aufnehmen und sich in diesen Dimensionen wiederfinden kann. Die Öffnung des Herzens dabei ist überwältigend, es sind geradezu ekstatische Erlebnisse. Die Menschen, die dies erfahren, spüren auch körperliche Veränderungen, mehr Kraft, mehr Energie, mehr Licht, mehr Klarheit. Und während der Sitzungen äußert sich diese Veränderung u. a. in Zittern, Vibrieren und oft auch in einer Fülle sichtbaren Lichts.

Ich möchte auf einen wichtigen Punkt aufmerksam machen: Es gibt einen Unterschied zwischen jenen Menschen, die sich vor der

Welt flüchten und sich vor ihren Verantwortungen drücken wollen und die sich deshalb mit galaktischen Lebensformen beschäftigen, und solchen Menschen, welche diese Dimension in sich praktisch erfahren. Wenn Menschen die Verbindung mit außerirdischen Energien in sich wieder aufnehmen, wenn sie den Funken oder die Saat des Universums in sich spüren, strahlen sie dies in ihrem Alltagsleben aus, und sie entwickeln eine Liebe zu diesem Planeten Erde und seinen Lebensformen. Sie verstehen, daß sie sich dafür entschieden haben, hierherzukommen. Das ist keine Strafe für sie, sie fühlen sich hier nicht wie im Gefängnis eingeschlossen, sondern sie entdecken – was auch das fundamentale Anliegen der Nizhoni-Schule ist – welche Gabe sie der Welt geben können, um noch gegenwärtiger hier zu leben und die Situation auf diesem Planeten nachhaltig zu verbessern. Diese Art der Umsetzung von galaktischen Energien in schöpferische Manifestation auf der Erde wird von einer emotionalen Befreiung eingeleitet – Angst löst sich auf, die Heilung der Gefühle wird bewußt erlebt. Sie befreien sich von den obsessiven, besitzergreifenden Energien. Sie lassen ihr Ego nach und nach abfallen, sie werden frei. Dabei entwickeln sie Mitgefühl für die Mitmenschen, allerdings auch ein Gespür für den kosmischen Humor, der sich im Spiel der Seelen offenbart. Sie erfahren, daß sie mit einem Ziel und Zweck hierhergekommen sind, daß ihr Leben Sinn hat. Sie hören auf, sich hinter Masken zu verstecken. Sie wissen, daß nicht ihr Ego hier erfolgreich sein muß, sondern daß sie sich nur auf ihre göttlichen, schöpferischen Kräfte einlassen und für diese durchlässig werden können.

Erfolgsstreben ist vom Ego inspiriert, es geht um Kontrolle und Beherrschung, zumeist zu Lasten irgendeines anderen Menschen. Schöpferische Manifestation dagegen will nichts für sich selbst, sondern folgt einem göttlichen Sinn. Damit gibt es auch keine Basis für irgendein Elitebewußtsein oder irgendeine Arroganz. Meine Erfahrung ist, daß Menschen, die ihren galaktischen Ursprung erkannt haben, der Erde dienen wollen, sich aber nicht als Elite aufführen.

In gewisser Weise sind wir alle »Außerirdische«. Wir haben alle einen intergalaktischen Ursprung. Dieser Planet Erde ist mehr als einmal mit der genetischen Saat unterschiedlicher außerirdischer Spezies befruchtet worden – immer in Schlüsselmomenten der Entwicklung. Das ist ja der Grund, warum wir heute feststellen können, daß die Kontaktaufnahme mit Wesen und Bewußtseinsformen aus anderen Dimensionen, sei es über Ufos oder auf geistigem Wege, so verbreitet ist. Es gibt einen ungeheuren Zustrom außerirdischer Kommunikationsimpulse. Manche Menschen tendieren dazu, von Erdlingen und Außerirdischen zu sprechen; andere sprechen über alte und junge Seelen. Letztlich geht es dabei nur darum, ob eine Seele sich zu einer Vielzahl von Inkarnationen auf dem Planeten Erde entschieden hat oder nicht. Menschen, die eine Ufo-Verbindung erfahren, scheinen manchmal aus dem Rahmen üblicher Verhaltensmuster zu fallen. Sie sind nicht in Synchronizität mit einer üblichen menschlichen Mentalität; aber solche Menschen werden jetzt geboren, weil wir an einem Wendepunkt stehen. Wir sind an der Schwelle zu einer kritischen Masse, vermittels der wir uns auf eine andere Ebene der Wirklichkeit katapultieren können. Deshalb erfahren wir einen derartigen Zustrom von Hilfen unterschiedlicher Dimensionen, deshalb können wir eine weitverbreitete Bewußtseinserweiterung beobachten. Wir stehen kurz vor einem hoffentlich harmonisch verlaufenden Aufstieg in der Entwicklungsspirale zu einer höheren Wirklichkeit.

Channeling

Wie wir eine Zunahme von Kontakten mit außerirdischen Kräften beobachten können, so nehmen auch die Verbindungen zu Astraldimensionen zu. Stichworte dazu sind Tonbandstimmen-Forschung, Jenseits-Kontakte, mediale Durchgaben – also das, was wir »Channeling« nennen. »Channeling« könnte man übersetzen als »Kanalisieren«. (Ich möchte im folgenden bei dem englischen Wort Channeling bleiben.) Wir entwickeln umfangreiche Kontakte zu Wesen in den Astraldimensionen, die uns helfen wollen, aber gleichzeitig auch ihre eigene Evolution vorantreiben wollen. Auch diese Wesen müssen noch Karma abwickeln, das sie auf der irdischen Ebene angesammelt haben. Es gibt eine quasi symbiotische Beziehung zwischen den Menschen, die als Channel fungieren und jenen Wesen, die sich im Channeling melden. Wir erhalten damit Informationen, welche zwei Filter passieren – der Filter des Jenseitswesens, auch wenn es sich um eine hochentwickelte Seele handelt oder es sogar die Christusenergie ist, besitzt immer noch karmische Verknüpfungen mit dieser Erde und damit auch immer noch eine Position, manchmal auch eine Voreingenommenheit, darüber, was für die Entwicklung der Erde und der Menschen am besten ist. Und dieses Wesen, welches also das während seiner Lebenszeit noch nicht gelöste Karma nun auf diese Weise zu klären versucht, vermittelt Botschaften durch einen weiteren Filter, den des Channels selbst. Die Person, durch welche mediale Durchgaben erfolgen, wird auch mehr oder weniger von den Inkarnationserfahrungen und Prägungen des Emotionalkörpers bestimmt. Das durchgegebene Material verändert also oft seine Ausdrucksweise und sogar seinen Inhalt, bis es bei uns ankommt.

Channels können sehr nützlich und heilsam für Menschen sein, die an einem Punkt in ihrem Leben angekommen sind, an dem sie nicht mehr weiter wissen, an dem sie nicht erkennen, wer sie sind, an dem sie nur noch den Ausweg sehen, außen nach Antworten zu suchen. In solchen Fällen kann ein Channel wundervolle Offenbarungen mitteilen und den Menschen sagen, welche früheren Lebenserfahrungen oder Erlebnisse in anderen Zeiten und Dimensionen dazu geführt haben, daß sich der Mensch heute blockiert fühlt, und auf welche Weise er die Blockade wird lösen können. Das Problem besteht dabei darin, daß unsere Emotionalkörper so verführbar und verführerisch sind, daß wir gleich jede Voraussage, jede Prophezeiung und jede Projektion aus dem Channeling annehmen und ausleben wollen. Wir neigen oft dazu, die Prophezeiung selbst zu erfüllen. Unser freier Wille kann sich dann nicht in der rechten Weise entfalten. Die Schwierigkeit hat also nicht direkt mit dem Phänomen des Channeling oder dem Menschen, der die medialen Durchgaben macht, zu tun, sondern vielmehr mit unserer Gewohnheit, unserer Faulheit, andere Menschen unser Leben bestimmen zu lassen.

Ein sinnvoller Umgang mit Channeling besteht darin, die Informationen zu benutzen, unsere eigene Mitte zu finden und unseren Lebensplan zu erforschen. Der Entwurf unseres Lebensplans muß von innen kommen, also wird ein guter Channel uns ermutigen,

Kontakt mit dem Höheren Selbst aufzunehmen, darauf zu hören, uns vom Höheren Selbst helfen zu lassen. Mediale Fähigkeiten sind eine große Gabe und sollte nicht abgewertet oder verächtlich gemacht werden. Mediale Talente können regelrecht trainiert werden, so wie wir auch körperliche Fähigkeiten immer wieder üben. Wir können psychische Kräfte und mediale Fähigkeiten benutzen, um der Entwicklung der Gesellschaft zu helfen. Verlorengegangene Objekte lassen sich genauso finden wie verirrte Menschen – aber dies dient letztlich alles nur der eigenen Erfahrung, daß wir Teil eines großartigen Hologramms sind. Alles ist mit allem verbunden, wie es die chinesische Medizin ausdrückt. Es ist sehr nützlich, wenn ein Channel einer Person helfen kann, die innere Stärke zu finden und gleichzeitig diesen Menschen dahin führt, nun nicht mit jeder Frage zu irgendwelchen medial begabten Leuten zu rennen. Viele der Wesen, die sich der Channels bedienen, geben Worte der Hoffnung und Botschaften, die unser Bewußtsein anregen und erwecken können. Aber am besten bleibt es doch, wenn diese Einsichten und Erfahrungen in einem selbst gemacht werden können. Wenn wir keinen Vermittler mehr brauchen, weder einen Channel noch einen Priester, sondern die Verbindung mit der göttlichen schöpferischen Kraft in uns in Fülle erleben, gibt es auch keine Probleme der Abhängigkeit, der Ausbeutung, der Unterdrückung des freien Willens mehr.

Es ist immer wieder interessant, die eigenen Themen zu entdekken und zu erforschen, die unsere Evolution bestimmen. Ein Thema, das bei den sogenannten Channels immer wieder auftaucht, besteht darin, daß sie in anderen Leben und in anderen Dimensionen oft sehr schockierende negative Reaktionen erlebt haben, wenn sie über ihre eigene innere Wahrheit sprachen. Sie wurden gekreuzigt oder verbrannt oder gevierteilt, wenigstens aber aus der Gesellschaft ausgestoßen und lächerlich gemacht, als sie das aussprachen, was ihnen ihre innere Überzeugung oder ihr göttlicher Geist eingab. Diese Prägung ist immer noch in der Molekularstruktur ihrer physischen Körper und ihrer Emotionalkörper zu finden. Wenn sie dann in diesem Leben erneut den Drang spüren, aus der Fülle ihrer inneren Weisheit zu sprechen, reagiert der Emotionalkörper im Rahmen des Erinnerungsvermögens der physischen Zellen so, daß sie blockiert werden. Also findet die angestaute Energie einen anderen Ausweg, indem sie sich für Wesen aus der Astralsphäre öffnet. Auch wenn es sich nicht immer wirklich um andere Wesen aus anderen Ebenen handelt, sondern etwa um eine archetypische Gestalt, in der sich ein Teil unseres Bewußtseins zeigt, oder auch nur um diffuse Energien, die sich in intuitiven Erkenntnissen niederschlagen, spielt das letztlich für die Ratsuchenden weniger eine Rolle als für die Channels selbst. Wenn man das Gefühl hat, nicht aus sich selbst heraus sprechen zu können, bedient sich das Unterbewußte manchmal einfach einer anderen Darstellungsform. Es bleibt aber so oder so dabei, daß sich Channels auf Bereiche einstellen, die über das Alltagsbewußtsein hinausgehen.

Auftrag für alle von uns bleibt indes, daß wir uns selbst erkennen und aus dieser Selbsterkenntnis unsere eigene Wahrheit aussprechen. Alle Kriege, alle Nöte und Verwicklungen sind entstanden, weil wir Angst hatten, unsere eigene Wahrheit zu leben. Angst zu heilen ist sehr, sehr einfach: Wir müssen nur beginnen, eigene Entscheidungen zu treffen! Angst entsteht, weil wir zögernd auf dem Zaun sitzenbleiben und uns nicht entscheiden können, was zu tun ist. Angst entsteht aus Unklarheit über die eigene Mitte. Wenn wir in Verbindung mit unserer Mitte kommen – und dafür ist die Ansprache des Höheren Selbst der erste Schritt, und weitere (auch in Übungsform) sind immer wieder erwähnt worden –, können wir uns entscheiden: Ich wähle dies und werde damit leben und sterben. Mit einer eigenen, freien Entscheidung geht das wundervoll ekstatische Gefühl einher, daß wir eine neue Freiheit gefunden haben.

Ich arbeite häufig mit Channels und helfe ihnen, die Negativität loszuwerden, die durch das Channeling äußerer Kräfte unweigerlich auch auftritt. Wir können Channeling erlernen als eine neue Bewußtseinsform, die nichts mit Trance zu tun hat. Channeling ist eine machtvolle Möglichkeit, Kontakt mit vielen Wesen aufzunehmen, die hier hereindrängen. Deshalb können wir ja beobachten, wie Kleinkinder immer wieder von Wesen berichten, die mit ihnen Kontakt aufnehmen wollen. Diese »jenseitigen« Energien wollen sich am Transformationsprozeß beteiligen. Dabei gilt für uns allerdings, daß wir nicht unsere eigene Lebenserfahrung dafür hergeben, das Karma nichtinkarnierter Seelen über uns klären zu lassen. Es ist eine schwierige Gratwanderung für einen Channel, zwischen eigener göttlicher Führung, den Egotrips des Emotionalkörpers und den karmischen Interessen der Jenseitswesen zu unterscheiden.

Prozesse der Ganzwerdung

Der Prozeß der Ganzwerdung ist üblicherweise recht verwickelt und langwierig. Aber es gibt im Universum niemals irgendeinen Stillstand. Ständig fließt die Energie, gibt sie uns Impulse, treibt sie uns voran. Es wäre eine Illusion zu glauben oder gar zu hoffen, eines Tages nicht mehr zu wachsen, sich nicht mehr entwickeln zu müssen. Vielleicht hegen wir die Vorstellung, daß wir eines Tages erleuchtet würden und dann immer im selben Zustand der Erleuchtung verweilten. Aber das ist nicht mehr als eine lustige Idee. Nach dem kosmischen Gesetz entwickelt sich die Gotteskraft ständig weiter, sie manifestiert sich in immer neuen Formen und Erfahrungen. Immer wieder gibt es neue Oktaven höherer Wahrheit, größerer Dimensionen. Es wäre ein Irrtum zu meinen, daß einem der Zugang, besser vielleicht: die Entdeckung anderer Dimensionen verwehrt sei, weil man kein Schamane oder Guru sei, weil man schwarz oder gelb sei, weil man eine Frau sei, weil man zu jung oder zu alt sei, weil man nicht den richtigen Beruf habe oder einer bestimmten Konfession nicht angehöre – all dies sind Ausflüchte, die sich unser Emotionalkörper ausgedacht hat. Die Harmonie, die Verbindung mit höchsten Kräften liegt *in* uns, nicht außerhalb von uns.

Wir kennen dies möglicherweise auch unter anderen Vorzeichen: Wenn mein Partner nur mit mir zusammen meditieren würde, dann wäre alles gut. Wenn meine Eltern oder meine Geschwister auch vegetarisch äßen, dann würde ich nie mehr Fleisch, Fisch oder Geflügel zu mir nehmen. Dahinter stehen sowohl Unsicherheit wie Herrschaftsanspruch. Unsicherheit insofern, als wir der eigenen Entscheidung aus dem Wege gehen, wie wir unser Leben gestalten wollen. Herrschaftsanspruch aber auch, weil wir unsere Ansichten, Erkenntnisse und Anschauungen auf andere übertragen wollen. »Ich weiß jetzt, wo es langgeht, und du darfst meinem Glauben, meiner Gruppe beitreten.« Solchem Ansinnen werden sich natürlich die meisten Menschen widersetzen. Wir haben ja schon besprochen, daß ein Partner oft negativ darauf reagiert, daß sich der andere spirituell orientieren will. Wie kann man vermeiden, daß auf den Wunsch nach Vereinigung eine Reaktion des Widerstands erfolgt? Wir kennen ja die Übung, über den Solarplexus Energie auszustrahlen, so daß wir nicht Energie über dieses Zentrum in uns aufnehmen. Nun kann es aber sein, daß wir in uns etwas aufnehmen wollen, nicht über den Solarplexus, sondern in unsere Aura, in unsere Schwingungen, was wir aber durch unsere aktiv nach außen gerichtete Haltung verhindern. Die Antwort lautet, daß wir zunächst in uns selbst die Faktoren miteinander vereinigen und verschmelzen müssen, die wir danach auch von außen in uns aufnehmen wollen.

Wenn wir in uns den Vorgang einer subtilen Verschmelzung, einer durchgreifenden geistigen Vereinigung in unseren Zellen registrieren, dann hat die andere Person zwei Reaktionsmöglichkeiten. Auch sie kann sich aus ihrer karmischen Verbindung mit uns lösen, weil wir diese karmische Verbindung bereits aufgelöst haben. Dann steht es ihr frei, entweder mit uns zu verschmelzen oder uns loszulassen und sich in eine andere Richtung zu bewegen. Das Unbewußte eines anderen Menschen nimmt immer auf, wenn sich etwas auf geistigen Ebenen ereignet, das es selbst betrifft. Wenn wir uns innerlich von einem anderen Menschen lösen, wenn wir ihn davon befreien, eine Rolle in unserem Film zu spielen oder der Bauer in unserem Schachspiel zu sein, dann erlangt auch der andere Mensch eine größere Freiheit. Scheinbar plötzlich und unerwartet ergeben sich völlig neue Möglichkeiten, miteinander umzugehen. Die freigesetzte Energie, auch wenn sich nur einer der beiden Partner bewußt damit beschäftigt, bewirkt eine Heilung der Beziehung. Es kann natürlich auch vorkommen, daß es nicht zu einer neuen Vereinigung kommt, sondern zu einer natürlichen, nicht mit Leid besetzten Lösung voneinander. Dann kann es passieren, daß, obwohl man dieselben Freunde hat und im selben Lebensmittelladen einkauft, sich dennoch fast nie mehr oder nie mehr begegnet – aber nicht, weil man es mit Macht vermeidet, sondern einfach, weil es nicht passiert. Dies ist dann ein Hinweis, daß man sich tatsächlich erfolgreich von den Verträgen miteinander gelöst hat. Wenn wir also den Wunsch haben, mit einem anderen Menschen eins zu werden, müssen wir zuerst die Quelle dieses Wunsches finden und erforschen. Handelt es sich dabei um eine drängende Sehnsucht, die vielleicht darauf beruht, jemand anderen zu beherrschen, ihn in uns hineinzusaugen, nur mit ihm allein zu leben – oder ist unser Wunsch Teil eines natürlichen Lebensstroms?

Wenn der Wunsch, mit jemand anderem zu verschmelzen, ohne Anstrengung zu verfolgen ist, wenn er von Freude und Ekstase begleitet wird, wenn er wie ein Strom ganz natürlich dahinfließt, ohne Zwanghaftigkeit, ist dies ein Zeichen, daß der Emotionalkörper insofern relativ klar ist. Voraussetzung bleibt aber, daß wir die Verbindung in uns selbst herstellen. Wenn wir in einer praktisch nicht kurzerhand auflösbaren Beziehung als Mann und Frau stehen, in der wir uns nicht gegenseitig einfach morgen loswerden können, können wir dennoch unsere Beziehung heilen, indem wir uns mit ihr *in* uns beschäftigen. Wir können unseren karmischen Kontrakten nachspüren, indem wir uns einfach ruhig hinsetzen, versuchen, unsere Mitte zu finden, uns auf ein Gefühl der Ganzheit einstellen, uns von Licht durchströmen lassen und dann dieses Licht geistig zu der Person senden, mit der wir in Verbindung stehen.

Farben als Ausdruck von Seelenenergie

In diesem Zusammenhang erweist sich die Farbtherapie als besonders nützlich. Sie erlaubt uns, Energien aus dem Formlosen zu manifestieren. Wir können in dieser Übung den Menschen, um den es geht, innerlich fragen, welche Farbe er von uns braucht. Wenn wir die Person fragen, welche Farbe sie von uns oder durch uns empfangen möchte, vermeiden wir, daß unser Gemüt von irgendwelchen gegenständlichen Objekten erfüllt wird. Vielleicht lautet die Antwort, der innere Impuls, den wir auf unsere Frage empfangen: »blau«. Blau ist die Farbe der Beziehung und die Farbe des Geistes. Wenn wir zum Beispiel diesen Impuls empfangen haben, können wir dann einfach über die Farbe Blau meditieren, sie in uns aufnehmen und sie von uns an die andere Person weitergeben. Eine der großartigen Erkenntnisse, die ich bei der Arbeit im Light-Institute gewinnen konnte, ist: Wenn man sich mit dem Leid in engen Beziehungen beschäftigt, mit den Traumata, die aus Trennung, emotionaler Abhängigkeit und Verklammerung entstehen, und man sich dann einfach darauf einstellt, was der andere Partner von einem selbst möchte, und man ihm dies durch eine Farbe gibt, dann wird nicht nur die innere Beziehung grundlegend verändert, wird nicht nur das eigene Gefühl für den anderen Menschen heil, sondern auch das äußere Verhalten des anderen verändert sich!

Ich habe dies übrigens auch mit meinen 6 Kindern gelernt. Wenn man einem 2jährigen die Aufmerksamkeit oder das Spielzeug gibt, wonach er gerade verlangt, dann wird das Kind im selben Moment sein drängendes Verlangen loslassen. Wenn wir nur die Oktave des Bewußtseins in uns klingen lassen könnten, die uns verstehen läßt, daß im Universum eine überströmende Fülle ständig fließt. Wir müssen nicht nein sagen, weder gegenüber Kindern noch gegenüber Erwachsenen, noch zu uns selbst. Weder ist mangelndes Geld noch mangelnde Zeit, noch irgend etwas anderes ein wirklicher Hinderungsgrund, so wie ich es sehe. Wir verstehen die kosmischen Gesetze einfach noch nicht, und also können wir uns selber noch nicht gestatten, die Energien strömen zu lassen. »Ich kann dir nicht viel Liebe schenken, weil du zu sehr an mir hängst«, ist eine weitere absurde Einengung unserer Lebenssicht, die ab und an zu beobachten ist. Das Universum ist voller Liebe, wir können niemals zu viel Liebe schenken, wir können von der Reaktion auf wahre Liebe niemals verschlungen werden.

Wenn wir also gespürt haben, daß eine Person diese oder jene Farbe von uns möchte oder braucht, so können wir diese Energie, diese Farbe jenem Menschen senden, auf ihn projizieren – auch während wir zum Beispiel in einer geschäftlichen Besprechung sind. Man könnte diesen Vorgang auch mit der Begegnung zweier Moleküle vergleichen. Unser Karma führt uns durch quasi elektromagnetische, astrale Energie dazu, uns ineinander zu verhaken wie zwei DNS-Moleküle. Wenn nun eines der Moleküle im Laufe der Zeit wächst und sich weiterentwickelt, paßt die Verhakung nicht mehr ineinander, die Haken rutschen heraus. Das bedeutet, daß wir im Moment nicht mehr zusammenpassen mögen. Das Molekül, das dies als erstes bemerkt, kann sich und das andere Molekül prüfen und fragen, ob man wieder ineinander passen möchte. Dann kann man leicht herausfinden, ob man weiter miteinander umgehen will, und wenn ja, in welcher Weise eine neue Anpassung erfolgen muß. Eine bewußte Neuaufnahme einer Beziehung auf diese Weise bedeutet, daß wir einen völlig neuen geistigen Bezugsrahmen haben, daß wir uns eine neue Dimension unserer Multidimensionalität erschließen.

Geben und Heilen

Es lohnt sich, sich intensiver mit diesen Fragen zu beschäftigen und sie aus immer neuen Perspektiven anzuschauen. Wir können unsere Gefühle nur dann heilen, wenn wir die Verantwortung für uns selbst übernehmen, wenn wir bereit sind, die Mechanismen des Emotionalkörpers zu untersuchen. Wir beobachten immer wieder, daß jemand, mit dem man sich in einer Kampf- oder Fluchtbeziehung befand, sich plötzlich zu jemandem wandelt, der uns auf angenehme Weise anzieht. Dahinter steckt immer ein Wandel des inneren multidimensionalen Bewußtseins, der eine praktische Auswirkung auf die dreidimensionale Realität besitzt. Wenn wir einem Menschen jene Energie senden, die er verlangt, um sich auszubalancieren, dann widerstreben wir diesem Menschen nicht, dann bleiben wir nicht in unserer Position verhaftet, sondern dann lassen wir zu, daß seine Wünsche erfüllt werden, daß er mit seinen Bedürfnissen von uns akzeptiert, nicht abgelehnt wird.

Es ist Teil unserer Gemütsverwirrung zu glauben, daß wir männlich seien, daß wir weiblich seien, daß wir diesem oder jenem Leid oder Streß ausgesetzt seien, daß ständig etwas in unserem Emotionalkörper schwärt. Wenn wir jemandem blaues Licht schicken, dann vermindert das in keiner Weise unser Bewußtsein, unser Bankkonto, unsere Gefühlsvielfalt usf. Vielmehr vermittelt uns diese Erfahrung eine tiefe Freude darüber, fähig zu sein, etwas zu geben, und auch darüber, eine zunächst einmal geistige Aussöhnung in Gang zu bringen, gleichgültig, wo immer man sich in dieser

Welt befinden mag. Viele Menschen haben ja inzwischen erkannt, daß etwas zu geben nicht bedeutet, schwächer, sondern stärker zu werden. Wer gibt, besitzt Kraft. Wer gibt, läßt sich ein in den großen Fluß der Energien, er wird selbst zum Geschenk!

Wir müssen allerdings auch unsere Unterscheidungskraft entwickeln, um zu vermeiden, daß wir auf subtile Weise versuchen, andere Menschen zu manipulieren. In diesem Zusammenhang lohnt es sich, sich über die eigene Motivation klarzuwerden. Ist unsere Motivation zu heilen, Harmonie für uns und für den anderen Menschen zu erlangen? Oder besteht unsere Motivation darin, den anderen Menschen zu einem bestimmten Verhalten oder zur Äußerung eines bestimmten Gefühls zu veranlassen? Unternehmen wir den Versuch der geistigen Einigung, um unser Ziel zu erreichen oder um die Dinge zu klären, was immer die Konsequenz daraus wäre? Natürlich wird es immer wieder zu Selbsttäuschungen kommen, aber ich möchte einen weiteren kleinen praktischen Hinweis geben, wie man sich verhalten kann. Wir fragen ja nicht die äußere Person, was sie von uns wünscht, denn dann würden wir nicht die Seele, sondern die Persönlichkeit fragen, vielleicht auch nur das Ego. Wir wenden uns mit einer Frage in unser eigenes *Inneres* und versuchen zu erkunden, ob die andere Person sich mit uns einen will, ob sie uns die Erlaubnis gibt, die Energieströme zwischen uns in eine neue Ordnung zu bringen! Es kann durchaus sein, daß wir eine innere Antwort erhalten, daß der andere Mensch diese oder jene Farbe von uns braucht und dennoch eine neue Beziehung auf einer neuen Ebene nicht (noch nicht, nicht mehr) will.

Farben heilen

Farbe ist auf diesem Planeten eine sehr viel wichtigere Energie, als wir es gemeinhin bislang erkannt haben. Farbe trägt in sich eine bestimmte Wellenlänge, eine Frequenz, die natürlich gemäß physikalischer Gesetzmäßigkeiten eine Wirkung ausübt. Die kühleren Farben schaffen bekanntlich eine eher beruhigende Atmosphäre, also blaue und grüne Farben; die feurigen Farben stimulieren den

Körper und die Psyche, also Orange und Rot. Wir können die Farben über den Solarplexus oder über das Herz oder auch über unser Scheitelzentrum erspüren. Da unser Solarplexus, unser Bauchzentrum, die Stätte unseres Emotionalkörpers, oft verkrampft und verwirrt ist, oft wie verschlossen, fließt von dort sehr wenig Energie zum Herzen. Die Herzenergie ist Teil unserer multidimensionalen Energie, sie ist Teil unseres Höheren Selbst, während der Solarplexus Teil unseres emotionalen, menschlichen Selbst ist. Bis wir unser menschliches Selbst nicht klären, können wir unsere multidimensionalen Energien leider nicht in wirklich entscheidendem Umfang verfügbar machen. (Auch hier möge man im Kapitel über Übungen näheres nachlesen.) Der Solarplexus als Sitz des Emotionalkörpers ist gleichzeitig ein Zentrum des Universums. Er diktiert mit seiner Beschaffenheit und seinen Qualitäten und Schwingungen, was wir in unserem Leben manifestieren.

Wir heilen ja auf die beschriebene Weise nicht etwa nur unsere Beziehung zu einem anderen Menschen, sondern vor allem uns selbst. Das Universum pulsiert auf eine eigenartige Weise: Wir wechseln vom Gleichgewicht zum Ungleichgewicht, bemühen uns wieder um ein neues Gleichgewicht, fallen durch bestimmte Entwicklungen aus diesem neuen Gleichgewicht wieder heraus usf. Wir benutzen andere Menschen, um uns selbst zur Veränderung und Entwicklung anzuregen. Daß wir nun überwiegend negativ besetzte Beziehungen, leidvolle Erfahrungen und grauenvolle Verhaltensweisen benutzen, um daran zu wachsen, ist wirklich erbärmlich. Dies ist die langsamste Entwicklungsmethode, die sich denken läßt. Und viele Menschen, die kurzfristig glücklich sind und Glück erleben, leiden selbst darunter, weil sie unfähig sind, diese Schwingungen von Freude und Ekstase in sich aufzunehmen und anhaltend wirken zu lassen. Wir kennen das ja, daß dann schnell geraucht wird oder man Alkohol trinkt oder sich mit irgendeinem Braten vollstopft, um ja nur wieder altvertraute, »anspruchslose« Energiezustände zu erleben.

Schlüsselworte zu Farben

Noch einige Gedanken zu den Farben: Grün ist in der Mitte des Farbspektrums, Grün bedeutet ein Gleichgewicht im Rahmen der Farben, so wie der grüne Solarplexus jenes Kraftzentrum, jenes Chakra im menschlichen Körper ist, über das ausgeglichen wird. Grün ist die Farbe der Leber, die ein Reinigungsorgan ist, welches im mittleren Teil des Rumpfes sitzt. All dies deutet darauf hin, daß Grün eine zentrale Stelle einnimmt.

Und so können wir nach und nach immer mehr über Farben und ihre Entsprechungen erfahren. Ein wundervoller Aspekt der Arbeit mit Farben besteht darin, daß sie auch wirken, wenn wir sie noch nicht verstehen. Unser eigenes Energiesystem ist ein Meister der Farben, wir alle »verstehen« Farben von ihrer Schwingung her. Wenn Menschen zum Beispiel beginnen, spirituell an sich zu arbeiten, dann tauchen mehr pinkfarbene und violette Farben in ihrem Leben auf. Violett ist die Farbe der Transformation, die negative Energie verwandeln kann. Deshalb ist sie auch in New-Age-Heilzentren so weit verbreitet und findet zum Beispiel im Amethyst im Rahmen der Arbeit mit Kristallen ihre Anwendung.

Weiß ist eine Kombination aller Farben – Weiß ist eine Energie, die keinerlei festgelegte Position ausdrückt. Weiß sieht weder positiv noch negativ, Weiß sieht keine Trennung oder Spaltung, Weiß repräsentiert ein Verschmelzen auf höchsten Ebenen. Manche Menschen benutzen Weiß deshalb, um ihre Energien zu verstärken, um ihre verschiedenen Körper mit höheren Schwingungen zu erfüllen. Andere Menschen wieder stören sich an Weiß, Weiß ist ihnen unbehaglich, weil sie ihre festen Standpunkte emotional aufgeben müßten, um sich in Weiß einzulassen.

Was Gold anbetrifft, sagt Lea Sanders, die eine der besten Auraleserinnen und Farbexpertinnen in der Welt ist, daß wir zu viel Bedeutung in Gold als großartige spirituelle Energie legen. Gold ist sicher eine sehr machtvolle Schwingung. Gold ist aber in Wirklichkeit Braun und Gelb miteinander vermischt. Gelb ist die Farbe des Bewußtseins, wie die Sonne gelb ist. Sie ist die nährende Energie, die Wachstum hervorbringt, ohne die wir uns nicht entwickeln können. Braun ist jedoch eine Mischung aus Grün und Rot oder Violett, also eine sehr viel dichtere Frequenz, die mit Form, mit Stofflichkeit, zu tun hat. Esoterisch wird Braun oft in Beziehung mit Menschen gebracht, die mit Geschäften zu tun haben, also mit irgendeiner Form der Manipulation. Gold ist ein Maß der Welt. Gold ist für mich wie Grün eine sehr ausgleichende Farbe, die es dem Formlosen und dem Manifesten erlaubt, sich miteinander zu verbinden. Gold bringt den Körper im Stoff hervor; wenn wir also über goldenes Licht meditieren, verbinden wir uns mit der Frequenz des materiellen Universums. Wir finden ja Gold auch in unseren Bergen. – Gold wird, wie ich es sehe, von Supernovas hervorgebracht, ein faszinierender Umstand. Gold ist die Substanz, die eine Art Netzwerk bildet, das das Universum in seiner Form hält. Gold ist wie das Zentrum der Acht, der aufrechten oder der liegenden Acht, also der Schnittpunkt zwischen Unendlichkeit und Endlichkeit. Gold ist die Schwelle, über die wir aus der Formlosigkeit in die Form treten, aus dem Geistigen, Unsichtbaren, hinein ins stoffliche Bewußtsein. Gold repräsentiert auch eine innere Entwicklungsqualität unserer Welt, unseres Bewußtseins, unseres Farbspektrums, unseres Emotionalkörpers, unserer Bezugsrahmen: ihnen allen ist gemeinsam, daß sie sich ständig entwickeln, erweitern, von mehr Liebe, Licht, schöpferischer Kraft durchströmt werden auf dem Wege, ein einziges großes pulsierendes Hologramm zu bilden. Wir sind bekanntlich dabei, neue Farben zu entdecken, neue Farben sogar zu produzieren. Wer einmal Bilder der künstlichen sog. Umkehrfarben in der Fotografie gesehen hat oder auch elektronisch produzierte Farben in Videoclips oder Experimentalfilmen, wird genügend Beispiele dafür kennen. Auf der anderen Seite erfahren mehr und mehr Menschen auch neue, durchleuchtete, funkelnde Farben in der Meditation, die ihnen den Zugang zu neuen multidimensionalen Wirklichkeiten öffnen.

Welche Bedeutung Farben darüber hinaus zum Beispiel in den Nationalfahnen, vor allem in Militäruniformen haben, ist sicher vielen Menschen bewußt. Nur zur Erinnerung: im Hitlerstaat trug die SS schwarze Uniformen, die SA braune. Braun und Schwarz waren, »geschmückt« mit roten Hakenkreuzen auf weißem Grund, die vorherrschenden Farben jener Diktatur. Wir finden Schwarz allerdings auch in der christlichen Religion weit verbreitet. Und sog. Eliteformationen verschiedenster Armeen gefallen sich darin, besonders martialische dunkle Farben zu tragen. Was viele Menschen nicht wissen: Schwarz sendet die direkteste, aggressivste, »männlichste« Yang-Kraft heraus, eine tötende Yang-Energie – nicht Rot, sondern Schwarz! Schwarz ist keine Farbe. Schwarz schluckt Farben in sich hinein, zieht Farben an, und deshalb benutzen eben Organisationen und Kulte, die alles in sich aufsaugen wollen, Schwarz. Wenn wir einerseits unser Bewußtsein ausweiten wollen, können wir andererseits dies nicht manifestieren, wenn wir uns laufend in Schwarz hüllen.

Religiöse Gruppen haben sich ja schwarz gekleidet, um damit Figuren der Autorität darzustellen, die herrschen konnten, die Unterwerfung heischen konnten, von allen anderen »Farben«, also anderen Menschen. Viele junge Leute in den großen Städten tragen Schwarz mehr als alles andere, weil sie damit nicht ihre eigene Farbe bekennen müssen. Wer Schwarz trägt, zeigt nicht, wer er ist. Er versucht lediglich, eine Botschaft der Überlegenheit und Macht auszusenden. Insofern ist es verständlich, daß Schwarz für viele Teenager eine interessante »Farbe« darstellt – sie sind sich ihrer selbst noch so unsicher, daß sie gerne Schwarz tragen, um damit auszudrücken: Ich bin hier, ich bestimme selbst, du kannst mich nicht übertölpeln. Ich habe bemerkt, daß die meisten Menschen, die Schwarz tragen, innerlich unsicher sind. Wer Rot trägt, will sicher persönliche Anerkennung, er will bemerkt werden. In diesem Zusammenhang mag es interessant sein, jeweils für die verschiedenen Länder festzustellen, welche Farben die Richter der verschiedenen Gerichte tragen. In niedrigeren Gerichten ist Schwarz vorherrschend, sehr hohe Gerichte kennen rote Roben (ich höre allerdings, daß zum Beispiel der Bayerische Verfassungsgerichtshof seine Vertreter blaue Roben tragen läßt).

Man mag sich auch einmal die Flaggen ansehen. In den Fahnen der USA, Großbritanniens und Frankreichs sind die Farben Blau und Rot und das allumfassende Weiß enthalten, Belgien und Deutschland benutzen Rot und Gelb und Schwarz. Schwarz bedeutet immer einen Hinweis zu Autorität, zum Ausschluß aller Regenbogenfarben, zur Verhärtung von Standpunkten. Viele kommunistische Länder haben Rot als Haupt- und Grundfarbe ihrer Flagge. Rot ist die Farbe des ersten Chakras, des Wurzelzentrums, und auch die Farbe von Zorn. Hinter Rot steckt immer eine große agitierende Energie, aber eben auch Wut oder Entrüstung. Rot ist ebenfalls eine Yang-Farbe.

In der katholischen Kirche findet man zum Beispiel zweierlei verschiedene Arten von Rot, das Rot der Bischöfe und das Kardinalsrot. Die Art von Magentarot ist die Farbe des spirituellen Zorns: Sie ist eine Mischung aus Blau und Rot. Rot als Farbe der Schöpfung, der Aktion, der vorwärtsdrängenden Energie – Blau als Farbe der Beziehung, der Verbindung, der Spiritualität. Und so mag man sich seine Umwelt anschauen, die eigene Kleidung und die Kleidung anderer Menschen, die Farben der Autos, der Häuser, der Flaggen, und sich eigene Gedanken über die Energien, die dadurch zum Ausdruck kommen, machen.

Bewußtsein ist Energie

Bewußtsein ist Energie. Bewußtsein kann sich nur weiter entfalten, wenn Energieprozesse wirklich stattfinden, d. h., wenn Energien fließen und nicht blockiert werden. Die westliche Welt hat in der Psychologie in den letzten 20, 30 Jahren eine Menge von Therapien entwickelt, um Energieprozesse anzustoßen, um Energien herauszulassen. Man denke an die Primärtherapie, den Urschrei, Encounter-Gruppen usw. Die östlichen Religionen haben mehr Wert darauf gelegt, Energien auszugleichen, in sich zu harmonisieren – die Yin-Kraft sollte gehalten werden. Für die Ebene des Emotionalkörpers ist am günstigsten, Energien weder zu halten noch zu forcieren, sondern sie einfach fließen zu lassen, innerlich gelassen und gelöst zu sein und sowohl zu wissen wie zu spüren, daß der Strom weiterfließt und morgen nicht so sein wird wie heute. Weder ein Yang-Druck noch ein Yin-Halten – vielmehr selbst Teil des universalen Stroms werden. Damit geht die Einsicht einher, daß wir sowohl Opfer wie Täter sind, daß wir die Liebhaber sind, Eltern und Kind, Gott und Mensch – daß alle Eigenschaften in uns ruhen und wir sie lediglich strömen lassen, wie es dem natürlichen Fluß entspricht, ohne damit eine eigene Besetzung oder eigene Urteile und Vorurteile zu verbinden. »Ich bin ein Mensch« – »ich bin das Kind« – »ich bin das Opfer«... Wir müssen das »ich bin...« loslassen, wir müssen uns davon befreien. Das Wiedererkennen der eigenen Kraft, das Wiedererlangen persönlicher Fähigkeiten der schöpferischen Manifestation ist die Aufgabe der Welt heute. Es geht dabei natürlich nicht darum, wie wichtig sich Leute fühlen, es geht nicht um die persönliche Machtausübung, welche etwa ein neues Gleichgewicht der Kräfte herbeiführen würde, sondern es geht um das Sichhineinlassen in den natürlichen Fluß der Kräfte, um daran auf natürliche Weise teilzuhaben. Es geht darum, daß wir die Energien und Energieprozesse in uns erspüren, die uns bei unseren Lebensentscheidungen von Bedeutung sind, damit wir uns freier und frei entscheiden können, damit wir frei werden.

Vereinigung mit einem oder mehreren anderen Menschen, Verschmelzen auf psychischen und spirituellen Ebenen, eine geistige Aussöhnung und alles, was damit verbunden ist –, ein Sicheinlassen in den universalen Strom fällt uns ja meistens gerade deswegen so schwer, weil wir Angst haben, unser Ego aufzugeben. Einerseits erinnern wir uns an die verlorene Einheit und sehnen uns nach ihr zurück. Diese Sehnsucht gibt uns genügend Kraft und Anstöße zu versuchen, die Einheit wieder zu verwirklichen. Auf der anderen Seite haben wir Angst, uns in diese Einheit hineinzulassen, weil wir unser Bewußtsein bereits so weit abgespalten haben, daß wir uns nur noch in diesem Einzelbewußtsein erkennen, daß wir nur noch in der Vereinzelung, in der Abgetrenntheit des Egos lebendig zu sein glauben. Bei der für die Wiedererlangung der Einheit notwendigen Bewußtseinserweiterung werden wir mit verschiedenen Schichten unseres Emotionalkörpers konfrontiert, aus dem heraus Stimmen aufsteigen, die uns einflüstern: Du wirst deine Identität verlieren, du wirst sterben, du wirst dein Bewußtsein als Individuum aufgeben müssen. Diese Vorstellung der Auflösung ist allerdings falsch – wir werden nicht aufgelöst, sondern verwandelt. Man könnte auch das Wort Transmutation benutzen, also ein Hinweis auf eine Umformung, eine Durchdringung einer bestehenden Form zu einer neuen, größeren Bewußtheit. Wir verlieren *nicht* unser Bewußtsein, wenn wir uns vom großen Pulsschlag des Universums erfüllen lassen.

Wenn wir Weiß erforschen, finden wir darin alle Farben – die in Weiß enthaltenen Farben haben sich nicht aufgelöst, sie sind nicht

»gestorben«. Sie verschwinden nicht, sondern vereinen sich auf eine Weise, daß etwas Neues geschaffen wird. Im Gegensatz dazu passiert ja bei Schwarz, daß alle Farben aufgesogen werden. Der Energiefluß geht dort also in die umgekehrte Richtung. Nur das personale vereinzelte Ich flüstert uns ein, daß ich nicht in der Lage sein werde, mich selbst zu erkennen, mich selbst als Bewußtsein zu erfahren. Die tatsächlichen Erfahrungen sprechen eine andere Sprache: Sich durchströmen zu lassen, sich tragen zu lassen von der universalen Kraft spült alle Ängste und Blockaden hinweg, eröffnet Aus- und Einsichten in eine große Ganzheit, die es erlaubt, alle Aspekte unseres Selbst zu erkennen. Die bewußte Einheit mit und in der großartigen Ganzheit der Schöpferkraft ist sehr viel beglükkender, erleuchtender, bereichernder, sicherer und stützender, als davon abgeschnitten in der Begrenzung des Ichs zu verharren.

9.
Ein Exkurs: Bewußtsein üben

Nur Bewußtsein heilt Gefühle

Wir heilen unsere Gefühle, wenn wir unsere Aufmerksamkeit auf die höheren und höchsten Oktaven und Schwingungen der Emotionen richten anstatt auf die niedrigsten. Die Fähigkeit, Freude, Ekstase und tiefen Frieden zu erfahren, entwickeln wir in dem Maße, wie wir uns von den Schlacken unseres Emotionalkörpers befreien können. Wenn das Herz voller Glück ist, schwingen sich die Gefühle in nie geahnte Höhen hinauf. Es geht immer wieder darum, die Ganzheitlichkeit seines eigenen Seins zu erkennen und zu erleben. Erlauben wir doch dem Kind in uns, uns einmal an einen Wasserfall hinauszunehmen oder in den Wald zu spazieren, ohne jedes besondere Ziel. Wenn wir uns deprimiert fühlen, empfehle ich immer, aufzustehen, sich um sich selbst zu drehen, bis man ganz leicht, aber wirklich nur ganz leicht schwindelig wird, sich dann wieder hinzusetzen und das Höhere Selbst zu bitten, zu einem zu sprechen. Einige kleine Übungen werden im folgenden angeführt, dennoch geht es letztlich nicht um irgendeine Technik oder Methode, auch das wiederhole ich immer wieder, sondern um die eigene Ausrichtung des Bewußtseins. Wenn wir, vielleicht unterstützt durch eine Übung, über uns selbst hinausgehen oder tiefer in uns selbst hineinspüren, werden wir neue Aspekte des Lebens entdecken. Es geht nicht darum, Emotionen loszuwerden, sondern sie von höheren Schwingungen, mit einer lichterfüllten Energie durchströmen zu lassen.

Ich werde immer wieder darauf angesprochen, welche praktischen Übungen ich empfehle. Viele Menschen können aus Zeit- oder Geldgründen nicht nach Neu-Mexiko kommen, und andererseits sind wir im Light-Institute ja auch schon oft monatelang im voraus ausgebucht. Ich möchte an dieser Stelle darauf hinweisen, daß wir eventuell – vielleicht in der Südschweiz – ein europäisches Light-Institute eröffnen wollen. Viele Menschen fragen, auch in den Vortragsseminaren, nach Übungen. Ich möchte vorwegschikken, daß ich ja bekanntlich sehr zurückhaltend dabei bin, in den Seminaren Übungen durchzuführen oder auch für die Zeit zu Hause zu empfehlen. Der Hauptgrund ist, daß man allzu leicht in Versuchung geführt wird, eine Methode, eine Technik für den magischen Schlüssel zur Erleuchtung, zum Gewinn des Lebensglücks, oder was immer man sonst anstrebt, zu halten. Übungen sind aber nie Selbstzweck. Methoden und Techniken können bestenfalls dazu dienen, unserem Bewußtsein auf die Sprünge zu helfen. In Wahrheit ist das Höhere Selbst ja längst vorhanden, es tritt mit uns, direkt oder indirekt, längst ständig in Verbindung. Wir sind in Wahrheit Licht und göttliches Bewußtsein. Es gibt nichts, was künstlich geschaffen werden muß. Nur sind wir uns all dessen nicht bewußt.

Übungen können uns helfen, unsere geistige innere Ausrichtung so zu orientieren, daß wir Energien entwickeln, die zum angestrebten Zeitpunkt fließen. Es geht mehr um die Schaffung einer Energiespirale oder eines Energiemusters als um bestimmte konkrete Übungsabläufe. Der Wert einer Übung liegt nie in ihren technischen Vorgängen und Abläufen, sondern immer in der Bewußtheit, von der sie getragen wird. Übungen wirken wie ein Auslöser für die Einstellung auf höhere kosmische Schwingungen. Wenn wir zum Beispiel unsere Beziehung zu Eltern oder Partnern verändern und verbessern wollen, weil unsere Kommunikation total eingefroren ist, geht es in Wirklichkeit nur um eine Bewußtseinsänderung. Aber Übungen, nehmen wir an aus der Gestalttherapie (wir setzen uns vor ein Kissen, das Kissen repräsentiert den Partner, wir sprechen mit diesem imaginären Partner und sagen ihm alles, was wir ihm sagen wollen; dann setzen wir uns um, so daß das Kissen nun uns darstellt und wir selbst den Partner spielen, wir antworten uns, also dem Kissen, nun all das, was der Partner uns sagen will; usf.)

können uns helfen, Energieblockaden in uns zu lösen und damit unsere eigenen Bewußtseinsbarrieren zu überwinden. Wir sind im Regelfall noch nicht daran gewöhnt, daß wir Bewußtseinsschwingungen spontan und sofort verändern – dies ist aber uns allen möglich. In dem Moment, in dem wir einen anderen Standpunkt einnehmen oder von einer anderen Kraft durchströmt werden, fallen alte Polaritätsspiele in sich zusammen. Wir lernen üblicherweise leider durch negative Erfahrungen. Wir spielen gegenseitig Rollen in unseren jeweiligen Lebensdramen, ohne dessen bewußt zu sein, daß wir auch direkt und unmittelbar Veränderungen aus geistigen Dimensionen erfahren können. Wir können in einer Partnerschaft alles nach dem karmischen Prinzip ablaufen lassen, oder wir können uns auf einer höheren Oktave miteinander vereinen, daß die Qualität des Energieaustauschs zwischen uns vom Geist, nicht von Rollenspielen, getragen wird. Übungen können uns helfen, unsere Schwingungen zu harmonisieren, in neue Dimensionen zu heben, aus anderen Dimensionen neue Energien aufzunehmen. Jeder neue Energiestrom löst alte Schlacken und Kristallisationen auf.

Auch in den Sitzungen – auf englisch »sessions« genannt – geht es um Arbeit mit Energien. Die Rückführungen, oder wie ich es neuerdings lieber anders nenne, um den Vorgang noch genauer zu beschreiben, die Arbeit mit der Multidimensionalität unseres Seins, führen natürlich tiefer als die folgenden Übungen. Mit den Übungen können wir nicht sehen, erfahren und miterleben, welche spezifischen Themen und Kontrakte uns mit anderen Menschen verbinden. Die profunde Klärung unseres Emotionalkörpers ist in Individualsitzungen schneller, wirkungsvoller. Diese Feststellung verringert den Wert der Übungen aber keineswegs. Und Übungen, die wir in einer Gruppe durchführen – sei es nun in einem Seminar oder auch in einer kleineren Gruppe zu Hause – sind wirkungsvoller als Einzelübungen, zumindest für den überwiegenden Teil der Menschen. Der Grund: als einzelner hat man am Anfang einer bewußten geistigen Entwicklung oft nicht die nötige Konzentration und auch Disziplin, um die Übung wirklich im richtigen Rhythmus zu vollziehen. Und jedes Zusammensein in der Gruppe bringt eine Teilhabe an all den Energien mit sich, die von anderen Menschen, die ja von anderen Erfahrungen und Positionen her kommen, ausgelöst werden. Die Heilung der Gefühle wird durch eine liebevolle Unterstützung von Gruppenschwingungen unterstützt, oft auch erst ermöglicht. Wenn auch nur ein einziger innerhalb einer Gruppe Ekstase erfährt, wenn ein einziger emotionale Blockaden zu lösen vermag, dann hat die freigesetzte Energie einen direkten Einfluß auch auf alle anderen Teilnehmer der Gruppe, sei dies ihnen bewußt oder nicht.

Wenn wir in den Sitzungen eine direkte und unmittelbare Erfahrung des Emotionalkörpers erlangen, haben wir die Chance, ihn zu beeinflussen. Wenn wir ihn mittels der Einstimmung auf spirituelle Ebenen beeinflussen, erhöht der Emotionalkörper seine eigene Schwingungsfrequenz, so daß Schlacken wie Angst, Wut, Selbstgerechtigkeit usf. wie in einer Zentrifuge herausgeschleudert werden. In den Übungen kann es im Regelfall nicht um eine direkte Erfahrung des Emotionalkörpers in Form von Erlebnissen, Bildern, Gerüchen, Erfahrung unterschiedlicher Lebensdimensionen gehen, sondern vielmehr um eine allgemeine Erfahrung mehr oder weniger diffuser Ideen, aus denen sich ab und an vielleicht ein klares Bild abzeichnet. Ich rate immer davon ab, Rückführungen oder multidimensionale Arbeit, wie wir sie im Light-Institute in den Sitzungen durchführen, allein auf eigene Faust zu machen. Ohne einen erfahrenen Begleiter ist nach meiner Erfahrung nicht gesichert, daß man wirklich in die tiefen Schichten vordringt, in denen die Emotionalkörperprägungen erfolgen. Und ich meine auch, daß ein Begleiter, der einem als Partner oder anders karmisch eng verbunden ist, möglicherweise zuviel eigene Urteile und Positionen mit einbringt. Auf der anderen Seite wissen die Teilnehmer meiner Seminare bereits, daß ich immer empfehle, das eigene Höhere Selbst zu befragen, wenn man in bezug auf einen Weg oder eine Methode oder einen geistigen Führer in Zweifel ist. Und nicht nur dann! Wir mögen auch einmal beobachten, wie häufig die Angst vor Offenheit, die Angst vor offener Kommunikation uns daran hindert, selbst auf der mentalen Ebene uns mit anderen Menschen auszutauschen. Dies gilt insbesondere für Menschen, die uns sehr nahe stehen. Es fällt uns häufig leichter, mit »Fremden« über intime Probleme zu sprechen als mit unserem Partner. Noch ein weiterer Gedanke, insbesondere in bezug auf Übungen, die sich auch auf andere Menschen richten. Wenn wir uns in einer Übung mit unserer Beziehung zu einem Partner oder zu einem Elternteil befassen, sollten wir uns immer ihrer psychischen oder spirituellen Zustimmung versichern. Sie müssen es uns erlauben, mit ihnen und unserer Beziehung zu arbeiten. Wie dies praktisch geschehen kann, wird später aufgeführt. Mir ist es wichtig, dieses Thema anzusprechen, weil in früheren Zeiten allzuoft – im Rahmen psychischer Alchimie oder auch Schwarzer Magie – hypnotische, telepathische oder magische Manipulationen verfolgt wurden, die andere Menschen beeinflussen sollten, zumeist gegen ihren Willen und ihre Interessen. Für uns ist es jetzt aber an der Zeit zu lernen, wie wir mit der inneren schöpferischen Energie so umgehen, daß sie keine andere Person beherrscht oder manipuliert, sondern lediglich neue Bewußtseinsdimensionen eröffnet.

Dieser Gedanke ist natürlich auch für Menschen wichtig, die in sog. Heilberufen stehen. Will *ich* heilen? oder bin ich nur darum bemüht, die Fähigkeit und Bereitschaft des anderen Menschen zu wecken, seine eigenen Möglichkeiten in allen Ebenen des Lebens zu erfahren und sich dann selbst für die eine oder andere Richtung oder für einen Schwerpunkt zu entscheiden?

Arbeit mit Farben

Farbe, wir haben darüber gesprochen, ist die einfachste Sprache des Unbewußten. Farbe ist die universalste Ausdrucksform des Unbewußten. Farben eignen sich sehr, um Beziehungen zu klären und auch, um Klarheit in uns zu gewinnen. Wir müssen dazu nichts wissen, wir müssen keine Symbole interpretieren können, wir müssen uns nicht mit komplizierten Techniken beschäftigen. Mit Farben lassen wir uns auf universelle, kosmische Schwingungen ein.

Wenn Sie zum Beispiel noch niemals Kontakt zu Ihrem Höheren Selbst hatten, aber in Ihre eigene Mitte kommen wollen, gibt es eine wunderbare einfache Weise, dies zu erreichen. Sie fragen oder bitten einfach nach innen, welche Farbe Sie jetzt in Ihr Zentrum bringen kann. Die erste Farbe, die Sie entweder sehen oder spüren oder irgendwie empfinden, können Sie über Ihren Kopf, über das

Scheitelzentrum »einatmen«. Sie können sich vorstellen, wie mit jedem Atemzug die Farbe, die Sie als Antwort auf Ihre Frage erfühlt haben, oben in den Kopf hineinströmt und über den Solarplexus, das Nabelzentrum, ausfließt und von Ihnen ausgestrahlt wird. Das Nabelzentrum als Sitz des Emotionalkörpers wird dann von dieser Farbschwingung durchdrungen, und – gleich in welchem Gemütszustand Sie sich jeweils befinden mögen – diese Farbe wird Sie in Ihre Mitte zurückbringen. Sie werden dies sofort und unmittelbar erfahren können. Es mag sein, daß Sie ein Kribbeln spüren, eine leichte elektrische Schwingung, Wärme o. ä. – das sind durchaus übliche Begleiterscheinungen. Je mehr Sie sich von der Farbe durchfluten lassen, desto friedvoller, desto ganzheitlicher und »heiler« werden Sie sich fühlen.

Eine andere Art und Weise, diese Farbübung einzusetzen, besteht darin, sich auf die Farbe einzustellen, die ein anderer Mensch braucht oder wünscht. Nehmen wir an, daß wir eine Beziehung zu einem Partner, zu einem Arbeitskollegen, zu Kindern oder Eltern verbessern wollen, sie vielleicht auf eine neue Bewußtseinsebene heben möchten. Wir können uns dann auf den betreffenden Menschen einstellen, ihn sozusagen vor unserem geistigen Auge erstehen lassen, an ihn denken oder ihn zu erspüren suchen, ihn vielleicht auch visualisieren. Und wenn dieser Mensch in der einen oder anderen Weise vor uns gegenwärtig ist, können wir ihn fragen, welche Farbe dieser Mensch von uns möchte, um zu mehr Harmonie und Frieden und Liebe in seinem Leben jetzt zu gelangen. Es ist günstig, diese auf einen anderen Menschen gerichtete Übung erst dann zu vollziehen, wenn man sich selbst mit der eigenen Farbe »stabilisiert« hat. Die Farbe, die der andere Mensch von uns möchte oder braucht – und wir sollten uns dabei getrost auf den ersten Impuls in uns verlassen –, können wir nun ebenfalls über unseren Kopf in uns hineinlassen und über den Bauchbereich zu diesem Menschen hinstrahlen. Durch diesen Vorgang wird unser beider Beziehung auf eine sehr subtile, dennoch wirkungsvolle Weise ausgewogen, belebt, entkrampft, harmonisiert. (Wir können dieses Aufnehmen und Wiederausstrahlen von Farben am Anfang an den Atem koppeln, wir müssen es aber nicht. Auch hier sollten wir uns, wie bei allen Dingen im Leben, von unserer eigenen Intuition leiten lassen.)

Ob es nun also ein Blau ist, das uns in Gedanken auftaucht als Antwort auf die Frage, welche Farbe sie von uns wünschen, oder Orange oder Gelb oder Lila – wir senden diese Farbe, die wir über unser Scheitelzentrum aufnehmen, durch den Solarplexus zu ihnen aus. Dabei mögen wir beobachten, wo und auf welche Weise unser »Gegenüber« die Farbe aufnimmt. Empfängt er sie durch den Mund, durch die Augen, über den Brustbereich, über den eigenen Solarplexus? Wir fahren fort damit, diese Farbe auszustrahlen, bis wir spüren, daß der andere Mensch davon so erfüllt ist, daß er nun selbst diese Farbe ausstrahlt, daß diese Farbe wie ein Ballon oder eine große Aura um ihn herum ist. Wir können unser Gegenüber bitten, uns ein Zeichen zu geben, wenn er oder sie genug von dieser Farbe aufgenommen hat. Und dann stellen wir uns darauf ein, daß der Mensch wie ein Ballon langsam aufsteigt, mühelos schwebt, sich erhebt, bis er unseren Blicken entschwunden ist. Auf diese Weise können wir diese Person befreien, wir können sie loslassen, und wir können so eine neue Art der Beziehung gestalten. Ein solcher Energieaustausch, in dem wir einem anderen Menschen auf einer feinstofflichen Energieebene etwas geben, dessen er bedarf, wird uns stärker in unserer Mitte verankern, uns ganzer werden lassen – und weniger verhaftet.

Es ist nun natürlich nicht so, daß wir wirklich jemanden verlieren, wenn wir uns von den karmischen Bindungen an die Person lösen und sie wie uns befreien. Vielmehr entsteht eine neue Ausgewogenheit im gegenseitigen Energiefluß, die es uns erlaubt, das Wesen unserer Beziehung zu erkennen. Diese kleine Technik ist übrigens auch sehr nützlich, wenn wir uns mit jemandem gestritten haben oder wenn wir meinen, von jemandem aggressiv oder vorwurfsvoll angeredet worden zu sein. Wenn wir diesen Menschen die Farbe und damit die Energie senden, die sie für ihre eigene Harmonie brauchen, wird dies auch unmittelbar ihr Verhalten ändern.

Eine Lichtübung

Eine Übung, die ich in den Seminaren ab und an vorschlage, besteht darin, den Solarplexus, das Nabelzentrum also, auf neue Weise zu beleben. Wir können oft beobachten, daß Menschen ihre Arme vor dem Bauch verschränken und auch ein wenig im Bauch eingeknickt sind, sogar wenn sie stehen. Diese Haltung stellt den Versuch dar, sich zu schützen. Über unser Nabelzentrum nehmen wir, mehr oder weniger bewußt, die emotionalen Schwingungen anderer Menschen auf. Normalerweise strecken wir unsere »Fühler«, unsere »Antennen« des Emotionalkörpers hinaus, um über diese feinen Fäden oder Fasern in Verbindung mit den Energien unserer Umwelt zu kommen und einen Energieaustausch zu vollziehen. Wenn nun das ganz offene Nabelzentrum von Kleinkindern oder Kindern immer wieder mit negativen Schwingungen konfrontiert wird – wie Aggression, Angst, Überheblichkeit usf. – dann ziehen sich diese Fäden oder Fasern, diese Antennen, automatisch weiter zurück. Sie wollen nicht länger mehr dunkle und schwere Energien weiterleiten. Wir kennen ja auch das Gefühl, daß es uns im Magen mulmig wird oder daß wir Bauchflattern, Wärmewellen, Kribbeln o. ä. spüren, wenn wir kurz vor oder in einer gefühlsmäßig belastenden Situation sind.

Mit der Zeit wird die Abwehr dieser Belastungen von außen zu einer Verkrampfung des Nabelzentrums führen, man knickt im Bauch ein, um sich zu schützen, und hält schließlich noch die verschränkten Arme als Verteidigung davor. Allerdings: Das nützt überhaupt nichts, denn es führt nur dazu, daß das Nabelzentrum verkümmert! Die folgende Übung eignet sich dazu, das Nabelzentrum freier durchströmen zu lassen und damit eine Vorbereitung zur Klärung und Entschlackung des Emotionalkörpers zu vollziehen.

Wir können uns bequem hinsetzen; wenn wir mögen, lehnen wir uns an. Wir achten darauf, daß wir nicht mit übereinandergeschlagenen Beinen sitzen und auch nicht die Arme vor dem Bauch oder dem Brustkorb verschränken. Es empfiehlt sich, den Hosenbund oder den Gürtel so zu lockern, daß wir wirklich entspannt sitzen können. Die folgende Übung kann an den Atem gekoppelt werden – und am Anfang empfiehlt sich das auch; allerdings gilt bei allen

Übungen und Anregungen, daß Ihr Höheres Selbst Sie letztlich zu der Weise führen kann und führen wird, die für Sie die angemessenste ist. Wir lassen nun über unseren Kopf, oben über die Kopfhaut (und durch unser Scheitelzentrum) reines, klares, weißes Licht in uns einströmen. Wenn wir meinen, daß das nicht funktioniere, ohne unsere Vorstellungskraft oder Phantasie zu bemühen, so ist dies kein Hindernis. In diesem Falle stellen wir uns eben einfach vor, daß weißes Licht von oben über unseren Kopf in uns hineinfließt. Und wir lassen es – möglicherweise gekoppelt an den Atem – nun über unsere Bauchgegend als Licht oder Energie wieder ausströmen. Wir »atmen« weißes Licht über unseren Kopf ein und »atmen« es über unseren Solarplexus, unser Nabelzentrum, wieder aus. Wir legen eine Hand mit der Handfläche zum Bauch auf die Solarplexus-Gegend – das kann ruhig auf der Kleidung erfolgen. Und nun beobachten wir einfach, ob wir in der Hand etwas spüren, wann immer die Energie über unser Bauchzentrum wieder ausströmt. Es mag sein, daß wir Wärme empfinden oder ein Kribbeln oder ein leichtes Vibrieren oder etwas wie kleine Stromstöße und dergleichen mehr.

Wir können nach einiger Zeit unsere Hand ein wenig *vor* den Bauch halten, vielleicht im Abstand von 5–10 cm. Wir lassen weiter weißes Licht über den Kopf in uns einfließen und senden es über das Nabelzentrum nach außen. Dabei spielt es, wie gesagt, keine Rolle, ob wir die Aussendung als Licht oder nur als diffuse Energie empfinden. Wir spüren also mit der Hand in einem gewissen Abstand vor dem Bauch, inwieweit wir die ausgesandte Energie auf dem Handteller anders oder schwächer oder intensiver fühlen. Und nach und nach vergrößern wir den Abstand zwischen Bauch und Hand, bis unsere Hand in unserer ganzen Armeslänge vor dem Nabelzentrum immer noch die ausgesandte Energie spürt. Dabei lohnt es sich zu registrieren, ob wir uns gefühlsmäßig insgesamt anders fühlen, vielleicht besser, sicherer, offener, freier!

Als nächstes Stadium dieser Übung können wir nun die Hand wieder fallen lassen und dennoch weiter weißes Licht aufnehmen und über unser Nabelzentraum aussenden. Nun aber versuchen wir, diesen »Energiestrahl« auf ein Objekt zu richten. Dies kann ein Türknopf sein, ein Buch, ein Stuhl, das Telefon – irgend etwas. Vielleicht sind wir sensibel genug zu fühlen, wenn der Energiestrahl auf ein Objekt auftrifft. Der Sinn der ganzen Übung ist einfach zu verstehen: Solange wir Licht und Energie ausstrahlen, kann nicht gleichzeitig etwas in das Nabelzentrum hereinkommen. Darin besteht der beste Schutz vor unerwünschten Einflüssen! Die Erfahrung fast aller Teilnehmer in meinen Seminaren geht dahin, daß sie sich während und nach dieser Übung frischer, klarer und vor allem selbstsicherer und freier fühlen. Sie spüren, manche zum ersten Mal, wie eine harmonische Energie durch sie fließt und von ihnen ausschwingt. Man kann diese Übung auch sehr rasch und rein »gedanklich« durchführen, zum Beispiel, wenn es darum geht, ein unangenehmes Telefongespräch zu erledigen – oder wenn man einem Menschen in einer heiklen Angelegenheit gegenübertreten muß, o. ä. Diese Übung belebt den Solarplexus, diese Übung läßt die Antennen sich wieder ausdehnen, aber da durch sie Energie hinausströmt, nehmen sie keine schwächere, niedrigere Schwingung auf.

Hilfe für Kinder

Ich möchte auch eine einfache Übung vorschlagen, die sich auf unsere Kinder bezieht. Dabei geht es nicht um das eigene Kind im Inneren, das kleine Mädchen oder den kleinen Jungen, sondern um unsere »äußeren« Kinder. Mehr und mehr Menschen verstehen, daß sie eine tiefe Seelenverbindung zu ihrem Kind besitzen. Wir haben uns ja dieses Kind ausgesucht, wir haben uns entschieden, dieses Kind durch uns in diesem Leben, auf dieser Erde, zu dieser Zeit, sich entwickeln zu lassen. Kinder sind Spiegel der Energien um sie herum. Sie haben noch nicht gelernt, sich selbst gegen unsere Bitterkeit, unseren Zorn, unsere Angst zu verteidigen oder sich davor zu verstecken. Sie leben sehr in der Gegenwart, im Jetzt. Oft werden unsere Kinder krank, weil es eine Störung oder ein Ungleichgewicht im Energiefeld um sie herum gibt! Deshalb haben Kinder auch so häufig Bauchschmerzen. Sie werden von emotionaler, astraler Schwingung sehr viel eher regelrecht besetzt, als sich dies bei Erwachsenen ereignet – (die sich im Nabelzentrum ja schon häufig regelrecht verschlossen haben). Deshalb ist es sehr lohnend und heilend, mit Kindern auf einer inneren Ebene zu arbeiten – und damit heilen wir auch uns selbst. Wenn Kinder nicht mehr nur die Schwingung und den Gemütszustand reflektieren, den wir ausstrahlen, wenn sie nicht mehr nur auf uns reagieren, führt das dazu, daß sie unsere Eigenschwingung erhöhen.

Es ist immer ratsam, zunächst einmal eine zumindest kurze Zeitspanne hindurch die Lichtübung auszuführen, während der wir uns von weißem Licht durchfluten lassen, das über unseren Solarplexus wieder als Licht oder Energie ausströmt. Dadurch können wir nämlich etliche Belastungen oder Verwirrtheiten unseres eigenen Emotionalkörpers ausgleichen.

Ich empfehle, daß man zu den Kindern geht, wenn sie schlafen. Und nun kann man zwei Übungsansätze miteinander kombinieren, wie es einem selbst richtig erscheint. Wir fragen uns im Inneren, welche Farbe das Kind von uns braucht oder möchte, um in einen harmonischen, schöpferischen, freien Bewußtseinszustand zu gelangen. (Die Art und Weise, wie wir das Farbbedürfnis eines Menschen erfassen und ihm diese Farbe schicken können, sie ihm sozusagen wie durch einen Projektor senden, ist unter der Überschrift »Farbübungen« beschrieben.)

Der zweite Teil der Übung besteht darin, daß wir unsere Hände oder auch nur eine Hand ungefähr 5–10 cm über den Körper des Kindes halten und nun vom Kopf zum Fuß, vom Scheitel bis zur Sohle, die Aura oder das Energiefeld um den Körper streicheln, kämmen, bürsten. In weichen, fließenden Bewegungen harmonisieren wir das Energiefeld um den Körper des Kindes. Dadurch klären wir die emotionalen Kanäle und die Aura von aller Verwirrung, Belastung, Abspaltung und Dunkelheit. Während des Tages zieht die Aura vor allem von Kindern, weil sie so offen sind, wie ein Magnet Energie an – gleich, ob das nun von uns als Eltern oder von anderen Menschen in der Umwelt geschieht.

Wenn wir als Eltern diese Harmonisierung der Aura unseres Kindes fördern, drückt sich darin etwas sehr Starkes aus: Wir nehmen unsere Verantwortung, Eltern zu sein, an und erlauben unserer Liebe, einen praktischen Ausdruck zu finden. Dies löst in uns selbst ein ekstatisches Empfinden aus, weil wir geben können, weil es auf uns »ankommt«.

Diese Klärung und Reinigung und Beruhigung der Aura kann im übrigen auch an Erwachsenen vollzogen werden; und wenn der betreffende Partner damit einverstanden ist, natürlich nicht nur im Schlaf, sondern auch im Wachzustand. Da wir selber zunächst über unser Nabelzentrum Energie ausgesandt haben und durch und in uns diese Energie geschaffen haben, nehmen wir bei dieser Art von Aura-Arbeit auch keine »negativen« Schwingungen in uns selbst auf. Es ist sehr heilend – für Zorn, für Angst, in der Liebespartnerschaft, in der Familie –, wenn wir uns neben direkten herzlichen Körperkontakten, Erotik usw. auch einmal ein solches Geschenk wie die Auraharmonisierung geben können. Die Heilung der Gefühle ist ein Bewußtseinsvorgang, der sofort und direkt erfahrbar Wirkungen auslöst, wenn wir uns darauf einlassen. Zu heilen heißt zu lieben! Zu heilen heißt, klar zu sein, bewußt zu sein, wach zu sein! Bei dieser Übung verhält es sich ähnlich wie bei den sogenannten Rückführungen. Es kommt weniger oder gar nicht darauf an, wie wir nun das Energiefeld um den Körper bezeichnen – als Aura, als Astralkörper, als Energiefeld... Wichtig ist vielmehr, daß wir uns darauf einlassen – sei es auch als »Spiel« im Rahmen einer kreativen Phantasie –, daß wir uns und anderen die Heilung *gestatten.* Selbst die Vision einer möglichen Heilung heilt! Jeder Impuls, der lichtvollere Bewußtseinsschwingungen in uns verstärkt, heilt.

In unserer Zeit, in unserer Art der Gesellschaft gibt es so viele Einflüsse, die uns ängstigen oder Angst in uns bewirken. Diese Energien, die uns ängstigen, sind astraler Natur und besitzen Stofflichkeit, Gewicht, materielles Wesen. Sie kleben an unserem Körper, vor allem auch am Emotionalkörper, und manchmal nehmen wir dies sogar als ein Kribbeln oder kleine Elektroschocks wahr, die wir irgendwie abzuschütteln versuchen. Da wir nun mehr und mehr von körperlicher Bewegung und körperlicher Anstrengung abgekommen sind, da wir uns kaum noch richtig bewegen, sammeln sich diese Energieformen um uns herum weiter an. Selbst viele Teppiche in unseren Wohnungen und Häusern lassen positive Ionen entstehen, welche unser Aurafeld beeinträchtigen.

Wir lassen uns so mit diffusen Energien erfüllen, daß wir uns gar nicht mehr anders zu helfen wissen, als sie auf unkontrollierte Weise wieder loszuwerden. Dann schreien wir unsere Kinder an oder schlagen sie, oder wir reagieren aggressiv auf irgend jemand anderen, bei dem wir damit durchkommen. Danach fühlen wir uns schuldig, bekommen Angst vor uns selbst und versuchen rational zu rechtfertigen, warum wir uns so verhalten haben. Das ist ein ziemlich verbreitetes Verhaltensmuster. Diese Übung also, das Energiefeld oder die Aura zu streicheln, zu harmonisieren, zu »kämmen«, erlaubt uns, diese diffusen Energien zu lösen, ohne daß es zur Verstrickung in erneute emotionale Teufelskreise kommt. Wenn wir uns gegenüber jemandem aggressiv verhalten oder eine Person zu beherrschen versuchen, registriert dies der Emotionalkörper und reagiert darauf mit einer Angst, deren Ursache vom bewußten Verstand nicht wahrgenommen werden kann. Das beschriebene Harmonisieren der Aura bedeutet keine Beherrschung des anderen – und wir vermeiden auch ein Aufwühlen unserer eigenen Aura oder der des anderen Menschen durch eigene Gemütsreaktionen.

Eine Drehübung

Ich empfehle auch immer, sich ein wenig – wie Kinder – links- oder rechtsherum zu drehen, manchmal auch als Vorbereitung und Einstimmung zu Meditationsübungen. Ob wir uns links- oder rechtsherum drehen wollen, können wir unserem eigenen Körperbewußtsein überlassen. Vielleicht spüren wir auch, daß wir uns in beide Richtungen drehen wollen, mit geschlossenen Augen, wenn uns das angenehm ist, bis uns ganz leicht, aber wirklich nur ganz leicht schwindlig ist.

Wenn man sich rechtsherum, also im Uhrzeigersinn, dreht, wirft oder schüttelt man negative Energien vom Körper ab. Unser Körper hat ein elektromagnetisches Feld, das elektromagnetische Impulse anzieht und speichert. Wenn wir uns drehen, hat dies eine Art Zentrifugalwirkung, die tatsächlich fremde Energien herauszulösen imstande ist. Wenn man sich danach linksherum dreht, zieht man die eigene innere Energie – sozusagen von oberhalb des Körpers – in den Körper, in unsere Mitte hinein. Die Drehung wirkt wie eine Energiespirale. Wenn wir uns rechtsherum drehen, bewegen wir Energie, fremde oder langsam schwingende Energie, nach außen und lösen uns von ihr. Wenn wir uns linksherum, gegen den Uhrzeigersinn, drehen, dann öffnen wir unsere Körper für die eigene geistige Energie.

Außerdem bewirkt die Eigendrehung, daß die beiden Gehirnhälften, die linke und die rechte Hemisphäre, synchron zueinander schwingen. Beim Durchschnittsmenschen in unserer modernen Gesellschaft pulsieren beide Gehirnhälften nicht synchron zueinander, sondern in teilweise sogar gegenläufigen Schwingungen. Dieser »Beta-Zustand« verhindert, daß wir holographisches Bewußtsein entwickeln. Wenn beide Gehirnhälften beginnen, synchron zueinander zu schwingen, geraten wir in einen »Alpha-Zustand«, der durch eine Verbindung oder einen Brückenschlag zwischen den beiden Hemisphären holographische Wahrnehmungen ermöglicht. Die Gehirnwellen können mit der Zeit in einen »Theta-Zustand« übergehen, der nicht nur inneres Wissen, Bilder, subjektive symbolische Information zuläßt, sondern auch Verjüngung, Heilung, mediale Information begünstigt.

Normalerweise erfahren wir solche Zustände nur unbewußt, zum Beispiel während des Schlafes. Die Drehung um sich selbst ist vor allem nützlich für Leute, die sehr verspannt sind, die ein Leben voller Streß führen, die nicht meditieren können, weil sie ihre Gefühls- und Gedankenbewegungen nicht beruhigen können, die sich körperlich wenig bewegen. Wenn wir uns um uns selbst drehen ist dies hilfreich für alle gerade angesprochenen Schwierigkeiten. Das Blut zirkuliert besser, der Körper wird lockerer und entspannter, das Gehirn »gewaschen«, und wir werden feststellen, daß wir dann sehr viel friedvoller in der Meditation sitzen können. Diese Eigendrehung nach Kinderart löst Kristallisationen des Egos auf und hilft, das Gefühl der inneren oder äußeren Spaltung zu überwinden.

Kinder haben einen natürlichen Hang dazu – manchmal machen sie es, bis sie fast ohnmächtig zu Boden fallen. Wir finden ähnliche Verhaltensweisen auch in manchen magischen Traditionen, bei Trancetänzen, animistischen Ritualen und dergleichen mehr. Diese Drehbewegung relativiert die rationale Wahrnehmung und stimuliert holographische und mediale Einstimmung auf größere

Wirklichkeiten. Was in manchen Denkschulen als Hospitalisierungssymptom, vor allem bei lange bettlägrigen Kindern bezeichnet wird, und was man dann leider manchmal mit ungeeigneten Mitteln zu unterbinden sucht, ist in Wirklichkeit ein Zeichen einer natürlichen Bestrebung, Altes, Dunkles und Schweres abzuschütteln. Jede Bewegung, die uns »flüssiger« werden läßt, hilft uns, starre Bewußtseinsgrenzen zu überwinden.

Übung zum Höheren Selbst

Ich werde oft gefragt, ob es eine besondere Technik oder Methode gibt, in Kontakt mit dem »Höheren Selbst« zu kommen. Das Höhere Selbst ist immer da, es steht uns immer zur Verfügung! Es ist *keine* Frage einer bestimmten Methode, sondern nur eine Frage unserer bewußten Ausrichtung. Wir stehen tatsächlich ständig in Kontakt mit unserem Höheren Selbst, nur hören wir zu häufig nicht auf dessen Stimme. Wir brauchen wirklich nur ganz einfach nach innen zu bitten, daß sich das Höhere Selbst in der einen oder anderen Form uns zeigen möge. Und in welcher Gestalt, als welches Objekt oder welcher Gegenstand, als welche Farbe, welches Symbol es sich auch immer zeigt: das können wir annehmen als *den* Aspekt unseres Höheren Selbst, der zur Zeit der für uns begreifbare und annehmbare Aspekt ist. Wir können uns dabei wirklich auf unseren ersten Impuls verlassen! Wir müssen nicht hin und her grübeln, ob dies nun das Höhere Selbst, eine Phantasie, eine Vorstellung, eine Projektion oder irgend etwas anderes ist. Der erste Impuls – sei es nun ein Bild oder ein Wort oder eine Schwingung –, den wir als Antwort auf unsere innere Frage erhalten, stellt tatsächlich die Form des Höheren Selbst dar, wie es sich uns zur Zeit verständlich machen kann. Wir können uns dann auf die Energie, welche von diesem Aspekt des Höheren Selbst ausgeht, einlassen!

Dazu richten wir uns bewußt auf die Form des Höheren Selbst aus, die wir sehen oder hören oder spüren, und nehmen diese Form mit ihrer Energieschwingung dort im Körper auf, wo unser *Körper* will. Und von dort aus lassen wir nach und nach die Energie, die sich z. B. auch durch eine Farbe oder ein abstraktes Symbol ausdrücken kann, im ganzen Körper fließen. Wir können auch jederzeit Fragen an unser Höheres Selbst stellen und die Antworten »ausprobieren«.

Die »Achter«-Übung

Eine in den Seminaren besonders beliebte Übung besteht darin, sich auf die natürliche Schwingung feinster Materie und Energien einzustellen. Das Symbol der Ewigkeit, die liegende Acht, steht für eine der grundlegenden Bewegungen auf der molekularen und atomaren Ebene. Wenn diese Bewegung ungestört verläuft, herrscht »Harmonie«. Wenn diese »Achterbewegung« gestört wird, entsteht Disharmonie, die bis zur Zerstörung gehen kann.

Krebs, radioaktive Strahlenbelastung und Aids weisen Energiemuster auf, welche die natürliche harmonische Schwingung in unseren Zellen, die ebenfalls von der »Achterbewegung« bestimmt wird, stören. Wir meinen oft, daß wir gegen diese Störung und schließlich Zerstörung der Zellen vollkommen machtlos seien. Aber aus meiner Sicht trifft dies nicht zu. Eine unter mehreren Hilfen ist die nachfolgend beschriebene Übung, um Disharmonie erst gar nicht aufkommen zu lassen. (Das heißt nicht, daß nur damit irgendwelche schweren Krankheiten geheilt werden können!)

Ich habe auch festgestellt, daß sich diese Übung als Meditation und Öffnung für andere Bewußtseinsdimensionen gut eignet.

Wir können diese Übung im Sitzen, im Stehen oder im Liegen ausführen. Wir stellen uns zunächst vor, wie vom Steißbein herauf eine Lichtenergie die Wirbelsäule aufwärts fährt, den Hals entlang, zum Scheitel hin, und diese »Linie« von Lichtenergie macht dann oben am Scheitelpunkt eine Wende, löst sich vom Kopf, führt über dem Kopf eine »Schleife« aus, so daß ein kleiner Kreis oder eine Ellipse über unserem Kopf entsteht, dann geht die Lichtenergie wieder zum Wendepunkt auf dem Scheitel und läuft auf der Mitte unserer Stirn, unseres Gesichts, des Brustkorbs den Bauch entlang hinunter zwischen die Beine, am Damm entlang und dann wieder den Rücken empor.

»Achterübung« heißt sie, weil wir uns wie in einer Acht befinden, die einen großen Bauchkreis hat, der vom Schritt bis zum Kopf und wieder herunter reicht, und einen kleineren Kopfkreis, der über dem Scheitel entsteht.

Wir können diese Lichtenergie nun langsamer oder schneller laufen lassen; wir können diese Acht direkt am Körper spüren, oder weiter von ihm entfernt. Wir können sie aber auch ganz klein in uns hineinnehmen.

Dabei kann sich ein Vibrieren ergeben, ein Kribbeln, vielleicht auch Wärme. Wir sollten darauf achten, ganz entspannt zu sitzen, nichts Bestimmtes zu erwarten, nichts zu forcieren. Teilnehmer an den Seminaren berichten fast einmütig, daß sie sich durch die »Achterübung« wie neu belebt fühlen, daß sie mehr Energie in sich spüren, auch mehr Klarheit.

Und was zunächst einmal eine Übung ist, zu der man sich extra hinsetzt und auch Vorkehrungen trifft, nicht gestört zu werden, etc., wird bald zu einer ganz natürlichen Bewußtseinshaltung: Energien fließen, kreisen, pulsieren, schwingen – im Rhythmus der unendlichen Acht.

10. Im Dreieck der Gefühle

Das magische Dreieck

Zum Thema »Eltern-Kinder-Partner« ein weiterer Denkansatz, ein erneuter Bewußtseinsimpuls: der Kreis schließt sich wieder, auf einer höheren Ebene. Es gibt so etwas wie ein magisches emotionales Dreieck, zwischen Eltern, Kindern und Partnern. Einmal sind wir in einer Beziehung, wo wir Kind sind und das Gegenüber die Eltern, ein anderes Mal sind wir die Eltern und unser Gegenüber das Kind und ein drittes Mal ist unser Gegenüber der Partner oder die Partnerin. Wenn wir unsere Gefühle heilen wollen, wenn wir den Emotionalkörper klären und heilen wollen, wenn wir uns von Licht und Liebe erfüllen lassen wollen, dürfen wir keinen der drei Verbindungspunkte dieses Dreiecks übersehen. Wir sollten das Kind in uns erfahren, auch wenn wir mit unserem Liebespartner zusammen sind, das Kind auch empfinden in der Beziehung zu unseren Eltern und desgleichen im Verhältnis zu unseren eigenen Kindern. Und ebenso sollten wir spüren, daß wir Partner unserer Kinder, Partner unserer Partner, Partner unserer Eltern sind. Und dies gilt analog natürlich auch für die Selbsterfahrung als Elternteil. Diese Anregung des Energieflusses bewirkt, daß sich die Pyramide oder das Dreieck des dreidimensionalen Raums in die geistige Spirale verwandelt.

Aber wir bleiben allzuoft in einer Ecke des Dreiecks stecken oder blockieren uns selbst darin: ich bin ein Elternteil – ich bin ein Mann – ich bin ein Kind. Die Eckpunkte stellen Übergänge oder

Wendepunkte zwischen den Facetten unserer Beziehungsfähigkeit dar. Man könnte diese Eckpunkte auch Verschmelzungspunkte oder Fusionspunkte nennen. Sie sind Schwellen zu einer höheren Dimension; man könnte sie auch als Brennpunkte bezeichnen, in denen verschiedene Energien verschmolzen werden. Wenn wir bewußt in allen drei Eckpunkten gegenwärtig sind und die jeweiligen Facetten unserer Beziehungen gleichermaßen leben, aktivieren wir die Energiespirale, welche uns über die Brennpunkte zugänglich wird.

Es spielt dabei keine Rolle, ob wir die äußeren Eltern oder die inneren Eltern, das äußere Kind oder das innere Kind, den äußeren Partner oder den inneren Partner ansprechen. Der innere Energieausgleich zwischen den verschiedenen Aspekten unserer selbst und unsere Verhältnisse zu äußeren Partnern ist die Bedingung, die Voraussetzung, daß wir äußere Beziehungen klären können. Gleichzeitig dient dieser innere Energieausgleich dazu, daß wir Zugang zur höheren, geistigen Dimension erlangen. Ich möchte immer wieder betonen, daß wir uns zunächst auf einer inneren Ebene unserer Kontrakte und karmischen Verbindungen bewußt werden müssen, die wir dann – ebenfalls zunächst auf einer inneren Ebene – lösen (zum Beispiel über eine Farbübung o. ä.), bevor wir uns selbst aus der Blockade in einer der Eckpunkte dieses Dreiecks befreien können, bevor wir uns selbst davon befreien können, mehr als nur eine bestimmte Rolle zu spielen.

Familie, Scheidung, Trennungen

Bevor wir auf die Problematik von Ehescheidungen näher eingehen können, muß man sich an die Grundlagen der Familienbeziehungen erinnern. Innerhalb der Familie gibt es gemeinsame genetische Informationen. Das Kind entstand aus einer Zelle der Mutter und einer Zelle des Vaters. Diese beiden Zellen verschmolzen dergestalt, daß das Kind in sich nicht nur genetische, sondern auch mediale Informationen vereint. Das Kind hat einen unmittelbaren psychischen und spirituellen Zugang zu den tiefsten emotionalen

Strömungen beider Elternteile. Weder Vater noch Mutter können zum Beispiel ihre Angst vor dem Kind verstecken. Das Kind erfährt direkt die Energien und Gefühlsvorgänge der Eltern. Das Kind hat schon »biologisch« Anteil an beiden Aurafeldern und spürt bewußt oder unbewußt, was sich beim Zusammentreffen der beiden Auren ergibt. Damit weiß das Kind bereits von vornherein um die Entwicklung der Beziehung seiner Eltern! Die Eltern haben keine Chance, ihre Gefühlsdynamik zu verheimlichen.

Und die Entwicklung sowie das »Resultat« der Beziehung der Eltern paßt genau zu den Beziehungslektionen, welche die junge Seele selbst gewählt hat, um daran zu wachsen. C. G. Jung formulierte so kraftvoll: Frage einen Mann, was er von seiner Mutter hält, und er wird dir offenbaren, wie er seine Frau behandelt. Es ist von höchster Wichtigkeit zu verstehen, daß das Kind bereits weiß, welche Entwicklungen innerhalb der Familie für seine eigene Entwicklung notwendig und hilfreich sind. Es geht bei Familienbeziehungen, wie im übrigen bei allen Beziehungen, um Energien und Energieprozesse. Es spielt keine Rolle, ob die Eltern kein einziges Mal vor den Kindern offen gestritten oder auch nur ihre Stimme erhoben haben. Wenn sich die Eltern in einem disharmonischen Verhältnis befinden, erfaßt das Kind dies ohnehin. Und das Kind spürt diese Schwingung nicht nur, sondern benutzt sie zur eigenen Entwicklung!

Nun beobachten wir überall in der Welt, sogar in sehr traditionsgebundenen Gesellschaften, mehr und mehr Trennungen zwischen Lebenspartnern, zwischen Eheleuten. Scheidung ist eines der wichtigsten Gesprächsthemen – auch in der Sowjetunion, wo mich sehr viele Menschen bei meinem letzten Besuch in Moskau darauf ansprachen. Wir unterhielten uns dort genauso über die Spannungen und die Schwierigkeiten, die sich immer stärker in eigentlich auf Dauer angelegten Beziehungen bemerkbar machen. Dieser Trend überall in der Welt ist nun weder ein Zufall noch ein Unglück. Vielmehr verbirgt sich dahinter einfach ein Energieprozeß, der auf unseren Emotionalkörper einwirkt, um ihn von allen Schlacken und Prägungen zu befreien, welche eine Entfaltung und das Aufblühen medialer und spiritueller Wesensmerkmale behindern. Anders ausgedrückt: unsere »normale« Art und Weise, als Mann und Frau miteinander umzugehen, reicht nicht mehr aus, um uns wirklich eine höhere Oktave des Bewußtseins zu eröffnen. Diese höhere Oktave des Bewußtseins verlangt nach Manifestation – jetzt, in unserer Lebenszeit. Die Auflösung langjähriger Beziehungen ist demnach nicht Ursache von Problemen, sondern die Begleiterscheinung einer Bewußtseinswandlung. Junge Menschen, die Trennungs- und Scheidungssituationen zu Hause miterleben, benutzen diese Erfahrungen, um das Beste in ihrer eigenen Lebensstruktur herauszuarbeiten. Aus meiner Sicht haben Kinder, die zum Beispiel nur mit der Mutter oder nur mit dem Vater aufwachsen, in früheren Leben bereits die äußere Yang- bzw. die äußere Yin-Energie soweit gemeistert, daß sie diese komplementären Energien in diesem Leben nicht mehr durch einen ständig anwesenden Vater oder eine sie ständig betreuende Mutter erleben müssen. Also suchen sie sich eine Lebenssituation aus, in der sie von der äußeren Yang- oder Yinkraft nicht begleitet werden. Viele Kinder werden auf diesem Planeten nur oder fast nur von Müttern aufgezogen. Die männliche Energie eines Vaters haben diese Kinder bereits in anderen Dimensionen hinreichend kennengelernt und verarbeitet, so daß also ihre Situation jetzt der Entwicklungsnotwendigkeit genau entspricht. Wir sollten, anstatt die Auffassung zu unterstützen, daß ein Kind durch den Verlust eines Elternteils zum »Opfer« wird, die Seelenentscheidung von Mutter und Kind respektieren.

Wenn Vater oder Mutter sterben, bedeutet dies eine Art Initiation für uns. Die durch Vater oder Mutter geäußerte und projizierte Energie verläßt ihren bisherigen Träger und gehört sofort zum Kind. Das Kind »erbt«, bzw. verinnerlicht diese Energie und erlangt die Gelegenheit, mit der Energie so weit zu verschmelzen, daß es sie selbst wieder ausstrahlen kann. Wenn wir Zeuge einer Trennung innerhalb der Familie werden, ist es sinnvoller, dem Kind zu helfen voran zu gehen, und auch auf einer spirituellen Ebene das auszudrücken, was es bereits aufgenommen hat, anstatt von irgendwelchen Nachteilen oder Problemen auszugehen und darüber zu sprechen. Wenn in Kindern und Jugendlichen diese Einsicht, daß in der Trennung eine große Chance für ihre eigene Entwicklung liegt, entsteht, dann werden sie die männlichen und weiblichen Kräfte in sich auf neue Weise verbinden und leben können.

Partner, die sich trennen, erleben die gleichen Ängste, wie sie die betroffenen Kinder erfahren. Und es bedeutet auch für die sich scheidenden Partner eine Initiation; vor allem für den Menschen, der sich möglicherweise gar nicht scheiden lassen will. Wie die Kinder müssen auch die Erwachsenen etwas in sich erfahren, sie müssen nun Kräfte assimilieren, die sie zuvor auf den Partner projiziert haben. Es kommt zu einer Periode der Angst vor der Einsamkeit, vor der eingebildeten Unfähigkeit, Erfüllung zu finden und den Anforderungen des Lebens gerecht zu werden. Der Mann entdeckt, daß er kochen lernen muß und es auch kann – die Frau lernt, Geld zu verdienen und die Familie zu versorgen. Haben die Partner zuvor geglaubt, ohne den anderen als Halt nicht überleben zu können, stellen sie nun fest, daß sie die zuvor dem Partner überlassenen Aufgaben auch selbst wahrnehmen können. Wenn wir entdecken, daß die Trennung eine Herausforderung darstellt, die wir annehmen und bestehen können, entdecken wir auch, daß die Scheidung eine »Entwicklungshilfe« bedeuten kann.

Kinder und Eltern durchlaufen dieselben Prozesse. Überall auf der Welt machen Kinder heutzutage emotionale Erfahrungen, die früher nur als Erwachsene erlebt wurden. Kinder haben Liebesbeziehungen, werden von Identitätskrisen geschüttelt, schlagen sich im Alter von 10 Jahren schon mit Eifersucht herum usf., weil ihre Bewußtheit größer ist, weil sie ein intensiveres Gefühlsleben haben. Was früher Teenagern und Twens vorbehalten schien, wird nun von 8- bis 10jährigen erlebt. Daraus entsteht natürlich eine Menge Verwirrung und auch Angst. Aber in dem Maße, wie diese jungen Menschen bereits in einem frühen Alter solche Erfahrungen machen und damit umzugehen lernen, erlangen sie auch früher die Fähigkeit, in neue Bewußtseinsdimensionen vorzustoßen. Solche Auseinandersetzungen sind ja, aus der richtigen Perspektive betrachtet, immer großartige Chancen, mit Kräften spiritueller Natur in Berührung zu kommen. Wir erleben nie etwas, womit wir nicht fertig werden können, was wir nicht benutzen können, um daraus zu lernen! Wenn wir unsere Lebenserfahrungen aus dieser Sicht betrachten, anstatt uns als Opfer zu fühlen, werden wir schnell und umfassend geistig wach werden. Wir werden in die Lage versetzt, unser Leben von einer sehr machtvollen Position aus schöpferisch zu gestalten.

Neue Beziehungen

Übrigens: wir können häufig beobachten, daß Partner nach einer Trennung oder Scheidung Angst davor haben, eine neue Beziehung einzugehen, oder auch, daß sie schnell in eine sehr ähnliche Partnerschaft wieder »hineinfallen«, die gleiche Verhaltensmuster auslöst wie die vorherige. Bis wir nicht den Ursprung unserer Lebensthemen und Probleme erfassen, werden wir entweder voller Angst vor neuen Beziehungen zurückschrecken oder immer wieder dieselbe Art von Menschen mit derselben Thematik anziehen. Deshalb halte ich auch die Arbeit am Light-Institute für so wichtig; wir dringen immer gemeinsam zur Quelle von Blockaden und eingefahrenen Reaktionen vor, die dann in der Arbeit am Emotionalkörper und in anderen Zeit- und Raumdimensionen gelöst werden können. Wie häufig sieht der neue Partner sogar dem alten sehr ähnlich! In unseren Sehnsüchten verbirgt sich ein ziemlich universeller, aber auch grausamer »Witz«. Wir sind so sehr von gegenseitigen Projektionen beherrscht, daß wir glauben, ohne diesen oder jenen Menschen nicht leben zu können. In Wahrheit ist die jeweilige Person aber nur ein Träger von mehreren Tausenden, welche alle durch eine ähnliche oder gleiche Energie gekennzeichnet werden. Wir richten uns auf bestimmte Schwingungen aus, die sich mit unserer Energie entsprechend der Prägungen unseres Emotionalkörpers besonders eng verbinden läßt. Und dabei geht es oft mehr um »offene« karmische Rechnungen als um Liebe aus höherer geistiger Inspiration. Wir gehen von Partner zu Partner, um immer wieder an gleichen oder ähnlichen Themen zu arbeiten, bis wir schließlich zur Quelle der jeweiligen Problematik mehr gestoßen werden als freiwillig dort hingelangen. Wenn wir uns schließlich von einem Thema befreien können, entdecken wir, daß wir mit dem nächsten Partner wenigstens einen anderen, einen neuen Anknüpfungspunkt finden können. Damit schlagen wir zumindest ein neues Kapitel auf, widmen wir uns der Lösung neuer Probleme, statt in alten karmischen Bindungen weiter zu verharren. Wachstum, Entwicklung der Seele, Entfaltung des Höheren Selbst, Manifestation unseres holographischen Bewußtseins werden erst möglich, wenn wir aus der Eingleisigkeit herauskommen.

Nun stellt sich für manche Menschen die Frage, ob es nicht einen »Seelenpartner« gibt, der als idealer Partner irgendwo, irgendwann auf uns wartet. Und die zweite sorgenvolle Frage lautet dann meistens: kann es sein, daß wir unseren Seelenpartner nicht finden, daß wir ihn verpassen? Wir hegen häufig die illusionäre Vorstellung, daß unser Seelenpartner jener Mensch sei, der uns in allem erfüllt, der uns vervollkommnet, der uns Glückseligkeit schenkt. Wir suchen automatisch – aufgrund der Energiegesetze – jenen Partner, der unserer Aura, unserem Energiefeld genau entspricht. Es gibt keine Fehler oder Irrtümer des Karmas. Aber der Seelenpartner ist eben nicht der Erlöser, der Heilige, der Allmächtige – sondern jener Mensch, der unser Herz »durchbohrt«, der uns jene Seelenlektionen vermittelt, die kein anderer Mensch willens wäre, uns zu lehren. In sog. problematischen Beziehungen gibt es ja immer das wundervolle Dilemma, daß wir von der Seelenebene her bewußt und freiwillig die »unmögliche« Beziehung zu verwirklichen suchen. Unsere Seelenfamilie zwingt uns zu wachsen – und dementsprechend finden wir immer zur rechten Zeit die rechten Mitglieder unserer Seelenfamilie, die uns immer wieder alte oder neue Entwicklungsimpulse bringen. Der Seelenpartner ist nicht derjenige, der uns notwendigerweise vollkommen macht – obwohl wir uns aufgrund alter Gedankenformen, alter Erinnerungen an die Ganzheitlichkeit, danach sehnen. Wir haben die erwünschte Ganzheitlichkeit allerdings nach außen projiziert, wir erwarten, daß wir sie durch äußere Hilfe, durch einen anderen Menschen erlangen – weil wir eben in dieser Zeit auf diesem Planeten in polare, geschlechtlich bestimmte Körper gespalten sind. Bis wir nicht das Weibliche *und* das Männliche *in uns* finden und miteinander in Einklang bringen können, haben wir keine Hoffnung, jemals jene ideale, idyllische, vollkommene Beziehung zu verwirklichen. Und wenn sich diese echte Seelenpartnerschaft ereignet, schenkt sie uns totale Freiheit, unsere gemeinsame *und* unsere jeweils individuelle Kraft der Welt zu geben und uns dabei nicht selbst zu verzehren.

Einklang von männlichen und weiblichen Kräften

Um diesen Einklang von männlichen und weiblichen Kräften in uns zu erleben, um in unserem Leben männliche und weibliche Energien gleichermaßen leben zu können, müssen wir zunächst das Repertoire unseres Emotionalkörpers verstehen. Wir müssen uns sehr tiefgreifend für das Höhere Selbst öffnen, damit es uns von der Seelenebene her dieses Repertoire zeigen kann, damit die wir Ursprungserfahrungen wieder erleben und uns der Prägungen all unserer verschiedenen Urteile, Vorurteile, selbstgerechten Positionen und Projektionen entledigen können. Wir müssen alle Männer in uns, alle Frauen in uns, alle Mütter und Väter in uns, alle Kinder in uns wiedererfahren, um in eine Balance von Yin und Yang zu gelangen. Wann immer wir mit jemandem zusammenkommen, mögen wir beobachten, wo sich ein Widerstreben oder Widerstände ergeben. Widerstände in der Begegnung und im Umgang mit anderen Menschen sind Hinweise auf Mängel oder Blockaden, auf eigene Unbewußtheit. Das heißt nicht, um Mißverständnisse zu vermeiden, daß wir nicht bestimmte Charaktermerkmale oder Verhaltensweisen ablehnen können. Im Gegenteil. Es geht aber darum, ob wir uns emotional davon aufwühlen lassen, wenn ein Mensch nicht unseren Hoffnungen oder Erwartungen entspricht, oder ob wir uns auf ganz leichte Weise von ihm lösen können.

Einklang und Einswerdung sind die Zukunft von Partnerschaften und Beziehungen, aber wir haben so etwas bislang auf der Erde noch nicht in mehr als wenigen Einzelfällen erfahren und verwirklicht. Wenn man sich jetzt zum Beispiel in einem männlichen Körper befindet, muß man zunächst alle unterschiedlichen weiblichen Aspekte in sich selbst erforschen. Wenn man dann die liebevolle Frau, das mütterliche Element, die schöpferische weibliche Kraft, die weise Priesterin, das kleine Mädchen in sich selbst erlebt und verankert hat, wird man frei sein, sich als Mann mit einer Frau so zu vereinen, daß Einklang und Verschmelzung entsteht. Und dies gilt natürlich umgekehrt auch für Seelen, die sich jetzt in einem weiblichen Körper befinden. Erst wenn man als Frau auch die männliche Kraft in sich gefunden hat, den Vater, den Krieger, den kleinen Jungen und alle anderen Aspekte der Yang-Energie, wird man fähig sein, mit der männlichen Kraft außerhalb des eigenen Körpers, also einem »Mann« zu kommunizieren, sich auszutauschen, sich zu vereinigen. Erst wenn wir diese entsprechenden inneren Erfahrungen gemacht haben, können wir uns in eine Beziehung hineinlassen ohne Widerstände, ohne Blockaden, ohne Projektionen – denn wir wissen aus der Erforschung unseres eigenen Gefühlsrepertoires dann, wie wir mit den Energien umgehen, die sich im andersgeschlechtlichen Körper ausdrücken. Ein erster kleiner Übungsansatz besteht darin, sich einfach einmal vorzustellen, wie man sich fühlte und wie man sich verhielte, wenn man nicht ein Mann, sondern eine Frau wäre, und umgekehrt. Wir können unserer Phantasie dabei ruhig einmal einige Minuten freien Spielraum lassen – und möglicherweise sind wir erstaunt und beeindruckt von all den Gefühlsreaktionen, die sich dann bei uns einstellen.

Eine der größten Quellen von Angst ist unser unbewußtes Wissen des »Unaussprechlichen« in uns selbst – also die Ahnung von Energien in uns, von denen wir entfremdet sind. Wenn wir in einem männlichen Körper leben und in uns auch ein Repertoire weiblicher Gefühle, Gedanken und Verhaltensweisen besitzen, so ist dies doch zumeist so verhüllt, daß uns der Zugang nicht ohne weiteres offen steht. Wir müssen diese »unaussprechlichen« Energien und Prozesse erforschen, mit ihnen Verbindung aufnehmen, uns in sie einlassen, um dadurch unsere Ganzheit in Balance zu bringen.

Wir können diesen Zugang auch dann gewinnen, wenn wir keine Gelegenheit zu einer Entwicklungsarbeit finden, wie wir sie zum Beispiel in Galisteo durchführen. Unser Höheres Selbst zeigt uns immer, auf welchem Weg wir vorankommen. Allein die Ausrichtung auf das Höhere Selbst kann zum Wendepunkt werden; und wenn wir den bewußten Austausch mit dem Höheren Selbst zur Alltagserfahrung werden lassen, entwickeln wir nach und nach immer mehr Unterscheidungsvermögen, um Botschaften des Höheren Selbst von Einflüsterungen des Egos zu unterscheiden. Die Kommunikation mit dem Höheren Selbst, die Bereitschaft, die Existenz des Höheren Selbst anzunehmen und einen bewußten Austausch zu pflegen, sind die entscheidenden Wegmarken unserer Entfaltung. Wenn ich gefragt werde, zum Beispiel in Vorträgen und Seminaren, wie man denn nach der Initialzündung durch den ersten Kontakt mit dem Höheren Selbst weiterarbeiten soll, um wirklich zu den Quellen der Blockaden und Prägungen des Emotionalkörpers vorzustoßen und sich davon zu befreien, antworte ich immer: Fragen Sie Ihr Höheres Selbst – Sie werden zu den Menschen geführt, die über Wissen und Weisheit verfügen, um Ihnen auf dem Weg weiterzuhelfen!

Das Höhere Selbst: Megaphon der Seele

Wenn wir einmal die Verbindung mit unserem Höheren Selbst aufgenommen haben, beginnen wir eine der tiefgreifendsten Initiationen auf diesem Planeten. Wenn wir uns ganz dieser Initiation stellen, können wir unsere Gefühle heilen, Angst auflösen. Wenn wir uns unserem Höheren Selbst ganz »ergeben« – Ergebung ist kein Zeichen von Schwäche, sondern von Stärke – dann verschwindet die Angst. Angst ist eine Illusion des Gedankens, der sich in unseren Emotionalkörper eingeprägt hat und uns zu bedeuten scheint: wir können ausgelöscht werden, wir verlieren unser Bewußtsein, wenn wir diesen Körper verlassen... Wir sind aber bewußtes Sein, das ewig ist, das göttlicher Natur ist und bestand, bereits bevor wir diesen Körper annahmen. Wir müssen die Erfahrung jener göttlichen, geistigen Dimensionen wirklich zu unseren eigenen machen, weil wir uns sonst nicht von den Ursachen der Angst befreien können. Je inniger wir uns mit dem Höheren Selbst verbinden, desto weiter bewegen wir uns hinaus in den zeitlosen Raum, desto weiter begeben wir uns jenseits aller Grenzen. Wir brauchen wirklich nur unser Höheres Selbst zu bitten, eine Form anzunehmen und uns in irgendeiner Form eine Botschaft zu übermitteln.

Alle alten Kulturen kannten Seher und ganze Weisheitssysteme und -methoden, die ihnen halfen zu erfahren, was geschah, was geschieht und was sich noch in der Zukunft ereignen wird. Sie bedienten sich immer der Fähigkeit, die innere Bewußtheit absichtsvoll auf ein Ziel zu richten, um im Brennpunkt ihrer geistigen Sammlung Botschaften aus dem Formlosen zu erhalten. Wir mögen Antworten erhalten durch einen plötzlichen Vogelruf, eine Windböe, durchaus eben auch vermittels äußerer Ereignisse; es muß nicht immer gleich die Engelsgestalt mit einer großen Pergamentrolle erscheinen, aus der uns dann alles genau vorgetragen wird. Jede große Kultur hat die Weisheit innerer und äußerer Kommunikation zwischen Mensch und Tier und Umwelt und Natur verstanden. Wir brauchen uns lediglich still hinzusetzen oder auf irgendeine andere Weise zu uns zu finden. Wir müssen nicht erst wissen, wie man bestimmte Meditationsmethoden befolgt, wir bedürfen keinerlei komplizierter Techniken, wir müssen uns nicht an irgend jemand anderen richten, um in Kontakt mit unserem eigenen Höheren Selbst zu kommen. Wir können uns um uns selbst drehen, dabei die Vorherrschaft durch vorgefaßte Meinungen, Gedanken und Gefühle ein wenig auflockern, uns dann hinsetzen, einige Male tiefer durchatmen und dann einfach das Höhere Selbst auffordern, eine Form anzunehmen. Es kann sein, daß Sie ein helles Licht sehen oder eine Wolke, manche erfahren Farben, manche sehen eine Gestalt, vielleicht ergibt sich ein Symbol wie ein Dreieck oder irgendein seltsames Objekt. Was immer sich uns auch zeigen mag, nachdem wir das Höhere Selbst auffordern, sich uns zu offenbaren, repräsentiert die Energie, die uns hilft, unsere Multidimensionalität zu erschließen. Wenn wir glauben, daß sich die schöpferischen Kräfte in einer menschlichen Form darstellen müssen, vielleicht vorzugsweise noch in einer männlichen menschlichen Form, dann sind wir offensichtlich in Vorurteilen festgefahren.

Sehr oft zeigt sich das Höhere Selbst zunächst in Form irgendeines Symbols, vielleicht eines blauen Dreiecks. Wir sollten uns darauf einstellen, die Form, in der sich das Höhere Selbst uns präsentiert, in unsere physischen Körper hineinzuziehen, hineinzusaugen. Wir mögen dabei beobachten, wo im Körper wir die Energie oder das Wesen oder das Objekt oder die wie auch immer geartete Form des Höheren Selbst aufnehmen. Auch darin liegt eine Botschaft. Die Sprache des Unbewußten ist eine universelle Sprache. Das Höhere Selbst kommt vielleicht in uns über den Kopf hinein oder durch die Sohle oder das Herz, durch das dritte Auge oder die Kehle. Es wird von uns dort aufgenommen werden, wo wir am meisten Energie brauchen – in dem Bereich unseres Körpers, der am notwendigsten höherer Schwingungen bedarf. Oder es kommt manchmal auch über den »Kanal«, der uns am ehesten heilt oder über den wir unser Bewußtsein am weitesten auszudehnen vermögen. Wir müssen also dafür empfänglich sein und das Höhere Selbst einfach bitten, in unseren Körper hereinzukommen. Und wir sollten wirklich wach beobachten, wo wir einen Energiestrom spüren. Dieses Hereinnehmen der Form des Höheren Selbst in unseren physischen Körper ist wichtig, damit das Höhere Selbst auch in dieser Dimension, auf dieser irdischen, menschlichen Ebene fest verankert wird. Angst entstand und entsteht ja auch dadurch, daß wir Aspekte unseres Selbst *nicht* wahrnehmen können, daß sie formlos sind und uns zuzuflüstern scheinen, daß das Ende aller Zeiten gekommen sei.

Das Höhere Selbst ist das »Megaphon der Seele«, wie ich es immer nenne. Das Höhere Selbst ist kein Wesen, es ist kein Geist, es ist einfach der »Mechanismus«, durch welchen sich die formlose Seele in einer Form zeigt, auf die wir uns beziehen können, zu der wir ein Verhältnis entwickeln können. Wenn wir das Höhere Selbst in der einen oder anderen Form in unseren Körper hineinnehmen, erweitern wir bereits durch diesen Vorgang unser Bewußtsein. Dieser Vorgang ist bereits eine Bestätigung dafür, daß wir höhere Schwingungen von Freude und Ekstase in uns aufnehmen, statt die niedrigeren Energien von Wut und Bitterkeit und Furcht und Angst weiter zu verstärken.

Heilung mit dem Höheren Selbst

Sobald sich das Höhere Selbst in irgendeiner Form offenbart und wir diese Form in uns aufnehmen, können wir beginnen, uns dieser Energie hinzugeben. Dies ist keine blinde Hingabe, wie sie oft genug gegenüber äußeren vermeintlichen Autoritäten erfolgt, sondern eine innige Verbindung mit der eigenen schöpferischen Kraft. Wenn wir zum Beispiel in einem männlichen Körper leben, können wir das Höhere Selbst auffordern, sich uns als unsere eigene weibliche Kraft im Inneren zu zeigen. Das kann weitreichende Folgen haben. Vielleicht sprechen wir kurz darauf mit unserer Vermieterin und stellen fest, daß sie so redet wie wir denken. Wir werden nach und nach in der Lage sein, in jedem Menschen um uns herum ein Spiegelbild irgendeines Wesensaspektes unseres Selbst zu sehen. Anstatt also irgendeine negative Reaktion auf unsere Großmutter oder das kleine Mädchen nebenan zu entwickeln, stellen wir fest: hier schaue ich wie in einen Spiegel und sehe ein Stückchen von mir selbst, das wunderhübsch ist. Wenn wir zum Beispiel einer Frau begegnen, die sehr ängstlich, sehr gehemmt oder verhärtet erscheint, können wir uns auf eine Ganzheit in uns selbst beziehen, mit der wir arbeiten. Die Ganzheit eines Symbols oder einer Form, in der sich unser Höheres Selbst präsentiert hat, befähigt uns, uns auch auf andere Menschen einzustellen. So können wir zum Beispiel die Farbübung machen, die an anderer Stelle beschrieben wurde. In diesem Fall würden wir den Menschen im Inneren fragen, welche Farbe wir ihm als Geschenk geben können. Und diese Farbe können wir – in unserem Fall dieser Frau – senden, damit sie aus ihrer Begrenzung befreit wird, sich aus ihrer Angst lösen kann und wie in einem Ballon aufschwebt. Auf diese Weise können wir ganz systematisch weibliche Aspekte und natürlich darüber hinaus alle Wesensaspekte, klären.

Es ist faszinierend, sich in die Synchronizität der Ereignisse im Universum einzulassen. Es kann regelrecht Spaß machen, wenn wir aus erster Hand erfahren, wie die Welt unsere Bühne ist und wie wir auf dieser Bühne spielen, wie wir alles und jeden in unserem Leben schaffen. Wir sehen vielleicht draußen ein kleines Mädchen weinen. Wir gehen hinaus und wissen, daß dieses kleine Mädchen, das dort weint, einem kleinen Mädchen entspricht, das in uns weint. Wir sind nicht im Light-Institute und arbeiten auch nicht mit irgendeinem Heiler zusammen, und wir heilen nun das kleine Mädchen in uns, vielleicht mit der vorhin angesprochenen Farbübung. Das nächste Mal, wenn wir irgendwo anders hin schauen, spricht alles dafür, daß wir irgendein anderes kleines Mädchen sehen werden, das lacht und herumtollt. Dann werden wir erkennen, daß wir in uns selbst eine Wandlung erfahren haben. *Das* ist die Art und Weise, wie wir mit der Realität spielen müssen. Auf diese Weise müssen wir beginnen, die Welt um uns herum wahrzunehmen, damit wir sie benutzen können. Die Welt um uns herum ist nicht von uns getrennt, sie ist nicht von uns abgespalten. Jedes Wesen, das wir auf der Straße sehen, jede Lebenssituation, die wir außerhalb von uns zu sehen meinen, ist *in* uns. Anstatt das zu verdrängen oder dem zu widerstreben, sollten wir nun einfach einmal unserem Bewußtsein gestatten, sich so auszudehnen, daß wir diese Sicht als eine mögliche Wahrheit ausprobieren können. Wenn wir Menschen draußen sich streiten sehen, können wir zumindest die gedankliche Verbindung zum inneren Streit in uns herstellen. Wir sind niemals hilflos: es bedarf nur eines einzigen Wesens, um die Welt zu verändern. Wir können auf die Disharmonie in der äußeren Welt eingehen, indem wir sie außerhalb unseres Selbst heilen – das geht allerdings nur dann, wenn sie zunächst innerlich geheilt worden ist.

Es ist aufregend mitzuerleben, wenn wir sagen: Ich werde das jetzt nicht ignorieren, ich werde mich nicht dagegen wehren, ich werde mich statt dessen darauf einstellen und diese Disharmonie in einen Zustand des Lichts verwandeln. Ich werde darauf eingehen, ich werde im Hier und Jetzt sein, ich werde meine Verantwortung annehmen und meine Gabe geben. Wir begeben uns damit in Bewußtseinsdimensionen, die voller Ekstase sind. Eine der grundlegendsten menschlichen Sehnsüchte besteht darin, an etwas beteiligt zu sein, zu zählen, einen Beitrag leisten zu können. Das erfüllt uns wie von selbst mit Freude. Und wir spüren auch eine neue Kraft in uns. Durch diese Art und Weise auf unsere Welt einzugehen, können wir völlig neuen Kontakt schließen mit dem universalen Unbewußten, wie es zuvor auf diesem Planeten noch nicht möglich war. Wir gewinnen damit Zugang zu schöpferischen Kräften, die uns neue Formen zu manifestieren gestatten.

Die Heilung der eigenen Gefühle und die Heilung der »Gefühle« des Universums sind reziproke Prozesse. Wir sind jeder Baum, jedes Wesen, jeder Stern. Wir bestehen aus denselben Elementen – wir haben allerdings unsere Fähigkeit verloren, das uns allen gemeinsame Wesen zu erfahren. Unsere Gefühle zu heilen bedeutet schlicht, die emotionalen Qualitäten des menschlichen Wesens auf ihre höchsten Oktaven eigener Erfahrung zu heben. Wir beginnen, uns in einem ganz neuen Sinne »ganz« zu fühlen, wenn wir über die Vereinigung mit einem anderen Menschen hinaus unser Bewußtsein darauf ausrichten, einen Baum, einen Hund, das Meer, einen Stern als Teil unserer selbst zu empfinden.

Es passiert häufig, daß sich die Form des Höheren Selbst, wie wir sie wahrnehmen, verändert. Und wenn wir diese neue Gestalt wiederum in unseren Körper aufnehmen, wird sie zu einem weiteren Fenster des Himmels. Es ist ein ständiger Wachstumsprozeß; in immer wieder neuen Formen erfahren wir immer wieder neuen Ausdruck unserer schöpferischen Energien. Ich möchte bei der Gelegenheit kurz darauf hinweisen, daß wir überall auf der Welt beobachten, daß Menschen nach Beziehungen zu anderen Lebensformen hungern. Unsere Vorliebe für Hunde oder Katzen oder Pferde ist wohlbekannt. Dies gilt vor allem für Kinder und ältere Menschen, aber wir finden die Liebe zu Haustieren oder das Interesse überhaupt an Tieren ganz allgemein vor; der Erfolg von Tierfilmen im Fernsehen unterstreicht dies. Unsere Beziehung zu Haustieren kann unsere eigene emotionale Unausgeglichenheit harmonisieren. Wenn sich ein Kind zum Beispiel einsam fühlt und einen Hund umarmen kann, eine Katze streichelt oder mit einem Vogel spricht, dann wird es sehr häufig einfach dadurch getröstet, daß es sich selbst und seine Sorgen vergißt. Die letztgültige Heilung der Gefühle besteht darin, das Ego zu vergessen und sich vom Bewußtsein her dergestalt zu öffnen, daß wir uns in Beziehung zum ganzen Universum, zur ganzen Schöpfung spüren. Insoweit sind Tiere eine wundervolle Hilfe für den Emotionalkörper, einmal davon abzulassen, sich nur mit sich selbst und der ständigen Wiederholung eigener Verhaltensmuster zu beschäftigen. Wenn wir einem anderen Wesen Liebe schenken – sei es eine wunderhübsche Blume oder ein Haustier oder ein anderes Wesen –, trösten wir und werden wir getröstet. Das Repertoire unseres Geistes enthält auch die Fähigkeit, mit allen anderen Lebewesen eins zu werden, weil wir alle aus derselben Kraft entstanden und mit denselben Elementen geformt sind.

Karmische Verknüpfungen

Wann immer wir einen starken Wunschimpuls spüren, sollten wir zunächst einmal erforschen, welches karmische Thema damit zusammenhängt. Das gilt übrigens auch für die sog. Liebe auf den ersten Blick. Wenn wir ein unglaublich leidenschaftliches, starkes Gefühl für jemanden entwickeln, der uns geradezu magnetisch anzuziehen scheint, blicken wir Karma direkt ins Gesicht. Wir sollten dann zunächst einmal erforschen, woher diese Anziehung stammt und welche Rolle in unserem Lebenstheater wir diesem Menschen zuweisen wollen. Geht es um Sex-Appeal? Geht es um eine Seelenpartnerschaft? Geht es vielleicht um das Wiedererkennen eines Menschen, der demselben genetischen »Seelenverband« entspringt, aus dem auch wir unsere Herkunft haben? Vielleicht fühlen wir uns nur deshalb zu jemandem hingezogen, weil wir zum Beispiel im letzten Leben eine Mutter-Sohn-Beziehung hatten. Meine Erfahrung zeigt mir, daß bisher noch in allen Fällen, in denen jemand dachte, »dies muß mein Seelenpartner sein«, die vermeintlich rein geistige Verbindung göttlicher Energien sich in Rückführungsszenarien als Verknüpfungen auf der Ebene der Emotionalkörper herausstellte. Eine gegenseitige Anziehung auf der sexuellen, erotischen Ebene ist nicht fehl am Platze, weil unsere sexuelle Energie im Hinblick auf die schöpferischen Kräfte den spirituellen Schöpfungskräften am nächsten steht. Durch sexuelle Energie tritt der göttliche Funke aus dem Formlosen hinein in eine neue Form, in ein neues Leben. Auf der anderen Seite ist es aber auch sinnvoll zu prüfen, ob vielleicht in Wahrheit eine rein geistige Beziehung des Mitgefühls besteht, die sich durch einen Austausch von Energien der oberen Chakras auszudrücken vermag, wir uns also lediglich unserer Gewohnheit wegen in einen Energieaustausch auf der Ebene der niedrigeren Chakras, besonders des Nabelzentrums und des Sexualzentrums, ziehen lassen.

Ist der Partner ein Spiegel unserer selbst? Ist er die Projektionsebene unserer Wünsche, Sehnsüchte und Phantasien? Die erfolgreichsten Beziehungen sind solche, in denen beide Partner die Quelle, die Ursache ihrer Begegnung erforscht und erkannt haben, in denen beide unabhängig voneinander wissen, wer sie sind – sowohl hier auf der Erde wie multidimensional; die auch wissen, wer sie zusammen sind, und die nicht in Versuchung geraten, nun Verhaltensmuster von Beziehungen zu wiederholen, die sie in anderen Leben und in anderen Dimensionen festgehalten haben. Sie wissen voneinander, was sie gemeinsam bereits abgeschlossen haben, und es bedeutet übrigens ein höchst aufregendes Abenteuer, dies zu erkennen! Nun sind sie frei, sich auf neue Weise miteinander zu vereinen, gemeinsam neue Oktaven zu erschließen, die sie getrennt voneinander vielleicht gar nicht erreichen könnten. Die optimale Partnerschaft zeichnet sich also dadurch aus, daß keine emotionale Verhaftung, kein karmischer Teufelskreis die Beziehung, ihre Entwicklung, ihre Richtung beherrscht. Optimale Beziehungen hat es bislang auf diesem Planeten sehr selten gegeben. Statt dessen meinen wir, daß wir uns gegenseitig binden müssen. Wir erwarten, daß sich der andere Mensch nur um uns kümmert, der andere Mensch erwartet dies von uns auch, und wir sind damit in einer Verbindung, die sich selbst verschlingt. Es ist eine Verbindung, die unsere Energien aufsaugt und aufbraucht. Eine optimale Beziehung schafft aber einen Kanal für eine neue Energie, die aufgrund des intensiven und tiefen Austauschs zwischen zwei Menschen entspringt. Das Verschmelzen oder die Einung zweier (oder mehrerer) Menschen schafft eine Schwingung, welche die Umwelt erfüllt. Anstatt nur sich selbst zugewandt zu sein und darin zu vergehen, wird eine solche optimale Partnerschaft auch für die Umwelt fruchtbar sein, es entsteht eine auswärts gerichtete Energiespirale, welche die schöpferischen, liebevollen, lichterfüllten Schwingungen nach außen fließen läßt.

Freie Beziehungen

Eine in diesem Sinne wirklich freie Verbindung beruht auf einer bewußten Entscheidung beider Partner. Die bewußte Entscheidung beruht darin, ohne jeden Widerstand, ohne Angst, ohne Projektionen und Vorurteile sich gänzlich in etwas Neues – die gemeinsame Beziehung – einzulassen, sich hineinzubewegen und sie zu benutzen, um schöpferisch zu werden. Damit ist natürlich nicht die Illusion gemeint, daß wir manchmal glauben, einen neuen Partner zu brauchen, weil wir uns in Wirklichkeit langweilen. In solchen Fällen meinen wir dann, daß uns eine neue Energie von außen helfen kann, selber neue Energie zu entfalten und uns neu zu definieren. Dies wird jedoch so lange nicht gelingen, bis wir nicht – zumindest ansatzweise – entdecken, wer wir sind. Zorn und Angst, diese beiden ersten Ausdrucksformen der Verhaftungen unseres Emotionalkörpers, überschwemmen uns recht häufig, wenn wir uns in einer Trennungsphase vom Partner befinden. Die ursprüngliche Wunde, die immer noch vor sich hin schwärt, – die erste Abspaltung aus dem Allbewußtsein – bricht bei solchen Trennungen wieder hervor. Wir projizieren sie lediglich auf die menschliche Ebene, hinein in das Geschehen, daß uns der Partner zum Beispiel verläßt. Wir fühlen uns verloren, verlassen, verraten, unwert. Oder wir sind wütend auf den Partner, verfluchen ihn, versuchen noch, ihm alle möglichen Knüppel zwischen die Beine zu werfen. In solchen Fällen wäre es nützlich, sich um Ursprung unserer karmischen Beziehung zurückzubegeben – sei es in einer sog. Rückführung oder auf andere Weise – und die eigenen »Verhakungen« und »Verkrampfungen« zu lösen.

Angst und Wut, auch wenn sie unbewußt sind, sind die Haupthindernisse für eine freie Beziehung. Wir können nicht wirklich den oder das lieben, was wir fürchten oder worüber wir zornig sind. Wenn sich etwas dräuend über uns erhebt, wenn irgendwo im Hintergrund etwas großes Dunkles schwebt, was uns niederzudrücken scheint, und das schließt Vorstellungen von Gott, zum Beispiel einem Rachegott ein, können wir das eigene Selbst nicht erfassen, können wir uns die innere göttliche Energie nicht erschließen, verlieren wir uns. Das zeigt sich vor allem oft dann, wenn wir uns nach einem kurzen Zusammentreffen auf der sexuellen oder emotionalen oder mentalen Ebene ermüdet fühlen, weil sich nicht neue Energie schöpferisch entfalten konnte, sondern wir in alten Energieblockaden feststeckten. Solange in uns die Furcht besteht, einen anderen Menschen zu verlieren, ist das ein Zeichen dafür, daß wir uns selbst noch nicht erkannt haben. Unsere innere Quelle ist wirklich unendlich – es gibt nichts und niemanden, den wir verlieren können. Wenn wir uns selbst erkennen, erfahren wir, daß wir unsere Beziehungen selbst schaffen, um daran zu wachsen. Und wir können uns entscheiden, ob wir eine Beziehung wollen, die mit gegenseitiger oder einseitiger Ablehnung endet, oder welch dramatischen Verlauf wir auch immer mögen.

Es ist tatsächlich so: die Wut und die Angst, von der unser Emotionalkörper noch geprägt ist, wirken wie ein Magnet, der uns zu solchen Menschen und in solche Situationen zieht, die genau diese Reaktionen von Wut und Zorn wieder beleben und auch in der äußeren Ebene erfahrbar machen. Wir mögen ganz andere Worte gebrauchen, uns vielleicht sogar anders kleiden, als es der Verfassung unseres Emotionalkörpers entspricht. Aber die unbewußte Botschaft, die über unser Nabelzentrum, den Sitz des Emotionalkörpers, ausgeht, lautet dennoch: Ich suche jemanden, der meine eigene innere Wut und meine eigene innere Angst erneut auszulösen bereit ist. Wir mögen uns vorstellen, daß wir bereit sind für eine neue Art, für eine neue Qualität der Partnerschaft. Aber vielleicht sitzt tief in uns immer noch das Vorurteil über uns selbst, daß wir eigentlich einer reifen, inspirierten, ekstatischen Beziehung nicht würdig seien, daß wir uns eigentlich noch für dies oder jenes bestrafen sollten, usf. Also ziehen wir solche Menschen an, die uns aus unserer eigenen Mitte drängen, die uns nicht lieben und die uns schäbig behandeln. Damit verstärken wir unsere eigene Verwirrung, denn jetzt können wir ja »guten Gewissens« sagen: Seht her, ich bin es wirklich nicht wert, geliebt zu werden. Und auf diese Weise laufen wir in der karmischen Tretmühle herum wie die Goldhamster in ihren Bewegungsrädern. Die Alternative besteht darin, daß wir uns auf eine neue Botschaft einlassen, die lautet: »Ich habe die Fähigkeit zu lieben und Liebe zu empfangen, und ich habe keine Angst.« Ohne den Emotionalkörper zu klären, ist dies nach meiner persönlichen Erfahrung allerdings nicht möglich.

Die Gefühlsprägungen unsers Emotionalkörpers drücken sich immer in bestimmten Schwingungszuständen aus, die wir nicht immer bewußt wahrnehmen. Menschen empfinden den Ärger in anderen Personen ja nicht deshalb, weil sie sich vielleicht direkt davon bedroht fühlen, sondern vielmehr, weil die Schwingung des Ärgers in einem anderen Menschen die Prägungen der Wut und der Bitterkeit in einem selbst stimulieren. Ärger einer anderen Person erinnert uns sozusagen an den eigenen versteckten und verdrängten Ärger. Vielleicht steckt in uns selber so etwas Gefährliches, daß wir Angst haben, daran zu rühren. Von früher Kindheit an lernen wir das wahrzunehmen, was in uns Gefahren auslöst, und wir schauen nach außen, ob durch Energien dort unsere eigene Prägung aktiviert wird. Der Körper drückt Zorn dadurch aus, daß er seine Energien verkrampft, daß er zunächst Energien aufsaugt und in sich ballt, um sie um so stärker nach außen schleudern zu können. Genauso, wie wir in der Natur beobachten können, auf welche Weise sich ein Sturm zusammenbraut, können wir dies auch in einem Menschen sehen. Die Person mag zunächst scheinbar ruhig dasitzen, aber ihr Aurafeld zieht sich zusammen, wird nach innen gezogen, sie schafft dann eine kritische Masse von Energie, welche auf irgendeine Weise freigesetzt wird. Und genauso wie wir spüren, daß es gleich regnen wird, können wir wahrnehmen, daß diese kritische Masse gleich explodiert.

Angst als Energieverlust

Angst ist für uns gefährlicher als Zorn, weil Angst ein Versickern von Energie, einen Verlust von Energie bedeutet. Während wir bei einem Wutausbruch aus unserer Mitte herauskommen, uns regelrecht selbst herauskatapultieren, wird Angst eher dadurch charakterisiert, daß unsere Mitte »verschwindet«, daß wir unsere Mitte nicht mehr finden können. Dazu kommt, daß wir sehr selten wissen, wovor wir Angst haben! Es gibt ja bekanntlich einen Unterschied zwischen Angst und Furcht. Angst ist nach der wohl allgemein akzeptierten Definition ein eher diffuses, unbestimmtes Gefühl, während sich Furcht eher auf eine konkrete Situation oder einen konkreten Gegenstand bezieht. Wir kennen die Furcht vor dem Tod, die Furcht vor der Trennung usf. Gerade in sog. Depressionen vermengen sich relativ konkrete Furchtthemen zu einer allgemeinen Angst. Angst ist die Unfähigkeit, das Selbst oder das Zentrum zu finden, Wissen zu erlangen. Deshalb spreche ich von einem Energieverlust, der mit Angst einhergeht. Im Körper halten wir die Angst gemeinhin quer über dem Brustkorb. Das ist der Grund, warum Menschen so häufig Atemschwierigkeiten haben. Das ist übrigens auch ein Grund, warum Menschen rauchen. Angst hat eine enge Verbindung zum Rauchen und zu allem, was unsere Atemfähigkeit teilweise oder ganz blockiert. Ein sicheres Zeichen für Angst ist Verkrampfung der Schultern, die meist über den Deltoid-Muskel gesteuert wird. Noch ein Hinweis: wenn wir unsere Arme vor der Brust, genauer vor dem Solarplexus verschränken, ist auch darin ein Zeichen von Angst zu sehen. Wir versuchen, uns durch diese Verschränkung der Arme vor irgend etwas zu sichern. Nach meiner Sicht ist das so zu erklären: Über den Solarplexus nehmen wir bereits als Kleinkinder Schwingungen aus der Umwelt auf. Wenn die Schwingungen um uns herum von negativen, dunklen und niedrigen Wesensmerkmalen geprägt sind, wie Wut, Ärger, Selbstgerechtigkeit oder Angst, dann verkrampfen wir uns automatisch im Nabelzentrum, weil der Emotionalkörper über dieses Zentrum von den Schwingungen der Umwelt geprägt wird. Die Verkrampfung erfolgt, weil sie nicht der natürlichen, höheren Schwingung des Kindes entspricht. Das, was nun normalerweise den Kampf- und Fluchtreflex auslöst, wird mit der Zeit ohne jede äußere Reaktion absorbiert und verdrängt, also nicht mehr bewußt wahrgenommen. Dennoch registrieren wir über den Sitz des Emotionalkörpers die Schwingungen um uns herum. Daraus entwickelt sich eine leichte Neigung nach vorn, ein mehr oder weniger starkes Einknicken in der Bauchgegend und der vermeintliche Schutz des Solarplexus durch die verschränkten Arme. Was nun als Schutz dienen soll, bewirkt allerdings das Gegenteil. Das Solarplexus-Zentrum verkümmert, wir lassen es nicht mehr auf seine natürliche Weise arbeiten, nämlich eigene Energie auszustrahlen. (Eine Übung dazu findet sich im entsprechenden Kapitel.)

Wahrscheinlich sehen verschiedene Menschen verschiedene Farben in der Aura, wenn es um Angst geht. Ich sehe sie sehr oft als Grau. Die Atmungsorgane, die reines weißes Prana aufnehmen, werden so vom Schwarz der Negativität der Angst erfüllt, daß eine Art dichte graue Energiemasse entsteht. Auch an dieser Stelle soll erneut darauf hingewiesen werden, daß Angst eine Lüge ist, daß Gefühle geheilt werden können. Angst ist eine Lüge, eine Illusion, weil sie wie das Dunkel der Nacht keine eigene Existenz hat, sondern nur die Abwesenheit von Licht darstellt. In dem Augenblick, in dem der erste Sonnenstrahl aufblitzt, verschwindet die Dunkelheit von selbst. Ebenso ist es mit der Angst. In dem Moment, in dem wir uns vom ewigen weißen Licht unseres Höheren Selbst erleuchten lassen, löst sich jede Angst auf. Die Heilung der Gefühle kann nicht dadurch erfolgen, daß ich meinem Partner vorwerfe, daß er unrecht habe und ich im Recht sei. Die Heilung kann sich nur dann vollziehen, wenn ich in mir selbst und an mir selbst arbeite – wenn ich meine emotionale und geistige Orientierung auf das Höhere Selbst, auf die innere göttliche Kraft ausrichte. Dazu gehört, daß wir eigene Erfahrungen damit zu machen beginnen, wie sich unsere Energie in die universale Kraft einläßt und umgekehrt.

Wir besitzen ja wirklich nichts Äußeres, seien wir arm oder reich, groß oder klein, weiß oder schwarz, krank oder gesund. Wir verfügen nur über die Fähigkeit, eine integre Ganzheit zu sein, als ein bewußtes Wesen zu leben, willentliche und absichtsvolle Entscheidungen ausgerichtet an der Führung des inneren Lichts zu treffen. Damit sind uns ekstatische und multidimensionale Bewußtseinszustände zu eigen, die uns von den Reaktionen der Welt unabhängig machen. Unser Potential ist ein geistiges Potential. Es liegt in unserer Hand, ob wir aus unserem Leben ein wundervolles Kunstwerk, etwas Harmonisches und Schönes machen.

Energiefluß heilt

Um zurückzukommen auf die Grundlage unserer Arbeit im Light-Institute, möchte ich einmal mehr betonen, daß *bereits unsere Absicht, uns zu verändern* und nach den Gründen karmischer Verbindungen zu suchen und sie zu lösen, unser Leben und die Reaktionen der Umwelt grundlegend *verändert.* Bereits unsere Entscheidung, nicht mehr nach Sündenböcken außen zu suchen, aufzuhören, andere Menschen kontrollieren zu wollen, und uns statt dessen nach innen zu wenden, hat eine positive, spürbare, heilende

Wirkung. Voraussetzung für die Heilung ist immer, daß wir eigene spirituelle Erfahrung gewinnen. Nur die eigene spirituelle Erfahrung löst karmische Verkettungen, bricht Blockaden auf und öffnet uns für mehr spirituelle Erfahrung. Die bewußte Verbindung zum Höheren Selbst ist einer der Wege, der Kontakt mit dem Kind in uns ein anderer, manche sinnvolle Übungen sind weitere. All dies sind lediglich Anstöße, Kristallisationspunkte, Angelpunkte, oder wie immer man es auch bezeichnen mag, um uns auf Lachen, Freude, Ekstase einzulassen. Es sind Gelegenheiten, uns auf andere Energieebenen einzustellen, als es jene sind, in denen wir uns üblicherweise bewegen. Durch eine einfache Farbübung können wir die Energieprozesse des Emotionalkörpers bereits soweit positiv beeinflussen, daß er etwas von der einengenden Prägung abzuschütteln vermag und sich ein wenig nach höheren Schwingungen sehnt! Es geht darum, daß wir uns nicht länger mehr nur als starre Formen und Strukturen begreifen. Wir sind lebendige Träger von Energien, wir sind Energiesysteme, wir sind bewegliches, fließendes Licht. Jede multidimensionale Arbeit bedeutet, daß wir uns auf das Formlose einlassen, daß wir uns für das Nicht-Manifeste öffnen. Und dies wiederum wird sowohl unsere Wahrnehmung der Wirklichkeit wie diese Wirklichkeit selbst verändern. Wenn wir im Inneren erfassen, daß uns eine besondere Farbe guttäte und wir danach über diese Farbe meditieren, lassen wir bereits ein Einwirken der schöpferischen Kraft einer anderen Dimension geschehen. Wir erweitern unser Erlebnis- und Erfahrungsrepertoire um diese Farbe. Und diese Farbe ist weder männlich noch weiblich, sie ist weder Vater noch Mutter noch Kind, sie ist weder Ehemann noch Ehefrau, sie hat keine physische Form, sie ist einfach ein Aspekt der schöpferischen Energie.

Nach der Erkenntnis zeitgenössischer Physiker ist der ganze Kosmos in einer Art kosmischen Tanzes von Energien begriffen. Alle materiellen Formen stellen sich als Tanzbewegungen von Licht und Energie heraus – aber umgekehrt ist jede materielle Form eben auch nicht »tot«, sondern vielmehr sehr lebendig. Alle Menschen besitzen ein Repertoire, eine Erinnerung an bewußtes Sein ohne menschliche oder auch ohne irgendwelche irdischen Körper. Wir alle konnten bereits in der einen oder anderen Weise Leben ohne die Begrenzung von Form erfahren. Mit unserer Arbeit sind wir in der Lage, jene Erinnerungen wieder wachzurufen und darüber hinaus auch nicht nur in »vergangene«, sondern auch in »zukünftige« Dimensionen und Bewußtseinszustände einzutauchen. Und wir können uns auch am kosmischen Humor delektieren, wenn wir zu begreifen beginnen, wie absurd unsere Dramen der Partnerschaft sind, in denen wir versuchen, andere Körperformen zu kontrollieren.

Über Körper und Gefühle hinaus

Es gibt in den Sitzungen immer wieder sehr prägnante Beispiele dafür, wie Menschen erleben, daß sie über alle Körperhaftigkeit hinausgehen. Wir wollen an dieser Stelle nur eines zitieren, was den Vorzug hat, daß es vom Koautoren selbst erlebt wurde. Er hatte jede Beschäftigung mit Ufos viele Jahre hindurch vehement abgelehnt und sich daran als einzigem Punkt auch im Buch von Shirley McLaine »Zwischenleben« gestört. In einer der Sitzungen sah er sich nun vor einer Pyramide, die offensichtlich als Energiespender für Lichtkräfte aus dem Kosmos diente. Nach kurzer Zeit sah er, wie ein ellipsenförmiges Ufo auf der Spitze der Pyramide landete. Zu seiner Verblüffung fühlte er sich angezogen, in dieses Ufo einzusteigen. Nachdem das seltsame runde Gefährt abhob, bemerkte er, wie die Ufo-Struktur langsam in ihm selbst aufging, sich also auflöste, und er als reines Bewußtsein ohne jede Form weiter»lebte«. Er erfuhr danach noch, wie er bei der »Rückfahrt« aus seinem eigenen Bewußtsein heraus die Struktur eines Ufos manifestierte, aus dem er dann nach der erfolgten Landung herausstieg, von dem er sich also physisch trennte. Der krönende Abschluß dieser Sitzung erfolgte erst ein bis zwei Monate später, zurück in München. Bei einem befreundeten Paar sah er zum ersten Mal eine Kupferrohr-Pyramide über einem Blumentopf, deren Spitze von einer kleinen ufoförmigen transparenten Plastikscheibe beherrscht wurde.

Ich möchte ein anderes, sehr viel irdischeres Beispiel geben. Wir schauen vielleicht einmal zur warmen Sonne, lassen uns von ihrer mächtigen Kraft bestrahlen, spüren die Wärme und die Energie mit allen Sinnen unseres Körpers auf der Haut, aber auch in den Zellen, wir spüren, wie unser Gesicht zu glühen beginnt, wir fühlen uns durchstrahlt und erhoben in einer Weise, daß wir unseren Körper ganz vergessen. Das ist eine kleine Übung, die auch jeder ohne weiteres machen kann. Wir haben alle sicherlich in der einen oder anderen Form schon einmal erlebt, daß wir unsere Körperstruktur vergessen haben. Und mit diesem Vergessen ist eine innere Erhebung, eine Erleichterung, ein Schweben verbunden. Dies ist auch eine wichtige Erfahrung in bezug auf unsere Furcht vor dem Tod. Mit dem Tod, also mit der Auflösung unserer Körperform, geht gleichzeitig eine ungeheure Ausweitung unseres Bewußtseins einher, eine Befreiung von Energien, ein Aufleuchten eines großen Lichts. Es heißt überhaupt nichts, daß wir unsere Kiefer, Kehlkopf und Zunge bewegen und behaupten, wir seien ein Funken göttlicher Energie, wenn wir dies nicht täglich und praktisch erleben. Wenn wir die Sonnenstrahlen genießen, sollten wir uns bemühen, diese Erfahrung in jede einzelne Zelle des Körpers einzuprägen. Und wenn wir dann wieder einmal von einer Welle des Zorns oder der Angst überflutet werden, mag es uns leichterfallen, diese Erinnerung der Einheit mit einer größeren Kraft wachzurufen, um uns auf diese Weise zu helfen, Trennung und Spaltung zu überwinden.

Wir geraten oft deshalb so leicht aus unserem Zentrum oder verlieren unseren Weg aus den Augen, weil uns der rechte, weiter gesteckte Bezugsrahmen fehlt. Deshalb ist es so notwendig, daß wir in der Lage sind – sei es durch Kontakt zum Höheren Selbst, zum Kind in uns, zu einer Farbe, zu einer Erinnerung – uns, unserem Körper und dem Emotionalkörper eine Botschaft in Form eines Symbols zu geben, die sofort bestimmte biochemische Kettenreaktionen auslöst, welche wiederum die Stauung von Energien oder die unkontrollierte Explosion von Kräften auflöst. In diesem Zusammenhang soll auf das Kapitel über Besessenheit und besitzergreifende Energien hingewiesen werden. Wir wissen es nicht, weil wir es entweder übersehen oder oft auch verdrängen, daß Gefühle häufig auf besetzende Energieformen zurückgehen. Eines der Hauptmotive für Menschen, in unglücklichen Partnerschaften zu verbleiben und sich hin und her stoßen zu lassen, ist ihre Furcht vor der Einsamkeit. Also lassen sie sich lieber von einer Außenkraft kommandieren, ergeben sich lieber einer besitzergreifenden Energie, der sie selbst Macht verleihen – und verlieren damit ihre Angst. Die Illusion einer falschen Sicherheit im Schoße einer fremden Macht wird damit geschaffen – die sich aber, weil sie eben nichts mit uns selbst zu tun hat, eines Tages als Illusion erweisen wird.

11.
Angst ist eine Lüge

Aussöhnung mit den Eltern

Solange wir uns nicht mit unseren Eltern aussöhnen, solange wir nicht mit ihnen wieder zumindest geistig eins zu werden in der Lage sind, werden wir auch keine Einheit mit unseren Partnern und Liebhabern erreichen können. Der Widerstand in uns, uns anderen Menschen wirklich zu öffnen, stellt eine Blockade dar, die nicht einfach abzubauen ist. Wie wir zu Beginn des Buches sagten, entsteht der erste große Lebenszorn aufgrund der Abspaltung oder Trennung von der göttlichen Kraft. Wir finden uns in einer Vereinzelung, die gleichzeitig mit sich bringt, daß wir Zugänge zur Ganzheit verschütten. Nach der Herauslösung aus dem Strom der Gotteskraft kommt als nächste große Trennung der Geburtsvorgang, dann die Lösung von den Eltern usf. Dieses Gefühl des Getrenntseins von der Quelle versuchen wir durch neue Identifikationen zu kompensieren; sei es als Mitglied irgendwelcher Gruppen oder Vereine, sei es als Anhänger von Ideen und Weltanschauungen. Die Urerfahrung der Abspaltung aus der Einheit bildet eine universale Gedankenform, die das ganze Leben durchdringt. Sie sorgt mit dafür, daß wir uns immer wieder in den Teufelskreis von Reaktionen auf unsere Abschottungen hineinziehen lassen. Immer wieder dient die neue Identifikation mit einem jeweils größeren Teil des Ganzen zunächst dazu, wieder Anschluß zu finden an die Ganzheit, aus der Vereinzelung herauszukommen. Aber eine solche partikulare Identifikation führt später auch zur Blockade, weil sie gegen die Transformation zu noch größeren weiteren Identifikationen verteidigt wird. Anders ausgedrückt: wir stellen früh fest, daß wir allein sind. Wir wollen dieses Alleinsein irgendwie überbrücken und schließen uns irgendwo an. Dieser Anschluß führt aber zumeist dazu, sich eine falsche Sicherheit aufzubauen, deren Strukturen über kurz oder lang wieder zerbröckeln müssen. Wir schauen vergeblich nach außen, um in der äußeren Welt Frieden und eine Mitte zu finden, um Ganzheitlichkeit wiederzuerlangen.

Es ist jetzt an der Zeit, daß wir uns mit der Energie beschäftigen, die zusammenführt, die eint. In dem Maße, in dem wir unser Bewußtsein öffnen, erkennen wir, daß unsere Eltern Teil unserer engsten Seelengruppe sind. Nicht nur haben wir gleiche genetische Muster, sondern wir besitzen auch die gleichen universalen Prägungen. Wir sind sozusagen Seelenpartner, die sich gegenseitig dazu gesucht, gefunden und bestimmt haben, in wechselnden Rollen ihre Lebenspläne zu spielen. Thema dieses Spiels ist: Entwicklung der Seele oder des Selbst. Wenn wir einmal tatsächlich erfahren, nehmen wir an in den Sitzungen, daß unsere Eltern wirklich Teil unserer eigenen Seelengruppe sind, können wir anfangen, uns von der Idee freizumachen, daß wir nicht ganz sein können bis wir uns nicht völlig von ihnen gelöst haben. Wir werden feststellen, daß wir die eigene Integrität, die eigene Ganzheitlichkeit nicht leben können, bevor wir nicht die Wesenseinheit mit unseren Seelenpartnern, seien es die Eltern, die Kinder, Ehe- oder Liebespartner, verwirklicht haben. Gerade Teenager, die ins Light-Institute kommen, erfahren, wie ihre Widerstände und Verteidigungsstellungen gegen ihre Eltern unnötig werden und sie zu einer neuen, tieferen Beziehung in der Familie finden können, in dem Maße wie sie erkennen, daß sich Eltern und Kinder aufgrund eines gemeinsam abgestimmten Plans zusammenfinden.

Dann erst entwickelt sich eine echte Liebe zwischen Menschen. Wenn wir davon sprechen, daß sich Menschen verbinden, bedeutet dies natürlich nicht, daß Teenager zum Beispiel die Ideologien ihrer Eltern übernehmen müssen. Die Gedankenformen der Eltern werden sich über kurz oder lang zwangsläufig als Beschränkungen für heranwachsende junge Menschen erweisen. Diese Gedankenformen haben aber mit dem Wesen der Seelenverbindung zwischen den Familienmitgliedern nichts zu tun – sie sind lediglich Instrumente der Entwicklung für den Emotionalkörper. Ich meine, daß die Evolution dieses Planeten nur dann friedlich möglich ist, wenn junge Menschen erfahren, was es heißt, tiefe Seelenverbindungen zu den Eltern zu haben. Nur dann werden wir aufhören, den unheilvollen Drang nach vermeintlich individueller Selbstbehauptung von der angeblich notwendigen Befreiung von den Eltern auf innere und äußere Trennungsverhalten gegenüber Lebenspartnern zu übertragen. Es gibt deshalb soviel Disharmonie zwischen Mann und Frau, weil beide immer noch um ihre Identität kämpfen. Beide sind immer noch in einem Machtkampf gefangen. Die Lösung dieses Problems liegt darin, die eigene göttliche Energie zu spüren und sich auf dieselbe Energie im anderen einzulassen.

Ein Beispiel für eine der schlimmsten Spaltungen der Menschheit ist der Rassenwahn der Nazizeit, der davon ausgeht, daß eine Rasse höher und eine andere minderwertiger sei. Wir können die Prägung des Emotionalkörpers mit Abspaltungstendenzen nur dann überwinden, wenn wir zunächst einmal die Trennung zwischen uns und unseren Eltern heilen. Wir können, auch ohne nach Galisteo zu fahren, zum Beispiel mittels kreativer Phantasien herausfinden, warum wir uns unsere Eltern ausgesucht haben, welche Erfahrungen wir durch sie und mit ihnen machen wollen. Diese empfundenen, nicht erdachten Einsichten verändern die Muster des Emotionalkörpers so, daß wir uns für höhere Schwingungen öffnen können. Am wichtigsten ist, darauf kann nicht häufig genug hingewiesen werden, das Täter-Opfer-Syndrom abzulegen. Weder sind wir Opfer, noch sind es unsere Eltern. Wir sind auch nie Opfer sog. Umstände. Wenn wir uns auf den Gedanken einfach einmal einlassen, daß wir für alles, was geschieht, selber verantwortlich sind, wird dies unsere Lebensperspektive und Lebensweise tiefgreifend verändern. In uns selbst werden Kräfte wachgerufen, die zur neuen Orientierung, zur Heilung und zur bewußten schöpferischen Tätigkeit führen.

Genauso, wie es einen individuellen Lebenssinn gibt, so gibt es auch einen Lebenssinn für Kollektive. Es hat seinen Grund, daß wir alle jetzt gleichzeitig hier auf diesem Planeten inkarniert sind, daß wir alle gleichzeitig mit den selbst geschaffenen Ungeheuern Radioaktivität, Krebs und Aids etc. konfrontiert werden. Wenn in Afrika Menschen Hungers sterben, dann hat dies etwas mit uns hier im Norden oder Westen zu tun. Tod, irgendwo auf der Welt, betrifft uns alle. Wir alle spielen Rollen, wir haben alle möglichen Rollen in der Vergangenheit gespielt, und wir werden womöglich auch in Zukunft immer wieder neue Rollen spielen. Wie aber wollen wir spirituellen Zielsetzungen nachhängen und eine humanere Entwicklung anstreben, wenn wir nicht in uns selbst eine neue alte Ganzheitlichkeit gefunden haben, wenn wir nicht die schöpferischen Kräfte in uns selbst geweckt haben?

Planetarisches Überleben

Das übergreifende planetarische Thema ist Überleben – und dieses Thema bringt Angst mit sich. Die Angst beginnt mit dem Gefühl, sich in einer Umwelt zu befinden, in der wir unsere Kräfte nicht anwenden können. Waren wir bislang daran gewöhnt, auf geistige Weise in geistigen Dimensionen zu agieren, sind wir hier plötzlich sehr einschränkenden Gesetzmäßigkeiten einer physischen Wirklichkeit unterworfen, wir werden von niedrigen, langsamen Schwingungen umhüllt. Eine Gedankenform, Fülle auf der Erde zu schaffen zum Beispiel oder auch die Bewußtheit zu entwickeln, die Ganzheitlichkeit des irdischen Lebens wahrzunehmen, sind nicht mehr ohne weiteres möglich.

Da wir die Ganzheit nicht mehr sehen können, befürchten wir, vielleicht angegriffen zu werden. Oder wir haben Angst darum, genügend Nahrung zu finden, um zu überleben, usf. Vom Moment der Geburt an ist eines der Hauptthemen auf diesem Planeten das Überleben. Überleben auf einer zwischenmenschlichen wie auf einer planetarischen Ebene. Und diese Gedankenform, die sich angsterfüllt mit dem Überleben beschäftigt, bedeutet häufig, »ich kann nur gegen dich überleben, ich muß überleben und dies geht nur, wenn ich dich überwältige.« Wenn wir uns nun ein ganzes Leben lang in dieser Denkform gefangenhalten lassen, wird unsere Lebensenergie immer mehr von unserem Lebenssinn abgezogen: Der Sinn des Lebens besteht darin, unser spirituelles Verständnis auf einer Seelenebene zu entwickeln. Wenn wir in die Sackgasse der Überlebensthematik geraten, werden wir immer auf der Hut sein, ob uns nicht jemand hinter unserem Rücken emotional oder finanziell oder physisch bedroht oder ausbeutet. Damit wird unsere Aufmerksamkeit aus unserer eigenen Mitte abgezogen und nach außen gelenkt – und wir verstricken uns immer tiefer in den Teufelskreis einer sich selbst nährenden Angst. Wir können Angst nie in der Beschäftigung mit der Außenwelt auflösen. Die Gedankenform, die der Yang-Kraft entspringt, daß die Selbstbehauptung des einzelnen nur gegen andere Menschen erfolgen kann, muß aufgegeben werden. Diese Aufgabe oder Auflösung muß auf einer direkten persönlichen Ebene geschehen, damit wir erfassen, daß wir dem Tod nicht mehr wiederstreben müssen, daß wir die universalen Gesetze nutzen können, die wir bislang vernachlässigten, weil wir uns nur auf eine Hälfte unserer Lebensgleichung konzentrierten, nämlich den Ansporn zum Überleben. Erst wenn wir dies persönlich vollziehen, kann es sich auch in globalem Maßstab ereignen.

Wenn wir also zum Beispiel verschiedene Tode, die wir zu anderen Lebenszeiten erfuhren, jetzt wieder erleben, wenn wir unser Bewußtsein öffnen, in welcher Weise das Überlebensthema frühere Leben bestimmt hat, und gleichzeitig wahrnehmen, wie wir im Inneren vom Licht getragen sind, wie wir nach jedem Tod in früheren Leben immer wieder ganz bewußt mit dem Höheren Selbst verschmolzen, dann werden wir uns aus unserer jetzigen Lebenssituation befreien können, die sehr der Lage von jemandem entspricht, der sich am Rande eines Abgrunds befindet. Solange wir am Rande eines Abgrunds stehen, richtet sich natürlich all unsere Aufmerksamkeit darauf, einen Absturz zu vermeiden – das Überlebensthema beherrscht uns. Angst entsteht vor allem aus unserer Unsicherheit darüber, wer wir wirklich sind. In manchen Kulturen ist diese Unsicherheit weiter verbreitet als in anderen. Vor allem bedingen die Rollenspiele zwischen Mann und Frau oft eine tiefgreifende Unsicherheit über unsere wirkliche Identität. In lateinamerikanischen Gesellschaften zum Beispiel gibt es ein erhöhtes Maß an Angst, weil der »Machismo« eine der vorherrschenden Gedankenformen darstellt. Männer müssen sich entsprechend den Vorgaben und Vorstellungen des Machismo verhalten. Der Mann muß sich ständig selbst beweisen. Damit wird ein psychologisches Überlebensthema angesprochen. Die Außenwelt soll ihm fortwährend bestätigen, daß er es wert ist, ein Mann genannt zu werden. Und so schafft sich der Mann immer neue Masken, immer neue Identitäten, neue Illusionen und Phantasien. Das bringt natürlich auch ein gewisses Maß an persönlicher Kreativität mit sich, weil wir schöpferisch werden müssen, um ständig neue Formen der Selbstbestätigung zu entwickeln. Dieses Vorgehen ist allerdings sehr erschöpfend und läßt unsere Energien enorm versickern. Es hält uns im Äußeren überstimuliert, erlaubt aber nicht die Einstellung auf die tiefe, belebende Energie des Höheren Selbst, das uns beständig zuflüstert, daß wir universale Wesen sind, Lichtwesen, daß wir bewußtes Sein sind – weder männlich noch weiblich, weder jung noch alt – sondern ganz.

Neue Einheit

Wenn es uns gelingt, zumindest in bestimmtem Umfang, unsere eigene Einheit wieder zu finden, dann werden wir auch auf kollektiven Ebenen den geistigen Entwurf einer Einheit aller Menschen auf der Erde verwirklichen. Anfangs geht es uns gar nicht so sehr darum, ob wir mit Menschen auf der anderen Seite des Erdballs übereinstimmen oder nicht, sondern vielmehr darum, ob uns unser Partner liebt. Die sichtbare Polarität zwischen Mann und Frau ist für uns die Herausforderung, in der Überwindung und Durchdringung der Gegensätze eine neue Vollkommenheit zu finden. Vollkommenheit entsteht nicht dadurch, daß wir zunächst die Ganzheit zergliedern und sie dann als getrennte Teile wieder zusammensetzen. Wir erfassen das Hologramm unserer Existenz nur dann, wenn wir ohne Widerstand zurückfließen zur Quelle unseres Wesens, zum Ursprung unseres Seins. Äußere Trennungen und Spaltungen können nur durch die Entwicklung innerer spiritueller Kräfte geheilt werden, die sich allerdings auch im Äußeren manifestieren.

Es geht also nicht darum, daß ich mich von meinen Eltern unterscheiden muß, um mich selbst verwirklichen zu können, sondern darum, daß ich die Konzepte und Vorstellungen meiner Eltern zwar nicht übernehmen muß, sie aber auch nicht nur der vermeintlichen Individualität halber ablehne. Wir gewinnen eine ungeheure neue Freiheit, wir erfahren eine ekstatische Freisetzung neuer Kräfte, wenn wir miterleben, wie wir uns aus den Verträgen bzw. dem Widerstand gegen diese Verträge mit Seelenpartnern lösen können. Wir sind ja nur dann frei, uns wirklich mit anderen Menschen zu vereinen, wenn wir uns nicht mehr von karmischen Zwängen oder dem Widerstand dagegen zu einer reaktiven Lebensführung verpflichten lassen. Unser Bewußtsein ist üblicherweise in der Vorstellung des Überlebens durch Kampf gegen den anderen gefangen. In Wirklichkeit werden wir nur dann überleben können, wenn wir uns ohne Widerstand miteinander verbinden. Das heißt nicht, daß wir total identisch werden, sondern daß wir erfahren, daß jeder von uns ein Echo der Ganzheit darstellt.

Angst ist eine Lüge

Angst ist eine Lüge des Emotionalkörpers! Der Emotionalkörper spiegelt uns vor, daß wir uns aus der Ganzheit abspalten müssen, daß wir uns von anderen Menschen trennen müssen, um die personale Macht zu entwickeln zu überleben. Das schafft Angst. In diesem Zustand des eingebildeten Überlebenskampfes können wir nie den inneren Frieden finden, der notwendig ist, um die Einheit in uns und außerhalb von uns zu verwirklichen. Wir wiederholen: Angst ist lediglich eine Prägung, die durch unsere Trennung von der göttlichen Kraft entstand. Und diese Trennungsangst wird durch die Geburt und durch viele nachfolgende ähnliche Abspaltungssituationen weiter verstärkt. Wir suchen nach unserer Herauslösung aus der Einheit eine eigene, neue Identität – in dieser Suche ist aber bereits die Lüge des Versprechens enthalten, daß die Suche auf diese Weise je erfolgreich sein könnte. Der Emotionalkörper kreiert die Vorstellung, daß wir außen etwas realisieren könnten, was in Wirklichkeit nur innen zu finden ist. Der Emotionalkörper fabriziert diese Lüge, um seine eigene »Positionalität«

nicht aufgeben zu müssen. Denn die Ganzheit in sich und in anderen zu erkennen heißt, die Verhaftungen des Emotionalkörpers zu lösen, das Ego aufzugeben!

Der Emotionalkörper fabriziert diese Vorstellungen von der Notwendigkeit, sich zu spalten, weil er seine eigene Identität sichern will. Er ist nicht in der Lage zu erfassen, daß die Trennung an sich bereits Angst produziert – eben aufgrund der zwangsläufig entstehenden Entfremdung in der Vereinzelung. Der Emotionalkörper identifiziert sich mit seinen Negativprägungen aus anderen Lebenszeiten derart, daß er nicht mehr in der Lage ist, offen zu agieren und zu reagieren. Angst, Lebenswut, Depression und Selbstgerechtigkeit bewirken eine so niedrige, dunkle Schwingung, daß der Emotionalkörper sich nicht als mehr oder größer begreifen kann. Das Heilmittel ist der Geist: nur wenn wir über die diversen Körperbegrenzungen hinaus in subtile Bewußtseinszustände übergehen, wenn wir ohne festgefügte Bewußtseinsformen erleben, können wir uns für die Energieschwingungen von Verzückung, Ekstase, Licht und Liebe öffnen. So gesehen ist übrigens Angst eine der mächtigsten Techniken oder Strategien des Emotionalkörpers, um uns gerade durch ihre Kontraktion, durch ihre Abscheidung und ihren Widerstand in jene dramatische Situation zu manövrieren, wo wir gar nicht mehr anders können als den Quantensprung zu vollziehen. Wir bauen uns die die Individuation begleitende Angst als Hilfsmittel auf, um uns immer wieder regelrecht dazu zu zwingen, sie zu überwinden. Sie kann aber nur durch Verwirklichung jeweils größerer Einheiten überwunden werden. Angst birgt also bereits den Keim und den Anstoß zu ihrer eigenen Auflösung in sich!

Angst ist der totale ultimative Buhmann, der uns inspiriert, versucht und verführt, bedroht und unsere Aufmerksamkeit auf einer Ebene des Bewußtseins hält, die spirituelle Energien nicht fließen läßt. Und genau dies spiegeln wir hier wider, wenn wir in unseren Körpern leben. Da sich auf quasi ganz natürliche Weise eine Spannung aufbaut zwischen unserem Höheren Selbst, unserem göttlichen Selbst und der Schwingung der Angst, treibt uns die Angst gerade durch ihre Negativhaltung über kurz oder lang dazu, daß wir uns – wenn auch vielleicht durch äußere, möglicherweise sogar gewalttätige Anstöße ausgelöst – dem vermeintlichen Nichts öffnen, in den augenscheinlichen Abgrund springen oder uns zunächst ohnmächtig fallen lassen. Und genau aus diesem Raum des Nichts, des Abgrunds, der uns auszulöschen scheint, kann die formlose sprititthe Energie Form gewinnen und sich auf neue Weise in uns und durch uns manifestieren. Erst wenn die Angst uns so weit getrieben hat, an keinerlei Hilfen mehr zu glauben und alle Vorstellungen einer Wendung aufzugeben, ist unser Emotionalkörper so weit bereitet, daß er sich auf die Kraft aus der Spirale des Nichts einläßt und sie in sich vorurteilsfrei aufnehmen kann. Unsere Zeit bietet die einmalige und erstmalige Chance in der Menschheitsgeschichte, daß wir dem dumpfen Griff des Emotionalkörpers entrinnen.

Hinter diesen Prozessen erkennt man die Gesetzmäßigkeiten kosmischer Energievorgänge. Das Universum schwingt und pulsiert beständig, so daß der Emotionalkörper, wenn er sich mehr und mehr verkrampft, schließlich automatisch dadurch auch die Energie anstaut, die ihn – möglicherweise ungewollt – wieder entkrampft. Eine solche Transformation nimmt natürlich eher die Form einer Explosion an. Aber, wenn wir mögen, können wir uns auch daran erinnern, daß man nicht nur durch Negativität lernen kann. Es liegt an uns und der Eigenverantwortung, die wir für unser Leben übernehmen wollen, ob und wann wir durch die innere Gnade lernen mögen.

Die Heilung der Gefühle, die Aufdeckung der Angst als eine Lüge, eine Vorspiegelung des Emotionalkörpers, kann erst durchgreifend erfolgen, wenn wir unser Selbst als umfassendes multidimensionales Hologramm erleben. Wir haben festgestellt, daß wir uns von der göttlichen Kraft getrennt haben, wir haben über Familien- und Partnerprobleme gesprochen, über Kindererziehung – die Kreise schließen sich immer wieder, wir gelangen in der Energiespirale auf immer höhere Oktaven. Wir sind bereits in der Energiespirale. Lassen wir die Energien noch freier fließen, erlauben wir uns selbst, die Energien auch zu benutzen, manifestieren wir die neue Welt – jetzt!